MÉMOIRE

SUR LES

PRINCIPAUX SYSTÈMES DE FERRURE

(Travail qui a mérité à son Auteur la Médaille d'or au Concours de 1858)

PAR

M. MERCHE,

VÉTÉRINAIRE EN PREMIER AUX LANCIERS DE LA GARDE IMPÉRIALE.

Extrait du tome XI du Recueil des Mémoires et Observations sur l'hygiène et la médecine vétérinaires militaires.

PARIS,

LIBRAIRIE MILITAIRE,

J. DUMAINE, LIBRAIRE-ÉDITEUR DE L'EMPEREUR,

30, RUE ET PASSAGE DAUPHINE, 30

1862

MÉMOIRE

QUI A REMPORTÉ LA MÉDAILLE D'OR

AU CONCOURS DE 1858.

Paris.—Imprimerie de Cosse et J. Dumaine, rue Christine, 2.

MÉMOIRE

PRINCIPAUX SYSTÈMES DE FERRURE

(Travail qui a mérité à son Auteur la Médaille d'or au Concours de 1858)

PAR

M. MERCHE,

VÉTÉRINAIRE EN PREMIER AUX LANCIERS DE LA GARDE IMPÉRIALE.

Extrait du tome xi du *Recueil des Mémoires et Observations sur l'hygiène et la médecine vétérinaires militaires.*

PARIS,

LIBRAIRIE MILITAIRE,

J. DUMAINE, LIBRAIRE-ÉDITEUR DE L'EMPEREUR,

30, RUE ET PASSAGE DAUPHINE, 30

1862

MÉMOIRE

QUI A REMPORTÉ LA MÉDAILLE D'OR

AU CONCOURS DE 1858 (1).

PROGRAMME.

Faire connaître les principaux systèmes de ferrure ordinaire qui ont été conseillés. Dire, en s'appuyant sur des faits, des observations et des raisonnements, auquel de ces systèmes il convient d'accorder la préférence en vue du service des corps de troupes à cheval.

ÉPIGRAPHES.

1° Le pied est la première assi-e de l'édifice animal!

2° Les aplombs, l'élasticité et la kératogénèse sont les meilleurs guides pour l'adoption d'un système de ferrure.

3° La ferrure orthopédique est une idée creuse à propos du cheval de guerre !

PREMIÈRE PARTIE.

Il nous paraît utile, avant de faire connaître les principaux systèmes de ferrure qui ont été conseillés, d'aborder une question qui est de la plus grande importance, question qui du reste se trouve reproduite dans une de nos épigraphes, et est pour ainsi dire l'âme de cette grande proposition que nous allons étudier plus loin. *L'élasticité et les aplombs*, avons-nous dit, sont les meilleurs guides lorsqu'il s'agit d'adopter tel ou

(1) La Commission d'hygiène hippique, en insérant dans son Recueil le mémoire qu'elle a classé en première ligne, n'en laisse pas moins à son auteur la responsabilité de ses opinions et des faits qu'il avance.

tel système de ferrure. Cherchons donc d'abord à faire connaître quelles sont les parties mises en jeu dans ce phénomène unguéal, et quel rôle est dévolu à chacune d'elles. Cette étude est de la plus grande nécessité, puisque sur elle doit reposer nécessairement le meilleur système de ferrure. Il est d'autant plus essentiel de coopérer à l'élucidation de cette question, que cette solution doit mener à *l'unité de ferrure* dans tous les corps de cavalerie. Aujourd'hui, chaque régiment conserve une manière différente d'envisager cette propriété essentielle qu'on appelle *l'élasticité du pied*, et, partant de là, adopte un système particulier de ferrure. Ici, en effet, on recommande d'abattre fourchette et talons ; plus loin, on vous dit de n'y jamais toucher, et à tel point que l'ongle ressemble bientôt à un tuyau de poêle (système Perrier). Ailleurs, on croit que l'ajusture *en bateau* est ce qu'il y a de mieux ; on l'exagère de manière à faire supposer que la sole s'épanouit comme du caoutchouc. Ailleurs encore, on préfère une ajusture modérée, pratiquée dans l'épaisseur de la lame métallique et ne dépassant pas les mamelles ; enfin, quelques-uns pensent que l'ajusture est plus nuisible qu'utile. Dans certains corps, on tient à ce que les fers soient longs et aient beaucoup de garniture, afin, dit-on, d'augmenter la base de sustentation et de donner plus d'aisance au pied ; dans d'autres, les fers doivent être courts et étroits, afin que les chevaux ne puissent se déferrer pendant les promenades et les manœuvres, et enfin éviter les atteintes. Les uns veulent encore que les fers soient dégagés à l'excès ; les autres préfèrent une bonne couverture. J'ai lu sur les portes d'un certain atelier de maréchalerie militaire cette suscription : *Ne touchez pas à la fourchette !!* Il y a enfin des régiments où on recommande d'ouvrir les talons avec le boutoir, dans le but, assure-t-on, de favoriser leur écartement !! Cette divergence d'opinions, qui malheureusement amène une scission complète dans la pratique de la maréchalerie militaire, est ou le résultat de vieilles coutumes qu'il serait pos-

sible de faire disparaître, ou le plus souvent d'opinions systématiques qui sont diamétralement opposées
aux saines doctrines. Cet état de choses est d'autant
plus fâcheux que la plupart de ces ferrures exceptionnelles ne s'appuient que sur des raisonnements spécieux, et contribuent insensiblement à la ruine des
pieds et à la perte des aplombs. Que de chevaux réformés pour ces deux motifs ! !

Pourquoi donc ne pas se rendre à l'évidence, ne pas
suivre les principes consacrés par l'usage et adoptés
par les hommes les plus compétents sur la matière ?

Doit-on rougir de suivre les préceptes enseignés par
des praticiens aussi distingués que MM. Barthélemy
aîné et jeune, Bouley aîné et jeune, Renaut, Delafond,
Vatel, Crépin, H. Bouley etc., etc... ? Pourquoi oublier que la belle maréchalerie, la ferrure par excellence sont pratiquées dans les meilleurs ateliers de la
capitale ? Depuis le cheval de course jusqu'au plus
lourd limonier, la ferrure est exécutée avec une adresse,
un goût et une justesse remarquables. Quelques hommes aux idées dogmatiques, n'ayant jamais forgé un
fer ni ferré un pied, trouvent fort plaisant qu'on vienne
leur dire qu'à Paris se rencontrent les ouvriers qui
comprennent le mieux cette difficile branche de la maréchalerie ; ils vous répondent que tel n'était pas l'avis
de Perrier leur maître..... Je sais fort bien qu'on peut
raisonner la maréchalerie sans avoir journellement le
brochoir ou le boutoir à la main ; mais toujours est-
il que le praticien qui a le privilége d'être ouvrier
habile, toutes choses égales d'ailleurs, est bien plus
apte à juger cette question, surtout lorsqu'il est de
bonne foi. Pour notre compte, nous croyons qu'il faut
dans tous les cas se méfier des demi-connaisseurs.
Que de faux jugements portés sur la peinture, l'architecture, la sculpture, par exemple, par de tels hommes !
Souvent ce qu'ils trouvent beau est exécrable. Que
de gens écoutant la musique, semblent pénétrés et
simulent l'extase, comme si leurs fibres sentaient juste !
point : la plupart du temps il n'ont ni goût ni

oreille, ni le moindre sentiment musical..... Nous-mêmes, et à propos du cheval, n'entendons-nous pas chaque jour commettre de ces hérésies inqualifiables par ces demi-connaisseurs? Ne vous disent-ils pas avec une très-grande assurance que tel cheval est beau parce qu'il a des jambes de cerf, c'est-à-dire grêles et arrondies; qu'il peut boire dans un verre... qu'il a le pied très-petit, comme s'il s'agissait d'une coquette ; que ses formes sont bien arrondies ; que tel autre a les articulations trop larges, a le rein trop court, qu'il est trop anguleux, etc., etc. ?

Aujourd'hui on veut être universel. N'est-ce pas le moyen de tomber dans les erreurs les plus grossières ? Peut-on marcher d'un pas ferme sur un terrain qu'on ne connaît pas?

William Moorcroft écrivait, en 1800 : «Je dois à la justice de déclarer que j'ai rencontré quelquefois des maréchaux qui possédaient sur leur métier des connaissances beaucoup plus réelles que celles qu'on pourrait trouver dans les écrits des hommes qui s'étaient montrés si sévères contre eux. Il faut, en effet, être bien convaincu qu'une pratique longtemps continuée et l'expérience accumulée des années nous mettent en rapport avec des faits que jamais les investigations *spéculatives* et les recherches exclusivement scientifiques ne pourront faire connaître. »

Quant à la ferrure, nous regrettons sincèrement que les idées spécieuses soient si souvent caressées par quelques praticiens, et cela au détriment de la conservation du pied de notre cheval de guerre. Ces principes erronés faussent le jugement des ouvriers, qui doivent obéir quand même, et détruisent l'unité de l'instruction théorique et pratique.

Elasticité du pied.

Je crois inutile d'avoir recours à la comparaison (1)

---

(1) Si on veut avoir recours à la comparaison, on voit que forcément l'ongle du cheval doit être élastique comme celui de tous les

pour démontrer la nécessité de la propriété élastique du pied. Qu'elle ait lieu vers les talons, au centre podal ou vers la région cutigérale, il n'en est pas moins vrai qu'elle existe réellement. Plus tard, nous exposerons le résultat de nos expériences pour arriver à la démonstration de cette propriété. La nature n'eût certes pas pris tant de précautions, réuni autant de conditions de solidité, de souplesse et de mobilité, si le pied n'avait dû éprouver aucune espèce de mouvement. Il n'y a rien d'inutile dans l'organisation animale, tout a été calculé et admirablement prévu ; la nature, en un mot, n'a rien fait d'incomplet. N'est-ce pas sur les parties renfermées dans la boîte cornée que le poids du corps doit, en fin de compte, venir déterminer son effort impulsif ? Le pied ne doit-il pas contribuer, comme toutes les autres articulations, à favoriser la dispersion et l'anéantissement des chocs et pressions ? N'est-ce pas, en résumé, dans la région phalangienne que doit s'éteindre cet effort qui déjà a éprouvé différentes décompositions, soit dans les rayons supérieurs, soit à l'articulation du boulet ?

Qu'est-ce donc que l'élasticité du pied ?

Doit-on entendre par là cette propriété qu'ont certains corps de revenir à leur position première après en avoir été détournés par une cause quelconque ? Y aurait-il un simple déplacement des molécules, celles agissant dans le sens de la force, étant déplacées et s'arrangeant d'une manière stable dans leur nouvelle position, après avoir éprouvé un glissement individuel, et les autres opposées au centre actif ne feraient-elles qu'osciller autour de leur ancien point d'agrégation avec tendance à y revenir ? Telle est l'explication

---

autres animaux, et cela, pour donner plus de ressort, plus de souplesse aux allures, et amoindrir, éteindre, pour ainsi dire, les réactions plus ou moins violentes. Chez les didactyles et les tétradactyles, cette élasticité se décèle par l'écartement des doigts et la présence d'une espèce de matelas élastique ayant de l'analogie avec le coussinet plantaire du cheval. Le pied de l'homme, lui-même, ne jouit-il pas de cette propriété ?

physique, quant à ce qui a rapport à l'élasticité proprement dite des corps.

Nous verrons tout à l'heure que cette propriété inhérente à la substance cornée n'est qu'un des moyens,
et non le moyen tout entier. C'était, sans doute, l'idée
de Lafosse et de Bourgelat, qui n'exprimaient cette
action double de l'élasticité qu'à l'aide des mots
flexibilité, souplesse. D'après eux, le sabot était non-
seulement un appareil protecteur des parties vivantes
qu'il renfermait, mais encore construit de telle façon
qu'il pût céder là où les pressions étaient exercées, et
se rendre compte, jusqu'à un certain point, des iné-
galités et de la consistance du sol (*sic*)... Lafosse expose
nettement sa pensée quand il dit : *Que le talon va
chercher l'éponge parce que le sabot est flexible*(1). Aussi,
d'après lui, son fer à éponges tronquées fait marcher
le cheval sur la fourchette et en partie sur les talons;
la fourchette s'imprime par le poids du corps dans
les petites cavités et interstices qu'elle y rencontre...
(Paris, 1756, *Nouvelle Pratique de ferrer les chevaux*).
Comme on le voit, cette flexibilité n'est que la propriété commune à tous les corps élastiques. Quant à
Bourgelat, on cherche en vain, dans son *Essai théorique et pratique sur la ferrure*, la démonstration de
l'élasticité découverte et démontrée par B. Clark. Il
est vrai que ce dernier lui reconnaît des proportions
exagérées, et qu'il semble l'avoir étudiée comme à
travers une lentille un peu forte; il n'en est pas moins
vrai que, le premier, il a envisagé cette propriété podale sous un tout autre aspect que ses prédécesseurs.
Si Bourgelat eût connu l'ouvrage anglais, il est pré-

---

(1) Recueil v°, p. 313, Lafosse fait observer que, moins il y a de fer,
plus le sabot est flexible et prend son empreinte.

Page 315 : «J'ai déjà démontré que les éponges ne plient jamais,
comme on le pense; que le poids du cheval force le sabot, qui est
flexible, à gagner l'éponge.

Page 317 : « Si l'on ferre sans éponges, la fourchette, qui porte tout
le poids du corps du cheval, cède à chaque pas et rentre par son ressort dans sa propre substance.

sumable qu'il aurait donné suite à ce pressentiment qui l'avertissait de l'existence d'une propriété analogue à l'élasticité. Son pressentiment était bien fondé : aussi, pour remédier à ce vide qui existait relativement au support du poids du corps et à l'anéantissement complet des réactions, il avait aussitôt invoqué la direction des rayons articulaires et l'obliquité du paturon. Il est réellement surprenant que ce grand maître n'ait pu entièrement exposer la théorie complexe de l'élasticité.

Girard père, de son côté, n'ajoute rien aux idées de Lafosse; ce n'est qu'après la publication de l'ouvrage de Clark, en France, qu'il parle de l'élasticité. Avec M. H. Bouley, on doit se demander sur quoi était fondée la revendication de Girard en faveur de Lafosse. Le savant professeur d'Alfort ajoute plus loin : « Aussi voit-on les auteurs qui ont écrit après B. Clark, sur la matière qu'il a si richement éclairée, ne pas se faire scrupule de reproduire *in extenso* tout son système, sans même citer son nom, comme s'il y avait contre lui une sorte de droit de prescription qui permît de le dépouiller légalement. »

Que Clark ait donné une description un peu exagérée de l'élasticité, soit : toujours est-il que, le premier, il a fait connaître cette propriété si manifeste de l'ongle.

Qu'est-ce encore que l'élasticité?

Est-ce, comme le pense B. Clark, « cette propriété inestimable qui permet au pied de s'adapter, en cédant, aux différents degrés de pression et d'efforts qu'il doit supporter ; qui le garantit contre la violence du choc et préserve le corps des réactions, des commotions et de toutes les injures qui seraient résultées d'une trop grande solidité de l'extrémité du membre, et qui probablement aussi favorise le mouvement impulsif de l'animal par le retour du pied à sa forme première après la distension? »

L'élasticité, d'après Gloag, ne serait-elle qu'un mouvement pouvant se traduire par une légère descente de la partie antérieure de la fourchette et des parties adjacentes de la sole de corne, à l'opposé de l'os naviculaire ? D'après cet écrivain, cette élasticité serait accompagnée d'une tuméfaction autour de la couronne et d'un gonflement de l'appareil élastique de la partie postérieure et supérieure des talons, gonflement qui détermine le renversement en arrière de l'os de la couronne, et qui a pour résultat l'épanouissement des cartilages latéraux. M. Gloag dit qu'il n'y a pas d'expansion appréciable des quartiers. Ce n'est plus la théorie de Clark, mais celle de Lafosse amplifiée.

L'élasticité de Reeve repose sur des principes analogues à ceux de B. Clark ; mais l'expansion latérale est plus limitée, la descente de la sole moins prononcée. Pour l'expansion latérale, cet auteur n'a pu constater *qu'un quarantième de pouce* seulement. Cette réduction apportée dans les mouvements de latéralité porte M. H. Bouley à émettre cette réflexion bien judicieuse : « Voilà donc à quoi se réduirait cette propriété d'expansibilité du sabot, sur laquelle nos voisins ont tant discuté depuis cinquante ans ! Moins d'une demi-ligne pour le diamètre transversal à la partie postérieure ! »

L'élasticité ne serait-elle pas, d'après Perrier, la mise en action de deux forces, l'une *dilatatrice*, et l'autre contentive ; c'est-à-dire de deux forces diamétralement opposées à celles reconnues par B. Clark ?

Nous ne savons trop à quoi nous en tenir relativement à la manière de voir de M. Reynal (1) ; après avoir fait ses expériences sur des chevaux de troupe, ferrés, par conséquent, depuis un temps plus ou moins long, il s'est arrêté aux conclusions ci-après :

---

(1) M. Reynal semble, cependant, croire à l'élasticité des talons, car dans son mémoire offert à la société, et dans le compte rendu de M. Vatel (1845, p. 793), on lit ce qui suit : « A cet indice vient se joindre l'examen du contour de la surface plantaire et d'autres plus secondaires, tels que le mode d'usure du fer, la direction des rayons articulaires des membres, et le luisant produit par le frottement élastique des talons sur le plan supérieur du fer, etc. »

« 1° Que jusqu'à présent on a fait jouer à l'élasticité un rôle trop considérable dans les différents systèmes de ferrure ;

« 2° Que les propriétés élastiques du sabot lui avaient paru complétement nulles sur les chevaux de l'âge de 6 à 8 ans ;

« 3° Que ce qu'il importait le plus dans l'art de la maréchalerie, c'est de conserver la forme du sabot et la rectitude des aplombs (1). »

En ce qui concerne le premier paragraphe, M. Reynal est dans le vrai, si son reproche s'adresse à B. Clark ; mais si les expérimentateurs sincères, tels que MM. Reeve et H. Bouley, sont du nombre des accusés d'exagération, nous estimons qu'il s'écarte singulièrement de la vérité. Pour notre compte, nous lui opposons nos expériences faites sur des pieds vierges de ferrure. Mais nous sommes certain que telle n'est pas la manière de voir de M. Reynal.

Qu'on n'ait pu obtenir des résultats favorables à l'élasticité, dans un régiment de cavalerie, cela est admissible et même presque forcé ; car, là, tout semble conspirer contre cette propriété, qui devrait être mieux appréciée ; mais qu'on veuille généraliser, et en tirer cette conséquence, que l'élasticité est nulle sur les pieds des chevaux de 6 à 8 ans, nous ne partageons nullement cette manière de voir. Il est important, essentiel, sans doute, dans l'art de la maréchalerie, de conserver la forme du sabot et la rectitude des aplombs ; mais il est au moins aussi important de connaître le mode d'action des pièces composant la boîte cornée, et concourant à l'accomplissement du mouvement complexe qu'on appelle *élasticité*. D'ailleurs, ajoutons qu'il y a peu de maréchaux qui sachent conserver intégralement la forme primitive et normale du sabot,

---

(1) Comment bien conserver la forme du sabot, si on ne connaît pas parfaitement l'action des différentes pièces qui le composent ? On arrivera d'autant mieux à conserver l'intégrité de la forme du sabot qu'on saura adapter sur le pied une ferrure conservant le plus possible cette élasticité...

et susceptibles de faire une heureuse application des aplombs à l'art de ferrer.

Je le répète donc : on ne saurait nier l'élasticité parce qu'on ne peut la démontrer rigoureusement sur les pieds ferrés depuis quelques années, l'application du fer limitant en grande partie, sinon complétement, tout mouvement de latéralité. Si un médecin physiologiste voulait démontrer l'étendue du mouvement des côtes pendant l'inspiration, je suppose, bien évidemment il n'irait pas choisir pour exemple une de ces femmelettes serrées, étouffées par un corset, et respirant à grand'peine avec des poumons atrophiés, pour ainsi dire, par cette compression permanente. Il choisirait une femme de la campagne, vigoureuse, à la poitrine large, respirant à pleins poumons, et n'ayant jamais eu les mouvements respiratoires bornés par cet exécrable objet de toilette.

Qu'est-ce enfin que l'élasticité? Par quel mécanisme et à l'aide de quels moyens se manifeste-t-elle dans le pied? Quelles sont les preuves physiques et physiologiques qui viennent démontrer son existence? Quelles sont les expériences tentées à cet égard?

En nous inspirant des idées si ingénieuses de M. H. Bouley, qui pour nous est le centre de ralliement scientifique le plus sûr, à l'endroit de l'anatomie physiologique du pied; d'un autre côté, en nous appuyant sur les observations et les expériences que nous avons faites sur un grand nombre de pieds non ferrés de nos chevaux d'Afrique, notre raisonnement d'ailleurs aidant, nous arrivons à dire que : on doit entendre par *élasticité* un certain mouvement d'expansion qui se produit dans le sabot, et vers les talons surtout, pendant l'appui sur le sol (n'en déplaise à **MM.** Gloag, Anker, Perrier et compagnie), expansion suivie du retour de toutes les pièces unguéales à leur position première, dès que l'appui a cessé, double mouvement d'autant plus remarquable que les pieds sont vierges de ferrure, et dépendant à la fois de la nature de la boîte cornée, de sa structure et configuration spéciales, de la largeur de la surface plantaire, et enfin de l'effort impulsif sur la région digitée. Il y a donc tout d'abord, dans l'élasticité, deux mouvements bien marqués, l'un de dilatation, l'autre de resserrement ou plutôt de retour. Plus loin nous allons indiquer comment se reflètent sur le pied ces deux mouvements, et comment les rouages se comportent.

Cette élasticité était de toute utilité pour amoindrir les percussions et les chocs, permettre à l'effort impulsif d'aller s'éteindre entièrement dans la région phalangienne. B. Clark dit que l'élasticité existe dans le pied du cheval à un degré moindre que dans tout autre animal. Mais comme tout est relatif, et que la nature a tout prévu, cet écrivain ajoute : que cela ne doit pas étonner, si on fait attention que chez ce monodactyle se trouve accompli un des problèmes les plus difficiles de la mécanique, c'est-à-dire un poids énorme mû avec un degré extraordinaire de vitesse (1re édit., page 24). Dans le dessein de surmonter cette difficulté, un degré remarquable de solidité fut départi au pied au moyen d'un sabot d'une seule pièce, afin que rien de l'élan ne fût perdu (1).

La corne est aussi élastique par sa nature même ; cette propriété est d'autant plus prononcée qu'on examine sa substance de l'extérieur à l'intérieur : aussi les feuillets kéraphylleux sont-ils mous, très-flexibles et élastiques, physiquement parlant. Le sabot est d'autant plus dur qu'il se trouve dans un milieu plus sec et qu'il doit frapper un sol plus résistant. Quant à la dureté des différentes pièces de la boîte cornée, elle est en rapport avec les usages particuliers de chacune d'elles. La paroi est d'autant moins élastique qu'on l'examine plus près de la pince. La sole ne jouit que d'une élasticité plus obscure ; ses mouvements d'élévation et d'abaissement sont loin d'être aussi pronon-

---

(1) Le sabot, à la manière des aponévroses, peut servir de revêtement ou de point d'appui aux parties organisées qu'elle renferme !!! Nous abandonnons volontiers notre comparaison à la critique.

cés qu'on pourrait le croire. La fourchette, les glômes et la paroi à la région du bourrelet sont les parties les plus élastiques.

L'étendue plus grande de la surface plantaire, tout en augmentant les points d'appui, élargissant la base de sustentation, sert encore à favoriser la solidité et l'élasticité. Enfin, restent à examiner la disposition et l'agencement des diverses pièces concourant aux mouvements du pied et les effets produits par l'effort impulsif.

Avant tout, nous allons étudier séparément les différentes parties de l'ongle; et puis, ensuite, nous suivrons les mouvements particuliers qu'elles favorisent et qui constituent l'élasticité. Bien que l'étude sommaire des pièces podales nous éloigne du sujet principal, il nous semble de toute utilité de donner un aperçu succinct au point de vue de l'anatomie physiologique. Bracy-Clark prétend qu'il n'est pas nécessaire d'entrer dans les détails minutieux de l'anatomie du pied (page 25), comme quelques-uns l'ont fait assez inutilement. Nous ne sommes pas de cet avis; car, qui veut la fin veut les moyens, et je ne sache pas que l'idée se soit jamais présentée à un vétérinaire, de reprocher à M. H. Bouley d'avoir étudié le pied d'une manière aussi exacte, aussi profonde, et d'en avoir tiré des inductions physiologiques aussi élevées. Pour nous, c'est précisément là le point essentiel : connaître d'abord la disposition, l'agencement, les rapports des rouages de la machine animale, afin de mieux se rendre compte des effets qu'ils sont appelés à produire lorsqu'ils sont en action. Du reste, sans ces connaissances premières, il est impossible de raisonner et de faire la moindre application (1).

---

(1) M. H. Bouley, p. 242, dit : « Ce n'est donc pas dans le sabot, considéré comme un appareil mécanique, que réside la plus grande puissance élastique de l'extrémité du membre, mais bien dans les parties que le sabot renferme ; *dans la cutidure, dans les membranes d'enveloppe de la phalange,* et surtout dans ses prolongements cartilagineux

> Le pied est la première assise de l'édifice
> animal !

Jetons donc un coup d'œil rapide sur les rouages de la mécanique qui préside à l'élasticité ; ce sera presque de l'énumération pour la majeure partie d'entre elles, car notre but n'est pas ici de faire de l'anatomie, mais d'étudier plus particulièrement les parties réellement remarquables par leur disposition, leur conformation, leurs usages spéciaux, et ayant une part assez large dans les mouvements du pied.

Dans le pied, on reconnaît des parties internes organisées et des parties externes ou cornées. Les parties internes sont : trois os, la deuxième et la troisième phalange et le petit sésamoïde. Par leur réunion, ces trois os forment l'articulation du pied. Il y a cinq ligaments, deux latéraux antérieurs, deux latéraux postérieurs et le cinquième inter-osseux. Le tendon extenseur vient s'attacher à l'éminence pyramidale de l'os du pied, le tendon fléchisseur profond va s'épanouir sur toute la surface de la crête semi-lunaire et à la face interne des apophyses rétrorsales. L'os du pied offre encore tout un appareil fibro-cartilagineux élastique, destiné à modérer les chocs et à transmettre au sol les pressions de l'effort impulsif. Outre les artères, les veines, les lymphatiques et les nerfs très-nombreux, très-développés, très-flexueux, très-ramifiés et très-anastomotiques, on aperçoit encore une membrane analogue à la peau et destinée à sécréter la substance cornée.

Les parties contenantes ou externes sont : la paroi, la sole, la fourchette et le périople. Toutes ces parties, par leur agencement, constituent la boîte cornée ou sabot.

En interrogeant les parties externes, on aperçoit le sabot, qui entoure en grande partie le pied, et qui

---

et dans son coussinet plantaire. » C'est donc une lacune immense laissée dans le livre du vétérinaire anglais,

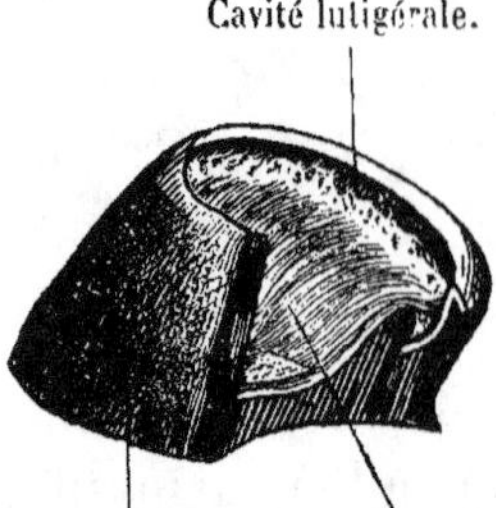

correspond à l'épiderme, couche externe de l'enveloppe générale du corps. La première pièce du sabot, la paroi, est une large bande cornée plus ou moins circulaire qui entoure les parties internes, à l'instar d'une muraille d'autant plus épaisse qu'elle est plus intérieure, et d'autant moins oblique qu'on l'examine plus près des talons. L'obliquité de la paroi est à peu près de 45 p. 100, direction, du reste, en rapport avec la ligne phalangienne. La face externe est enduite d'un vernis périoplique qui recouvre les fibres déliées et serrées de la corne ; on y remarque parfois des cercles qui, la plupart du temps, sont le résultat d'un changement de régime, d'habitudes, ou qui proviennent de la ferrure, des habitations, ou enfin d'une altération des organes sécréteurs. La face interne offre plus de 500 feuillets kéraphylleux, qui doivent s'interposer entre les lames podophylleuses, et sur lesquelles ils forment une moulure exacte.

La cavité cutigérale existe au bord supérieur, qu'on appelle *biseau ;* cette cavité est creusée dans l'épaisseur même de ce bord, de dedans en dehors, et sert à loger le bourrelet. La largeur de la cutigérale est en rapport exact avec le volume du bourrelet, c'est-à-dire large en pince, et diminuant graduellement jusqu'aux talons. Les parties qui recouvrent cette face interne de la cutigérale reçoivent les houppes villeuses du bourrelet, et ont près d'un centimètre de profondeur.

La paroi, en se réfléchissant en arrière et en dedans, prend le nom d'*arcs-boutants* (angles d'inflexion de M. H. Bouley). Ces arcs forment la base des talons. *Les prolongements centripèdes* de M. H. Bouley constituent *les barres* et ne sont que la continuité des angles d'inflexion. Les barres ne s'étendent pas jusqu'à la pointe de la fourchette, comme on le croit assez généralement. M. H. Bouley a démontré qu'elles ne dé-

passaient pas la moitié du bord interne de la sole ;
elles se dirigent de haut en bas et de dedans en dehors,
disposition qui indique leur jeu pendant l'écartement
des talons.

La muraille a la même épaisseur, considérée de
haut en bas, depuis la cavité cutigérale jusqu'au bord
inférieur ; le côté interne est plus mince que l'externe ;
la même disposition existe dans les barres. La disposition du quartier interne doit être prise en considération ; son épaisseur moindre implique une plus
grande élasticité : aussi les bons maréchaux ont toujours soin de donner plus de couverture à la branche
interne et de placer l'étampure du talon le plus près
possible de la pince. Quant au quartier externe, il est
toujours plus évasé et plus haut que l'interne (1).

La corne de la paroi est d'autant plus souple et
tendre qu'elle est située plus près des parties vivantes
et qu'elle se rapproche davantage du bourrelet.

La couleur de la muraille est encore à considérer,
parce qu'à elle se rattachent certaines propriétés dont
il est utile de tenir compte en maréchalerie. La couleur de la corne est constamment identique à celle de
la peau : poils noirs, corne noire ; poils blancs, corne
blanche. C'est pour cela qu'on estime généralement
moins les chevaux à balzanes, non-seulement parce
que ces dernières choquent la vue, mais encore parce
qu'elles impliquent la blancheur de la corne, qui est
moins dure et plus cassante. La couleur peut varier du
noir au blanc, et affecter parfois une teinte grise.

Sous le rapport de sa structure, la paroi est com-

---

(1) A ce propos, Bracy-Clark a dit : « Le quartier externe est plus
bombé et décrit un circuit plus large que le quartier interne. Cette
différence dans la construction, que le plus grand nombre ne soup-
çonne pas, paraît avoir pour objet de donner au pied une base plus
large, plus forte et plus sûre. Au moyen de cette augmentation de surface, le poids est distribué sur plus de points de support ; chacun de
ces points en supporte une moindre partie, et l'animal est plus à son
aise sans que la jambe opposée coure le risque d'être attrapée ; ce qui
aurait été le cas si le côté interne avait eu la même largeur ou si
les deux côtés eussent été semblables. »

posée de fibres réunies et semblables à de gros crins cylindriques. D'après l'examen rapide que nous venons de passer, on voit que la muraille forme la base de l'ongle, sert de point d'appui à la colonne de soutien, reçoit les principales pressions, protége les parties vivantes contre le choc des corps extérieurs, et concourt enfin à l'élasticité du pied en exécutant de légers mouvements latéraux. Malgré la résistance et l'épaisseur de sa substance, la paroi peut encore percevoir les impressions extérieures, mesurer pour ainsi dire la violence des percussions et les transmettre, à l'aide des filets nerveux qui forment un lacis anastomotique très-remarquable, au centre principal de toutes les sensations, au cerveau.

Les arcs-boutants soutiennent et protégent la portion de sole placée entre eux et la paroi ; ils supportent des pressions considérables pendant l'appui ; en se rapprochant supérieurement, ils entraînent les barres, qui, elles aussi, s'écartent inférieurement et contribuent à déterminer le mouvement de latéralité qu'on remarque pendant que l'élasticité est mise en jeu.

Cette disposition et ce mouvement des arcs-boutants et des barres sont très-utiles à connaître pour se rendre compte de l'anéantissement de l'effort impulsif dans la région digitée. Une fois la pression dispersée et éteinte, les barres reviennent rapidement sur elles-mêmes pendant le lever, et contribuent à donner au pied ce ressort, cette impulsion si utile dans les allures très-accélérées.

Les arcs-boutants sont les protecteurs de la fourchette, s'opposent à son resserrement, à son atrophie.

Les 500 feuillets kéraphylleux, disposés perpendiculairement les uns à côté des autres, servent non-seulement à donner plus d'étendue à la face interne du sabot, sans lui donner plus de volume ; mais encore permettent différents mouvements, surtout en talons, constituent des moyens immenses de résistance et favorisent enfin l'anéantissement des réactions par la multiplicité de leurs points de contact. Bracy-Clark assure qu'en étalant tous les feuillets podophylleux, qui s'adaptent exactement aux kérophylleux, on obtiendrait une surface 12 fois plus étendue qu'avant leur déplissement. M. H. Bouley croit exagérée l'opinion du vétérinaire d'Albion, et ne porte qu'à 6 ou 7 fois cette étendue, en supposant qu'il fût possible de déplisser sous les feuillets podophylleux. On conçoit parfaitement qu'au moyen de ces points si multipliés d'adhérence, lorsque l'os du pied est poussé en arrière et en bas par le deuxième phalangien, il ne puisse y avoir le moindre tiraillement.

Les pieds postérieurs ayant peu d'élasticité, la paroi et les barres sont plus épaisses et plus verticales. Les pieds postérieurs, en effet, sont plutôt des moyens de propulsion que de soutien.

De la sole. La sole, en se réunissant avec la fourchette et les barres, complète la surface plantaire du sabot. La sole est convexe à la partie supérieure et concave inférieurement; elle représente une espèce de voûte interrompue à la partie postérieure, disposition qui était de toute nécessité, comme nous le verrons plus loin (1). A la face supérieure de la sole, on remarque une dépression transversale assez large, qui se prolonge sur le corps de la fourchette, à peu près au niveau de la terminaison des barres; cette dépression correspond à l'endroit où s'exerce la pression de l'os du pied. La face supérieure est criblée d'ouvertures analogues à celles de la cutigérale et chargée de loger les villosités. La face inférieure est concave, mais plus fortement au niveau de la pointe de la fourchette. La sole est plus épaisse à la circonférence qu'au centre; sa substance est d'autant plus souple qu'elle est plus rapprochée des tissus vivants. De même que la paroi, elle est composée de fibres longitudi-

---

(1) Aussi, lorsque le pied est plat et que le fer n'a pas d'ajusture, le cheval est bientôt boiteux.

nales, mais non de lames superposées, comme on le pense généralement.

La sole a pour usage de garantir les parties vivantes du contact des corps étrangers ; dans son mouvement léger d'affaissement, elle transmet une partie de l'effort impulsif à la paroi, et, de la sorte, concourt à son élargissement (1). L'expérience de Reeve prouve que cet abaissement a lieu pendant le poser ; la réfutation d'Anker n'est d'aucune valeur, et n'infirme en rien cette opinion assez généralement reçue et adoptée. A ce propos, nous répéterons : pourquoi donc sans cesse tirer des inductions d'expériences faites sur des parties placées dans des conditions exceptionnelles et anormales ? Certes, si le poids du corps avait dû être réparti sur la sole, les barres et le coussinet plantaire, la raison et les réfutations de M. Anker eussent été judicieuses ; mais cet auteur n'a pas tenu compte de cette force d'adhérence, de connexion intime représentées par un millier de feuillets kératophyllo-podophylleux.

La sole ne doit donc pas supporter une grande pression, puisque l'os du pied reste uni à la paroi par l'adhérence multiple des feuillets ; elle reçoit l'effort d'une manière élastique, semblable à la main de l'homme qui s'abaisse au moment où elle va recevoir un corps étranger tombant d'une certaine hauteur.

De la fourchette. C'est une espèce de coin élastique placé dans l'échancrure de la sole, et complétant la face plantaire de la boîte cornée. M. H. Bouley la compare à une clef de voûte en bossage entre les deux voussoirs qui la supportent. La face supérieure est moulée sur le corps pyramidal ; elle offre une éminence

---

(1) Voici ce que dit M. Lecoq, professeur à l'école de Lyon, à propos des usages de la sole : « D'après sa disposition en voûte, la sole éprouve dans la marche un mouvement continuel, qui a lieu de haut en bas, pendant l'appui du pied, par un aplatissement de la voûte, et de bas en haut dès que le pied est débarrassé du poids qu'il supportait. Par ces mouvements successifs, elle concourt, pendant l'appui, à faire dilater le cercle formé par la paroi, et permet à cette partie de se resserrer pendant le soutien du membre. »

appelée *arêtes de la fourchette* (1). Les houppes villeuses
sont logées dans les pertuis
dont cette face est tapissée. Le
corps de la fourchette, *coussin
de Clark*, a ses faces latérales
adhérentes aux barres et s'unit
en avant avec le bord interne
de la sole. *Les bulbes* de cette
pièce cornée forment *les glômes*, qui, en se continuant autour du sabot, sous forme ru-
banée, constituent le *périople*.
Enfin, la fourchette forme un
coussinet triangulaire, plié sur
lui-même pour mieux se loger
dans l'espace laissé par la sole

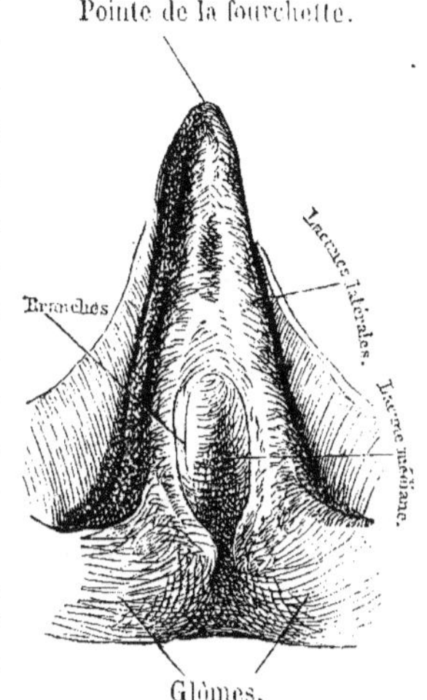

et les barres. Ce repli lui permet de reprendre de
l'extension, pendant l'écartement des barres, sans
éprouver le moindre tiraillement. Elle est plus mince
sur les bords, afin de mieux s'adapter aux parties
voisines; dans tous les cas, elle est moins épaisse
que la sole. La corne de la fourchette est plus
molle, plus élastique, et a des fibres plus serrées
que les autres pièces du sabot. Comme la paroi
et la sole, elle est d'autant plus souple qu'elle est
plus près des parties organisées et vivantes. Ses
fibres sont flexueuses et non droites, comme celles
des autres parties. Semblable à ces coussinets placés
entre les wagons, elle constitue un matelas mou, élastique et très-propre à amortir les dernières pressions
de l'effort impulsif. Les coussinets des wagons ne sont
pas plus destinés à écarter activement ces voitures

---

(1) L'arête de la fourchette est disposée de telle façon qu'il lui soit
possible de modérer l'écartement, le trop grand refoulement du coussinet plantaire, pendant l'expansion des talons. N'est-ce pas là comme
une espèce d'écrou destiné à borner le mouvement de dilatation du
ressort? En admettant un moment l'action contentive de Perrier, à
quoi eût servi cet obstacle, cette espèce de borne dans le mécanisme
animal?

que la fourchette, les barres ; leur usage est d'amoindrir les chocs violents, et, par leur élasticité, de favoriser leur mouvement en avant.

En général, on a l'habitude de dire que la fourchette sert à la dilatation des talons, et que son atrophie est la cause de leur resserrement. Ne prend-on
pas là l'effet pour la cause? La fourchette, dans l'écartement des talons, n'a certainement qu'une action
passive ; elle se dilate, s'épanouit, succombant sous la
pression ; elle aide les barres et les angles d'inflexion
dans leur écartement, pressés qu'ils sont à leur partie
supérieure par le troisième phalangien. Nous n'approuvons pas la comparaison de Bracy-Clark, qui ne
veut pas qu'un coin mou puisse fendre un bloc de
bois. La paroi et les barres ne ressemblent, en aucun
point, à un corps inerte, pendant l'action ; tous les
deux concourent au même but, et la fourchette, de son
côté, vient encore les seconder, sans que pour cela
on puisse dire que ce coin élastique ouvre de vive
force les arcs-boutants. On compare la paroi et les
barres à un arc turc, et on ne veut pas que la fourchette, qui est considérée comme la corde, puisse re-
lâcher ou tendre cet arc!! Clark ajoute que l'écartement des barres prépare l'extension latérale de la
fourchette, alors plus libre. Pourquoi donc la fourchette, coussin où viennent s'éteindre les dernières
réactions, aurait-elle besoin d'être entraînée activement par les barres, puisque, comme elles, elle cède
à l'effort suprême? Le même auteur prétend que
la fourchette ne doit pas porter sur le sol ; nous ne
partageons pas cette manière de voir ; tous les pieds,
vierges de ferrure, que nous avons examinés pendant
notre séjour en Algérie, avaient la fourchette des
pieds antérieurs usée par le frottement et presque au
niveau du bord plantaire de la paroi. Ces traces
d'usure étaient manifestes dans tous les cas. Inutile
de dire que nous avons été à même de faire ces observations sur des milliers de pieds. Il est évident que
sur un pied ferré, comme l'indique Clark, les choses

se passent autrement , et qu'un cheval devient boiteux; quand on a trop abattu les talons, cela se conçoit : mais cela ne prouve pas que la fourchette ne
doive pas porter à terre, mais tout simplement que
le maréchal a commis une grande faute.

Du périople (*fig.* O). La bande
coronaire ou périople naît des
glômes de la fourchette, dont il
n'est qu'un prolongement mince et aplati en forme de ru-
ban. M. H. Bouley, en physiologiste sérieux, dit : «Qu'il n'est
« pas plus exact de considérer
« le périople comme un épa-
« nouissement de la fourchette,
« que celle-ci comme un ren-
« foncement du périople; ils
« constituent, par leur ensem-
« ble, un tout indivis, dont

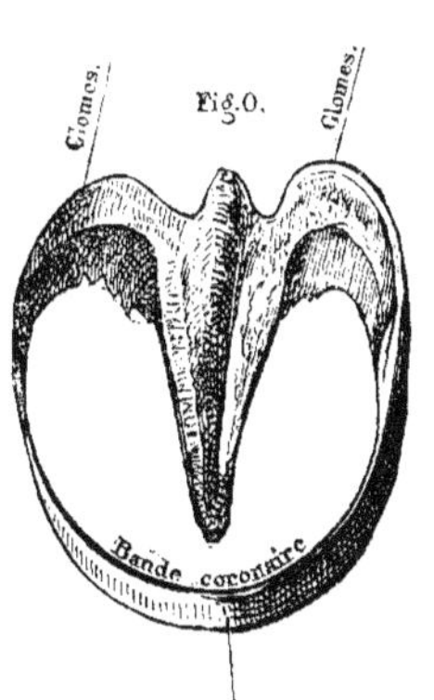

« toutes les parties sont formées en même temps, dans
« la place qu'elles occupent, par un appareil sécréteur
« disposé circulairement au-dessus du sabot. Cet ap-
« pareil est constitué, pour le périople, par le sillon
« coronaire périoplique et le petit renflement cutané
« qui règne au-dessus de lui, lesquels remplissent,
« par rapport à la bande coronaire, le même office
« que le bourrelet principal par rapport à la paroi. »
(Voir la figure O.)

Le périople s'étend à la surface de la paroi en
couche mince, et va se confondre avec la substance de
la fourchette. Le périople forme une pellicule ver-
nissée qui protége le sabot contre la chaleur et l'humidité. C'est à tort que les maréchaux la râpent (1).

Telles sont les parties externes de l'ongle. Conti-

(1) M. Richard pense que le périople prévient le desséchement de
la muraille à sa réunion avec la peau, à laquelle elle adhère fortement elle-même et concourt aussi avec succès à fixer le sabot. Cette
bande a quelque analogie avec les brides qu'on attache à certaines
chaussures, pour bien les fixer en passant sur le cou-de-pied. » M. Richard a sans doute voulu parler des sabots..... de bois !

nuons par l'examen, non moins rapide, *des parties internes* (1).

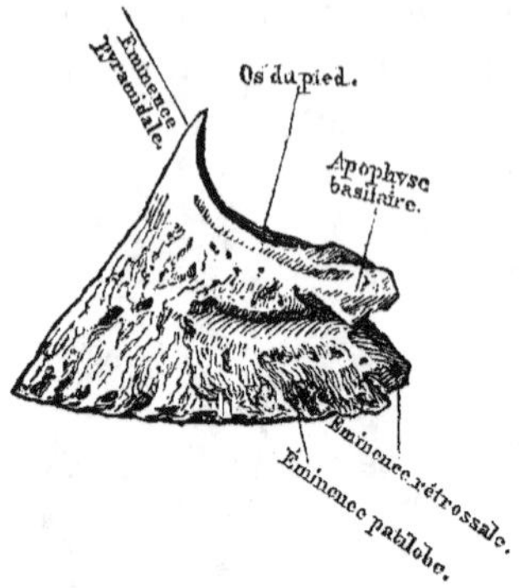

La phalange unguéale offre certainement un grand intérêt au point de vue de l'anatomie physiologique et de la chirurgie ; nous le répétons, notre but n'est pas d'entrer dans des détails anatomiques, mais d'indiquer simplement les caractères les plus saillants de structure, ceux auxquels se rattachent des idées physiologiques concernant l'élasticité du pied. Que cet os court, à forme irrégulière, ressemble à un cône plus ou moins tronqué ; qu'il forme le noyau du pied, etc., cela ne peut nous arrêter un instant. Qu'il nous suffise de dire que l'acte nutritif s'y fait remarquer par son activité, à en juger par le grand nombre d'artères qui se rendent à l'os lui-même, mais surtout aux membranes extérieures qui sont le siége d'une abondante sécrétion. L'os du pied postérieur est plus aplati latéralement et offre plus d'étenduc dans le diamètre antéro-postérieur (figure Z). La deuxième

Fig. Z.

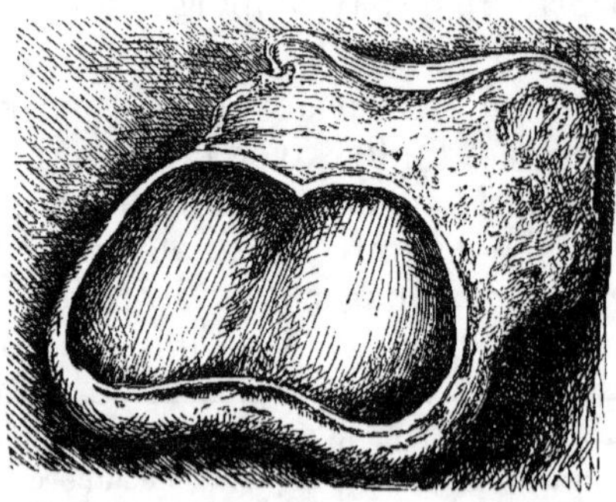

---

(1) Bourgelat dit, à propos des parties internes : L'examen éclairé et réfléchi du dehors ou de la superficie, quelque intéressant qu'il puisse être, serait encore insuffisant. L'ongle n'est point dans l'ani-

phalange, ou os de la couronne, est un os court, cuboïde, à substance corticale très-compacte et résistante ; il se fait aussi remarquer par sa grande vascularité.

(T). Le petit sésamoïde, os naviculaire, os de la noix, os de la navette, est le troisième os composant

(T)

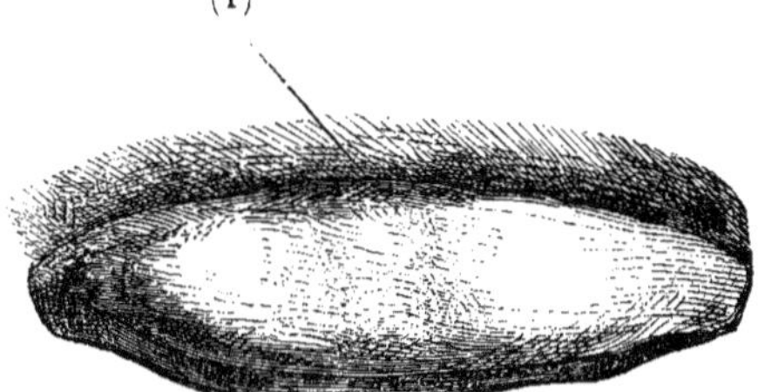

Petit sésamoïde.—Face inférieure.

l'articulation du pied ; il est très-vasculaire et possède un tissu compacte extérieur très-épais.

Appareil fibro-cartilagineux du pied.

L'os du pied, si on ne tient pas un compte trop rigoureux de la différence de tissu, se continue à la partie postérieure et à ses deux extrémités par un appareil fibro-cartilagineux qui joue un grand rôle dans les mouvements de dilatation et de resserrement du sabot. Autrefois, les trois parties qui composent cet appareil faisaient l'objet d'une description séparée, bien que n'étant qu'un tout inséparable ; on reconnaissait les fibro-cartilages du troisième phalangien, le coussinet plantaire ou pyramidal. M. H. Bouley fait observer que cette distinction est plutôt basée sur un artifice anatomique que sur une différence de texture, ces trois parties étant indivisibles par le scalpel ; néanmoins il conserve les dénominations variées de ces parties, tout en ajoutant celles d'*appendice seu-*

---

mal une masse morte et purement solide, dans laquelle on puisse, sans danger et au hasard, implanter des clous, et dont il soit permis de retrancher indifféremment quelque partie : aussi pénétrerons-nous dans l'intérieur, à l'effet d'en dévoiler la structure, l'organisation et le mécanisme, ainsi que les lois de son accroissement et de sa régénération (page 4).

tiforme de la phalange, plaque cartilagineuse. Bien que ces nouvelles expressions joignent à la concision l'avantage de donner une idée du contour et de la forme des cartilages, tout en variant la monotomie du langage anatomique, il est toujours regrettable d'augmenter la synonymie, déjà si variée et souvent si confuse. Ainsi, par exemple, à quelle dénomination s'arrêter de préférence, à propos de ces appendices du troisième phalangien :

Fibro-cartilages latéraux de l'os du pied (M. Rey);

Prolongements fibro-cartilagineux de l'os du pied (Girard);

Fibro-cartilages du troisième phalangien (M. Renault);

Grands cartilages du pied (Bracy-Clark);

Parties latérales de l'appareil fibreux complémentaire de l'os du pied (H. Bouley);

Appendice scutiforme de la phalange (H. Bouley);

Plaque cartilagineuse (*idem*)?

Franchement, il n'y a que l'embarras du choix; bien heureux si, d'ici à quelques années, un auteur nouveau ne vient pas grossir cette synonymie déjà bien accablante ! On croirait manquer à sa dignité d'auteur, en se servant des dénominations sanctionnées par l'usage... Ce que je dis à propos des fibro-cartilages, on peut le répéter dans une foule d'autres cas. Cette tendance des écrivains à encombrer la partie synonymique se fait observer non-seulement en médecine, mais encore dans l'étude du règne végétal. On ne saurait trop se réserver le droit de faire opposition à l'esprit de système, de parti pris, qui égare les hommes d'un mérite d'ailleurs transcendant, et menace de tout faire oublier pour reconstruire la science avec des mots nouveaux, et sans rien changer au fond. Cela soit dit en thèse générale ! M. le comte Jaubert, dans un discours prononcé au sein de la Société botanique de France (15 janvier 1858), abordant la même thèse, se plaint en ces termes : « L'encombrement sous lequel gémit la botanique n'aurait rien d'effrayant s'il ne provenait que des acquisitions évidemment nouvelles ; mais remanier indiscrètement, pour en tirer de prétendues nouveautés, c'est s'appauvrir sous prétexte de perfectionnement. Mais on veut raffiner à tout prix, et, de même que la mode capricieuse préfère les tissus éphémères des fabriques modernes aux fortes étoffes d'autrefois, une école nouvelle traite de surannées nos espèces classiques. »

Plus loin, ce savant ajoute : « Si nous consentons à ce que la science reste difficile, de grâce, qu'on ne la rende pas inabordable ! »

Qu'on nous pardonne cette trop longue digression, et d'autant plus qu'elle nous a procuré l'occasion d'émettre notre opinion à propos de ces graves reproches que nécessite l'encombrement synonymique.

(*Fig.* C). Les fibro-cartilages s'implantent sur l'apophyse basilaire ; de leur sommet s'échappent deux brides fibreuses qui vont aux bulbes du coussinet plantaire, et, plus bas, ce sont des angles saillants qui pénètrent encore plus avant et établissent une connexion intime avec ce même coussinet. M. Renault, le premier, dans son *Traité du javart cartilagineux* (1831),

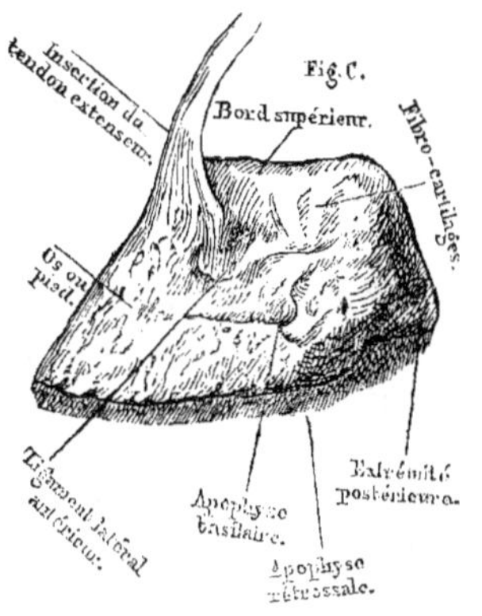

a fait remarquer une disposition particulière et importante du bord inférieur des fibro-cartilages ; à l'endroit où ils quittent l'os du pied, ils se replient à angle droit de dehors en dedans, et constituent une production aplatie de dessus en dessous qui s'enfonce dans la base du coussinet plantaire, dans l'épaisseur duquel elle se perd insensiblement : de cette disposition, observe le savant directeur d'Alfort, « Il résulte que l'on pourrait distinguer, dans la moitié postérieure du cartilage, deux parties : l'une, aplatie d'un côté à l'autre, est la principale ; l'autre, aplatie de dessus en dessous, constituerait un appendice continuant en dedans le bord inférieur. C'est dans l'angle formé par la jonction de ces deux parties que se trouve la plus grande épaisseur du fibro-cartilage. »

N'est-ce pas à cette fusion des fibro-cartilages avec le coussinet plantaire qu'est dû leur mouvement d'abaissement et de contraction pendant l'appui du pied sur le sol? M. Renault a encore remarqué qu'à la face interne et près du bord inférieur il y a un autre cordon tendineux qui termine latéralement l'aponé-vrose plantaire et se perd dans le fibro-cartilage, avec lequel il se confond.

Cette disposition anatomique, signalée par M. Renault depuis 1831, est sans doute ce qui a engagé les anatomistes d'aujourd'hui à ne considérer les fibro-cartilages phalangiens et le coussinet plantaire, que comme un seul et même appareil élastique. M. H. Bouley, lui aussi, n'admet pas cette délimitation ancienne, qui n'est pas dans la nature, puisque toutes ces parties sont parfaitement continues à elles-mêmes et destinées à remplir les mêmes fonctions.

Organisation des fibro-cartilages. Plus résistants à la partie antérieure, ils sont composés d'une substance très-blanche, plus ou moins élastique, qui leur permet de s'affaisser et de revenir sur eux-mêmes avec une grande facilité ; ils ont une texture d'autant plus fibreuse qu'on les examine plus postérieurement. La matière cartilagineuse prédomine en avant ; en arrière, elle ne se montre que sous forme de noyaux disséminés çà et là, et se confond avec le corps pyramidal au milieu d'un tissu fibro-graisseux. Cette différence d'organisation des fibro-cartilages indique suffisamment quelles sont les parties les plus flexibles (1).

---

(1) M. Renault dit à ce propos : « Cet état du fibro-cartilage, si différent à sa partie antérieure et à sa partie postérieure, n'est pas seulement remarquable sous le rapport de l'élasticité du pied ; il est aussi fort intéressant à constater sous le rapport de la pathologie et de la thérapeutique du javart cartilagineux. Ajoutons seulement ici que la vitalité de ce fibro-cartilage est en raison inverse de sa densité, et conséquemment qu'elle est beaucoup plus développée dans sa partie postérieure que vers sa base et son extrémité antérieure. » (*Traité du javart cartilagineux*, 1831.)

Les cartilages scutiformes de la troisième phalange sont plus développés, plus épais et plus élevés dans les pieds antérieurs ; celui du côté externe est également plus élevé que l'interne ; particularité en rapport avec le développement plus grand du quartier externe et son plus d'épaisseur. Le volume et l'épaisseur du ressort sont en rapport avec l'effort à produire.

Coussinet plantaire ou corps pyramidal.

Dans le coussinet plantaire, on distingue *le renflement et les bulbes*. Son organisation est essentiellement cellulo-fibreuse, surtout en avant. Près des fibro-cartilages, le tissu fibreux blanc est plus lâche, surtout à l'endroit où il s'unit avec eux. En pratiquant une coupe horizontale, on aperçoit entre les fibres régulières de ce tissu des espèces de noyaux mous, jaunâtres, qui ne sont, d'après M. H. Bouley, qu'une membrane celluleuse élastique. Les bulbes ont une composition à part. En faisant plusieurs sections, on distingue une foule de petites pelotes agglomérées, disséminées entre les lames irrégulières du tissu fibreux blanc. M. H. Bouley croit que le tissu fondamental des bulbes renflés du coussinet plantaire est constitué, soit par une immense membrane pliée sur elle-même une multitude de fois, et dont les feuillets superposés auraient contracté adhérence avec leurs deux faces ; soit par une succession de lames adhérentes et superposées.

Usages de l'appareil fibreux élastique du pied.

Les fibro-cartilages de l'os du pied sont particuliers aux monodactyles ; ils servent à favoriser l'élasticité, et d'autant plus que l'ongle est indivisé. Placés sur l'articulation du deuxième avec le troisième phalangien, ils protègent non-seulement cette jointure, servent à augmenter les points de contact avec le sabot, et lui transmettent les impressions reçues ; mais encore, par leur élasticité, ils concourent à amortir la pression résultant de l'effort impulsif. Lorsque le poids du corps est rejeté en arrière, ces fibro-cartilages sont entraînés par le coussinet plantaire, avec lequel ils ont, comme MM. Renault et Bouley l'ont démontré, les plus grandes connexions, et à tel point qu'on les considère comme une dépendance du même appareil élastique. De cette manière, le poids du corps est à la fois reçu par des parties osseuses et des fibro-cartilages qui amoindrissent chocs et pressions. Ne pourrait-on pas comparer les fibro-cartilages aux ressorts d'un étau? Tant que la pression existe, ils cèdent, et reviennent à leur état premier dès qu'elle cesse.

Notes additionnelles pour faire suite aux fibro-cartilages.

Les fibro-cartilages ressemblent à ces ressorts en usage dans la mécanique; ils doivent être forcés graduellement pour fonctionner; cela fait, ils reprennent rapidement leur tension première. Dans l'élasticité du pied, ils supportent une partie des pressions, les modèrent, élargissent la surface de contact du troisième phalangien dans la boîte cornée et transmettent enfin à cette dernière les pressions reçues.

C'est au moment où l'effort impulsif détermine l'abaissement de l'os du pied, celui du petit sésamoïde et du coussinet plantaire, que les fibro-cartilages, semblables à ces ressorts dont nous avons parlé, sont entraînés et doivent, pour ainsi dire, se frayer de vive force un passage à travers l'ouverture du sommet du cône tronqué que représente le sabot. Cela se conçoit, si on veut bien se rappeler que ces ressorts ont plus d'étendue que l'ouverture elle-même.

Les appendices scutiformes empêchent, amortissent donc mécaniquement, aidés qu'ils sont par le bourrelet et l'engrènement kéraphyllo-podophylleux, les pressions résultant de l'effort impulsif. Leur élasticité propre leur fait vaincre assez facilement la résistance, et d'autant mieux, qu'ils sont entraînés par le coussi-

net plantaire, avec lequel ils ne font qu'un. Le renflement de leurs bulbes est disposé de telle manière, et
vient s'adapter de telle façon dans la cavité supérieure
des arcs-boutants, qu'il s'oppose à leur plus grand
affaissement, et que, tout en favorisant l'anéantissement des pressions, il peut encore servir de point
d'appui à l'os du pied.

C'est sans doute cet effet produit par les plaques
cartilagineuses qui aura fait croire à Perrier que les
talons de l'os du pied étaient les agents de la force
contentive. Par malheur, ces talons, qui ne sont que
les éminences rétrorsales, ne vont pas, comme l'a
supposé ce praticien, s'adapter à la face interne des
angles d'inflexion. et comme l'observe M. H. Bouley;
il n'est pas possible que des parties flexibles et élastiques, telles que les fibro-cartilages, pressent avec
assez de force, de haut en bas et de dehors en dedans,
la surface inclinée des bouts de la sole pour en opérer la concentration. Cette idée émise par Perrier a
toujours vivement préoccupé ses adeptes, qui toujours
se plaignent du peu de développement des éminences
rétrorsales... comme si la nature devait obéir aux règles
imaginaires de leur système !

En effet, les talons de l'os du pied devraient har-
ponner à la façon Perrier et fixer les deux branches de
la sole, rapprochées l'une de l'autre pendant la durée
de l'effort contentif. De bonne foi, est-il possible d'admettre un seul instant ce retrait que condamne formellement l'expérimentation, cette action contentive,
ce redressement des barres au moment même où l'effort impulsif vient se montrer dans toute sa puissance
d'action, et témoigne le besoin le plus pressant de
rencontrer des parties souples et élastiques? M. H.
Bouley, traduisant James Turner, répète, comme ce
dernier, que le redressement des barres sous le petit
sésamoïde et la voussure concomitante de la sole
et de la fourchette, dans les pieds resserrés, repré-
sentaient une sorte de rocher contre lequel plus de

chevaux venaient se détruire qu'il ne se brise de vaisseaux contre les récifs de l'Océan.

De notre côté, n'avons-nous pas dit, à ce propos, que le raisonnement Perrier avait de l'analogie (page 65) avec le mode d'action d'une ferrure vicieuse, et qu'il rappelait les influences physiques sur le sabot, après la mort ? Sans le vouloir, sans doute, il s'est servi de cette figure qui consiste à adopter des conclusions basées sur un point de départ faux. Si la contraction des parties postérieures devait favoriser l'élasticité à la manière Perrier, pourquoi, avons-nous dit, le resserrement des talons et l'encastelure font-ils boiter ? L'encastelure surtout devrait être la perfection Perrier, puisque le pied obéit quand même à cette force contentive.

La ferrure, en limitant les mouvements du pied et bornant l'élasticité, contribue à amoindrir, à anéantir même les fonctions des fibro-cartilages du troisième phalangien ; soumis à l'inaction, ils finissent par s'ossifier, preuve bien évidente de leurs fonctions respectives dans l'élasticité du pied. Cette ossification se fait principalement remarquer chez les animaux aux allures lentes, chez lesquels l'élasticité est peu mise en jeu, et chez les vieux sujets ferrés depuis longtemps. Bracy-Clark avait, un des premiers, constaté ce résultat fâcheux de la ferrure et de l'immobilité du pied.

Quelques praticiens observateurs, se rapprochant des idées de Perrier, prétendent que l'usage de l'appareil élastique, fibro-cartilages, coussinet plantaire, barres, arcs-boutants, paroi, fourchette et sole, est de borner le mouvement de contraction qui a lieu pendant l'appui, surtout à la région des talons. Pour eux, en effet, il n'y a point de mouvement latéral possible en talons pendant l'appui, mais bien une *contraction manifeste*. Nous avons déjà dit ce que nous pensions de ce raisonnement spécieux, ne s'appuyant pas sur l'expérimentation. Ils affirment que ce but est tellement dans les vues de la nature, que arcs-bou-

tants et barres ne sauraient avoir trop de résistance
pour modérer ce resserrement, qui a lieu même après
la mort. Ils s'emparent de l'argument personnel et
disent que les idées de leurs adversaires mêmes mi-
litent en leur faveur, puisque, après la cessation des
phénomènes vitaux, et lorsque le sabot est privé des
parties internes, dépouillé, par l'évaporation, des liquides qui l'imprégnaient, ce resserrement est si
puissant que, même en remplissant le sabot de plâtre,
en l'étayant en dedans avec des barres de fer, on ne
peut y mettre un obstacle complet. Cette opinion me
rappelle une autre manière d'envisager l'action des
influences physiques sur les corps organiques privés
de la vie. M. Rey dit que la ferrure à chaud donne
au sabot plus de résistance : d'accord ; mais il ajoute
que la corne chauffée par le fer est moins hygrométrique, moins perméable aux liquides. C'est là une
question qui ne paraît pas d'une solution aussi facile,
et qui dans tous les cas n'est pas sanctionnée par l'observation pratique de tous.

Je n'ignore pas qu'un vétérinaire d'un immense
mérite pense que le calorique qui imprègne la corne
la dispose favorablement à recevoir la ferrure. Je suis
de son avis, s'il s'agit bonnement de l'adaptation du
fer et de sa coaptation plus intime ; mais je ne partage plus son opinion quand il assure que le calorique détruit en elle les propriétés absorbantes, spon-
gieuses, hygrométriques, et la rend insensible aux influences extérieures. Les expériences tentées dans ce
but ne sont pas aussi concluantes qu'on pourrait le
supposer, car elles ont été faites sur des pieds morts.

Comment se fait-il qu'on adopte volontiers cette
idée, que le calorique ne soit pas à craindre dans la
ferrure à chaud (1), et qu'on ne veuille pas admettre

----

(1) D'après M. Delafond, il faut trois minutes, après une application continue du fer chaud sur le pied, pour qu'un thermomètre in-
troduit sous la sole accuse une augmentation de température.

Croit-on que, pendant ce même laps de temps, un pied plongé dans
l'eau froide ferait osciller davantage ce même thermomètre ?

que cette même force vitale, qu'on me tolère cette expression à défaut d'autre, puisse également s'opposer à l'action de l'eau? Ces deux pieds morts, abandonnés dans l'eau vaseuse pendant douze jours, sont-ils une preuve qui milite en faveur de l'action du calorique sur un pied vivant?

Le pied, par la seule force de sa réaction vitale, n'est-il pas capable de repousser toutes les influences nuisibles et détériorantes, qu'elles soient chaudes ou froides?

La nature n'a-t-elle pas prévu tous les cas, sans que besoin soit de carboniser la corne, comme cela se pratique sur les pièces de bois qui doivent être enfoncées dans le sol?

Si le moyen qu'on veut bien conseiller était infaillible, comme on semble le croire, il est bien étonnant qu'on n'en ait jamais fait mention à propos de la ferrure *des chevaux de rivière!!!* C'est le cas ou jamais d'en faire une heureuse application. Du reste, qu'on expérimente sur le végétal, de son vivant bien entendu, et on verra si on arrive aux mêmes résultats. Qu'on me pardonne encore ce nouvel écart; les comparaisons diminuent, dit-on, l'aridité descriptive, et moi de répéter : *Varietas occurrit satietati* (1)!

Nous abordons de nouveau l'étude des parties renfermées dans la boîte cornée, et nous terminons par *l'appareil tégumentaire.* Il se compose de deux bour-

---

(1) M. Renault dit que M. Reynal a commis un paradoxe en avançant que la ferrure à chaud rendait le sabot plus dur et donnait plus de solidité à la ferrure. Il ne saurait admettre que ce soit un avantage de changer dans un organe ses propriétés naturelles, les qualités inhérentes à son état de santé. Si la corne, torréfiée par le feu, est devenue moins hygrométrique et moins perméable aux liquides, et conséquemment plus solide, il doit en résulter cependant un dommage pour le pied, puisque ce même défaut d'hygrométricité, qui empêche la corne de se laisser pénétrer par les liquides du dehors, doit aussi la rendre imperméable à ceux qui émanent des tissus avec lesquels elle est en rapport, et qui, en l'imprégnant, lui donnent sa souplesse et son élasticité. De là viennent sans doute ces resserrements de sabot, lents à se produire, il est vrai, mais qui, à un jour donné, s'accompagnent de douleurs vives et occasionnent d'interminables claudications.

relets sécréteurs de la paroi et du périople ; M. II. Bouley appelle le premier *bourrelet principal* ou *cutidure*,
et le deuxième *bourrelet périoplique*.

(*Fig*. B). La cutidure n'est
qu'un renforcement de la
peau dans la substance du
chorion ; c'est une espèce
d'ourlet très-solide de la
surface cutanée, en considérant cette dernière comme
une toile à plusieurs usages
et recouvrant le corps. La
cutidure est appelée vulgairement *bourrelet*, *matrice
de l'ongle* ; elle entoure circulairement l'articulation de
la deuxième avec la troi-

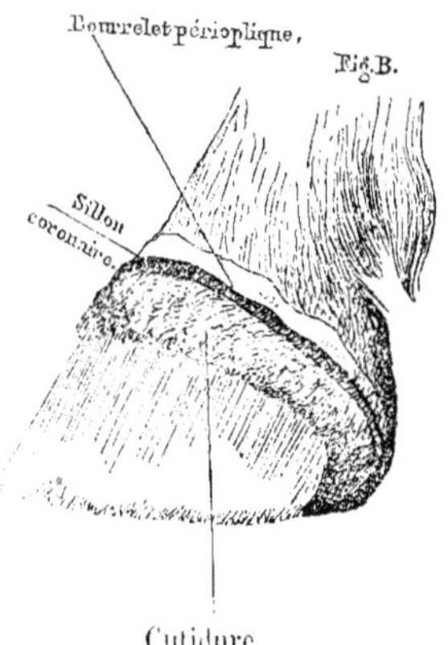

sième phalange, depuis l'éminence pyramidale jusqu'aux bulbes cartilagineux. Sa largeur est en rapport
avec celle de la cavité qui le renferme, diminuant de
la pince aux talons ; sa surface est couverte de villo-
papilles ; elle se contourne de dehors en dedans et va
suivre les branches du corps pyramidal. Le pigment
colorant du bourrelet est analogue à celui de la peau
placée au-dessus de lui.

La cutidure est formée par un tissu fibreux très-
épais, très-serré et très-vasculaire, placé au sommet
du cône corné auquel il donne naissance; il ressemble
à ces bourrelets placés entre les machines, là où les
heurts et frottements trop violents sont à redouter.
M. H. Bouley a démontré que le bourrelet et les lames
podophylleuses doivent être considérés comme faisant
l'office d'*appareil ligamenteux de suspension* (1).

____

(1) Il existe, dit cet auteur, entre le tissu kéraphylleux et le tissu
podophylleux une connexion des plus intimes; et plus loin il ajoute
que, si le mouvement de latéralité s'opère, ce n'est que dans le champ
des limites que lui permet l'élasticité inhérente aux lames podophylleuses elles-mêmes et au réticulum qui lui est sous-jacent. Nous le demandons : si chaque lame podophylleuse possède une élasticité qui lui
soit propre, si infime soit elle, multipliée par la somme énorme de ces

Du tissu podophylleux (fig. P).

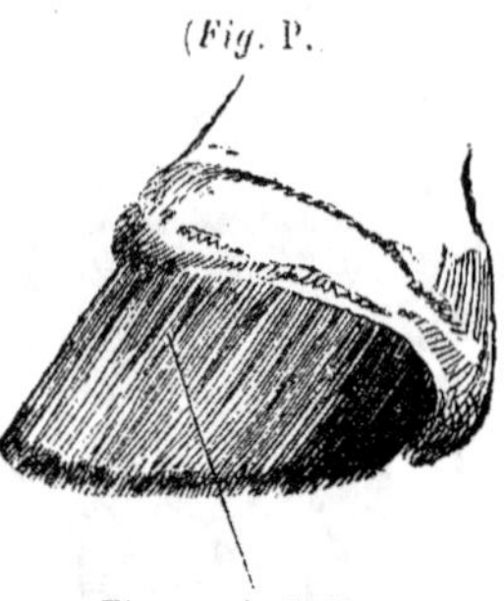

Tissu podophylleux.

Ce tissu, appelé ainsi par B. Clark, est le *tissu feuilleté* de Bourgelat, *la chair cannelée* des anciens hippiatres.

Cette partie de l'enveloppe tégumentaire recouvre la face antérieure de l'os du pied ; c'est un assemblage de plus de cinq cents feuillets disposés perpendiculairement et parallèlement, comme nous l'avons dit en étudiant le tissu kéraphylleux. Chaque sillon podophylleux est regardé avec raison comme l'agent sécréteur du feuillet kéraphylleux qu'il reçoit. La hauteur des lames cannelées est en rapport avec celle de la paroi. Cette partie de l'appareil tégumentaire est constituée par un tissu fibreux élastique sur lequel existe une arborisation vasculaire des plus remarquables et un réseau nerveux très-étendu.

M. H. Bouley se demande s'il existe un appareil kératogène dans la trame du tissu podophylleux... Il est réduit, à cet égard, à de pures conjectures (1).

---

feuillets, il est certain qu'il peut en résulter un mouvement latéral étendu et très-appréciable. La nature a établi cette multiplicité de connexions autant pour favoriser l'expansion des talons que pour multiplier à la fois et les surfaces de la sensibilité tactile constituant le toucher chez le cheval, et les points de contact pour prévenir un désengrènement, adoucir les chocs, supporter enfin les pressions. Toutes ces dispositions, d'ailleurs, tout en multipliant les surfaces, ont pour but de conserver les formes et prévenir un excès de volume qui aurait nui aux mouvements en général.

Bourgelat avait entrevu l'usage du bourrelet; ainsi, page 138 de son *Essai,* il dit : « L'os du pied, par l'éminence qui est à sa partie antérieure et supérieure, ainsi que par la ligne saillante qui règne autour de cette même partie, sur l'espèce de biseau que nous avons observé, et qui se trouve occupé par le bourrelet dont nous avons parlé ; il y rencontre par conséquent un soutien qui s'oppose à ce qu'il soit déterminé plus loin, et assez profondément pour offenser les portions molles contre lesquelles la masse pourrait le chasser.

(1) Selon nous, c'est le cas d'invoquer l'analogie pour expliquer cette

(*Fig.* V). Le tissu velouté ou
sole de chair recouvre la face
plantaire de l'os du pied et la
partie inférieure de l'appareil fibro-cartilagineux. Les villosités
du tissu velouté ressemblent à
celles de la cutidure. L'organisation de ce même tissu est analogue à celle des lames du tissu
podophylleux ; c'est un tissu
fibreux que recouvrent les arbo-
risations veineuses et artérielles.
Les trois membranes tégumen-
taires ont été appelées *appareil kératogène du pied*
(M. H. Bouley).

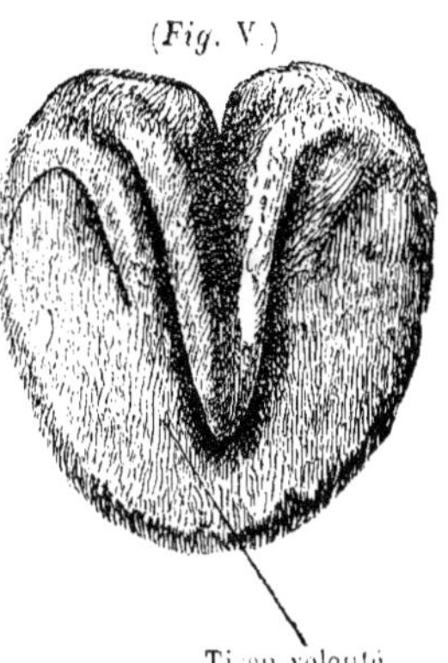

Ti-su velouté.

Telles sont les principales parties externes et internes du pied. Nous avons examiné leur disposition,
leur structure, leur agencement, et indiqué leurs usages
spéciaux. D'après cet aperçu rapide, il nous sera plus
facile d'indiquer les effets d'ensemble qui résultent
de leur association de disposition et de mouvements.

Voyons enfin comment se comporte l'effort impulsif
dans la région phalangienne. Sans doute, la disposition de l'appareil locomoteur est chose importante à
connaître, lorsqu'il s'agit surtout de vouloir se rendre
un compte exact de l'action spéciale du pied ; mais,
pour ne pas trop nous éloigner de notre sujet, nous
n'aborderons que les généralités. Les membres sont
des colonnes de soutien et d'impulsion, composées de
rayons osseux maintenus solidement les uns au-dessus
des autres, et ayant des dimensions variables. Les
rayons osseux soutiennent les muscles, et leur font
exécuter des mouvements divers ; ils sont disposés *an-
gulairement* de façon à mieux soutenir l'action musculaire. Les colonnes postérieures sont destinées à chasser le corps en avant, les antérieures à le recevoir, à

sécrétion. Cet apareil existe bien dans la peau pour la sécrétion épi-
dermique...

les soutenir ; tout est disposé pour qu'elles atteignent
facilement leur but : ainsi, les membres antérieurs ne
sont point unis au tronc directement, mais à l'aide de
parties musculaires et fibreuses ; la cage thoracique est
comme suspendue entre les omoplates, et cela au moyen
de vastes parties musculeuses aponévrotiquement dou-
blées ; disposition de toute utilité pour prévenir les
chocs et les pressions violentes qui eussent été remar-
qués sans cette interruption de la charpente osseuse.
Pour compléter cet appareil clastique, le bord supérieur
du scapulum est pourvu d'un cartilage flexible qui permet
aux colonnes de soutien de s'appuyer sur les apophyses
épineuses. Inutile d'indiquer la disposition inverse des
angles scapulo-huméral et ilio-fémoral, le premier
ouvert en arrière, le second en avant, comme moyen
d'anéantissement de l'effort impulsif.

En examinant plus bas, on remarque la multiplicité des surfaces d'amortissement du carpe et du tarse.

Dans les membres postérieurs, pour favoriser l'impulsion, les colonnes osseuses communiquent directement avec la masse vertébrale.

En continuant cet examen rapide, on remarque
que l'effort impulsif, en passant par les deux angles de
l'articulation phalangienne, est décomposé, et que la
résistance est rapidement épuisée. C'est par un mécanisme de leviers inter-résistants que ces deux articulations phalangiennes se meuvent et réagissent sur la
masse qu'elles supportent et amortissent.

Après ces quelques considérations générales, nous
insisterons davantage sur le sujet qui nous occupe ;
nous allons voir comment s'effectue l'appui du pied
sur le sol et quels renseignements on en retire pour
l'explication de l'élasticité du sabot.

En s'appuyant sur les données de la dynamique
animale, on arrive à prouver que, dans les chevaux à
allures rapides, l'appui se fait de toute nécessité sur
les talons, comme elle a lieu sur la pince pour les chevaux de tirage.

Écoutons M. Mignon à ce propos : « Le poser sur

les talons dans la progression rapide est une nécessité
même de cette allure ; en effet, dans un cheval lancé
au galop, que remarque-t-on ? l'élancement du corps
en avant, un large, prompt et facile déplacement des
membres, une grande embrasse de terrain, une énorme
extension des muscles, un appui excessivement court :
or, le poser en pince n'est pas un instant admissible,
le déplacement serait petit, l'embrasse faible, l'extension bornée et l'appui très-long. »

Voyons maintenant comment s'épuise l'action,
comment l'effort impulsif est amorti dans la région
phalangienne ; au premier moment de l'appui, cet effort exerce son action sur la surface articulaire oblique de l'os du pied ; ce dernier ne peut céder dans le
sens de son grand axe, puisqu'il est engagé comme
un coin entre la paroi et la sole ; tout mouvement en
avant est impossible, mais la partie postérieure et oblique de l'os étant pressée par le deuxième phalangien,
ce dernier roule sur elle d'avant en arrière et vient légèrement appuyer sur la sole, qu'il tend à affaisser.

L'os du pied, dit M. Mignon, enclavé entre la sole et
la paroi, prend un point d'appui dans cet angle et bascule par sa partie postérieure, à la manière d'une
pince-levier...

L'os de la couronne, en glissant sur la surface oblique de l'os du pied, rencontre bientôt le petit sésamoïde
qui, placé là comme une cale, lui fait éprouver un
temps d'arrêt. C'est donc sur ce petit os, placé en arrière de ce plan incliné de l'articulation, que toute la
somme des pressions vient se concentrer. Le petit sésamoïde transmet à son tour cette pression au coussinet plantaire, placé là comme un autre coin entre l'os
du pied et la sole ; ce dernier, après avoir éteint une
partie de la pression, appuie sur le sommet voûté de
la sole, détermine un léger affaissement, provoque le
rapprochement des barres et arcs-boutants à leur partie supérieure, et fait que l'écartement de ces derniers
s'effectue inférieurement,

D'après M. Mignon, qui peint si bien cette situa-

tion, lorsque l'effort impulsif est très-considérable,
et qu'il rejette ainsi le point d'appui très en arrière
sur les talons, le coussinet plantaire alors oppose à
cet effort la résistance de son tissu, et les lames fibreuses qui composent en grande partie ce matelas élastique sont d'autant plus tiraillées selon leur longueur,
et opposent une résistance d'autant plus grande que
l'effort impulsif est plus en arrière. Dans tous les cas,
cette action du poids du corps et la vitesse acquise
après une infinité d'actions successives, s'épuisent dans
le coussinet plantaire et meurent dans l'appareil corné.

Comment se manifestent sur le pied les effets de l'effort impulsif? Y a-t-il dilatation latérale du sabot? C'est
la dernière proposition essentielle qu'il nous reste à résoudre par l'expérimentation, le raisonnement et la
comparaison. Nous avons cru devoir entrer dans tous
ces détails d'anatomie physiologique avant de faire
connaître les principaux systèmes de ferrure qui ont
été conseillés, et avant surtout d'indiquer celui qui
nous paraissait préférable en vue du service des corps
de troupes à cheval.

DEUXIÈME PARTIE.

PREUVES DE L'ÉLASTICITÉ : EXPÉRIENCES.

Première expérience. Nous avons répété l'expérience
de M. H. Bouley, qui nous paraissait péremptoire, expérience qui consiste à déterminer, à l'aide de pressions plus ou moins fortes, *l'écartement des talons.*

Pour arriver à notre but, nous avons placé un pied
détaché du cadavre entre les mors d'un étau, et nous
avons fait exercer une pression pouvant être déterminée assez approximativement, et se rapprochant de la
somme de pression qui se fait remarquer à l'état physiologique.

Pendant notre séjour en Afrique, et depuis 1853, nous avons renouvelé cinquante-sept fois cette expérience, souvent sur des pieds vierges de ferrure ou sur les pieds de jeunes animaux ferrés depuis quelques mois seulement. Dans tous les cas, nous avons obtenu des résultats, sinon identiques, du moins ayant la plus grande analogie avec ceux relatés par le savant professeur d'Alfort, et démontrant sans réplique le mouvement latéral des talons.

A la page 9 de notre mémoire, nous avons suffisamment indiqué le pourquoi des non-réussites sur les chevaux de cavalerie, ferrés depuis quelques années, et laissant supposer à quelques praticiens qu'il n'y a pas de mouvement latéral sur les pieds des chevaux de six, sept et huit ans.

A l'époque où nous faisions nos expériences, nous avions cru devoir les varier, afin de connaître si nous n'obtiendrions pas parfois des résultats négatifs. Dans ce but, nous avions la précaution de placer une petite planchette, assez épaisse cependant pour résister à de fortes pressions, sur la surface plantaire du pied qui devait être en rapport avec l'un des mors de l'étau ; et cela, afin que cette pression fût également répartie comme dans l'état normal, et qu'elle ne fût pas localisée dans l'endroit seul où l'effort devait se faire sentir.

En cherchant à donner plus de précision à cette expérience, et afin aussi de nous rendre compte de la somme des pressions, nous placions le pied sur une table; une planche assez forte, maintenue par deux aides vigoureux, était posée horizontalement sur la surface articulaire supérieure du deuxième phalangien, en même temps qu'une enclume du poids de 80 kil., et alternativement une autre de 100 kil. venaient, selon le besoin, prendre point d'appui sur la planche, et exercer une pression déterminée.

Voici quels furent les résultats qu'on obtint (voir le tableau ci-dessous). C'est à l'aide de ce moyen que nous sommes parvenu à apprécier exactement le degré de pression et celui du mouvement latéral de la paroi qui en était la conséquence. Jamais nos pressions ne se sont élevées au delà de 120 kil.; le plus habituellement elles variaient entre 80 et 100 kil., poids représentant à peu près la pression supportée par les pieds antérieurs, dans les conditions physiologiques de l'appui.

La plupart des pieds qui ont servi aux expériences provenaient de jeunes chevaux morts ou abattus, et qui étaient ferrés seulement depuis quelques mois (1). Il s'écoulait souvent moins d'une heure depuis la mort et l'instant de l'expérience, de façon qu'on ne pût arguer contre la validité des résultats obtenus sur les parties inertes, et dès lors abandonnées aux influences physiques ainsi qu'aux affinités chimiques. D'ailleurs, comme l'expérience n'interrogeait que les parties mécaniques et cornées du pied, et non les tissus organisés, ces pièces devaient naturellement se comporter à peu près de la même manière lorsqu'on imitait la pression à laquelle elles étaient soumises pendant la vie.

---

(1) Cela ne doit pas étonner, car tous les chevaux barbes présentés par les Arabes sur nos marchés sont rarement ferrés.

Tableau indiquant le degré d'écartement des talons pendant que l'élasticité du pied est mise en jeu.

DATE des EXPÉRIENCES	DÉSIGNATION DU SUJET et provenance.	AGE.	ÉTAT DES PIEDS.	CHEVAUX MORTS ou abattus.	PRESSION de 80 à 100 kil.	PRESSION de 120 kil.	OBSERVATIONS.
15 janvier 1853.	Cheval entier des Eulma..	4 ans.	Bon pied, ferré depuis peu.....	Morve aiguë....	80 9 millimèt.	11 millimèt.	Je donne tous ces chiffres comme très-exacts
7 février 1853..	Id. Ouled-Abdel-Nour.	5 ans.	Id. ferré depuis 4 mois....	Morve chronique..	100 8 millimèt.	9 id.	
22 février 1853..	Id. Id.....	5 ans.	Id. ferré depuis 2 mois....	Morve chronique..	100 7 millimèt.	9 id.	
14 mars 1853..	Id. Sétif......	4 ans.	Id. 1re ferrure.......	Pleurite aiguë...	100 1 centimèt.	12 id.	
24 mars 1853..	Id. Rigas......	4 ans.	Id. 2e ferrure.......	Fracture......	80 9 millimèt.	11 id.	
5 avril 1853..	Id. Ouled-Derradj..	7 ans.	Ferré depuis 3 ans, talons serrés..	Morve chronique..	100 6 millimèt.	9 id.	
29 avril 1853..	Id. Bathna......	6 ans.	Ferré depuis 2 ans, talons serrés, seimes quartes........	Morve chronique..	80 7 millimèt.	9 id.	
17 mai 1853...	Id. Lacalle.....	7 ans.	Bon pied, ferré depuis 3 ans....	Pleuro-pneumonite	80 6 millimèt.	8 id.	
20 mai 1853...	Id. Ouled-Bouaoun..	5 ans.	Ferré depuis 3 mois, paroi faible.	Morve chroni que	100 8 millimèt.	10 id.	
17 juin 1853...	Id. Milah......	4 ans.	1re ferrure, bon pied.	Pleuro-pneumonite.	80 9 millimèt.	11 id.	
Etc., etc., etc.	. . . . .	. .	. . . . .	. . .	. . .	. . .	

Lorsqu'il s'agit de fournir des preuves, on ne saurait trop s'attacher à les exposer fidèlement détaillées et circonstanciées, afin d'appuyer la proposition qu'on a émise. Quoi qu'il en soit, nous croyons inutile d'insister plus longtemps, et d'offrir un plus long tableau, uniforme dans ses résultats, variant du plus au moins, et confirmant cette vérité : *que les talons s'écartent pendant l'appui du pied sur le sol*, et d'autant plus que l'effort impulsif est plus violent.

Lorsque les observations et les expériences sont faites par celui qui propose un système, qui soutient une opinion , il est certain, je dirai même logique, que presque toujours ses corollaires sont en rapport avec les preuves déjà fournies pour la démonstration de ses propositions.

Lorsque les conclusions sont basées sur des observations saines et véridiques, le but est évidemment atteint; mais, disons-le, trop souvent ces observations viennent se modeler sur un jugement établi d'avance, et doivent, en fin de compte, venir représenter des idées systématiques non basées sur l'expérimentation. A cela, on peut me répondre : *Medice, cura te ipsum !...* C'est précisément pour éviter ce reproche que j'ai tronqué mon tableau, dans la crainte d'avoir mal vu et surtout mal jugé, n'ayant fait mes expériences que devant les maréchaux, peu aptes, sous tous les rapports, à suivre des tentatives physiologiques.

Que de très-longs rapports sont uniquement constitués par de très-longues observations scolastiques, envisagées sous le même point de vue systématique, et trop souvent bien loin des malades ! ! C'est ce qu'on pourrait appeler *de l'observation de bureau...* C'est d'autant plus fâcheux que ces rapports font croire le plus ordinairement qu'on a affaire à de profonds et judicieux praticiens. C'est sans doute ce qui a fait dire à plusieurs praticiens haut placés que le vétérinaire *s'en allait, qu'on n'observait plus...* Autre travers ! !... Comme si la médecine d'observation devait se renfermer dans l'énumération classique de quelques

vieilles idées représentées par de vieux mots pressés
les uns contre les autres, et rappelant trop souvent de
vieilles erreurs. Pour notre compte, nous ne croyons
à la valeur réelle des expériences, je ne veux pas dire
des observations, car ce serait à douter de soi-même,
qu'autant qu'elles ont été faites en présence de plusieurs praticiens d'avis contraire. Barthélemy aîné
disait, au sein de l'Académie de médecine : *du choc d'o-
pinions différentes doit jaillir la vérité !* »

La science ne se compose pas, en effet, de ce qu'ont
pensé les hommes, mais bien de ce qui est véritablement. A propos de l'élasticité même du pied, qui ne
se souvient de ce qu'a rappelé M. H. Bouley, dans son
Traité du pied, au sujet des expériences de Reeve, ré-
pétées négativement par Gloag?

De notre côté, nous avons renouvelé nos expériences
en France, et nous allons offrir les plus concluantes.

Le 9 juillet 1858, un cheval mort de pleuro-pneu-
monite à cachet typhoïde nous fournit l'occasion de
faire une leçon à nos maréchaux sur l'élasticité du
pied et sur l'étendue du mouvement latéral des talons.

1016, le *Cimeterre*, 4 ans, du 5ᵉ escadron, arrivé
au corps depuis six jours, et provenant de la remonte
de Caen.

Les deux pieds antérieurs, soumis à une pression de
76 kil. (poids d'une enclume) à l'aide des moyens indiqués plus haut, laissent constater un écartement de
huit millimètres en talons. Sous une pression plus
forte, exercée entre les mors de l'étau, cet écartement
est de dix millimètres. Hâtons-nous d'ajouter que cette
dernière pression était anormale et ne devait point
représenter la somme de l'effort impulsif. Il n'en est
pas moins vrai que le résultat désiré était obtenu,
quoique d'une manière exagérée, c'est-à-dire *l'écartement des talons* (1).

______

(1) Il va sans dire que notre intention, en pareille circonstance,
n'était pas d'indiquer mathématiquement le degré de dilatation laté-

DEUXIÈME EXPÉRIENCE.

Surface polie et brillante existant à la face supérieure des vieux fers.

On cite généralement comme une des meilleures preuves de l'écartement des talons, pendant l'action, l'existence de cette surface polie ainsi que l'empreinte plus ou moins profonde laissée par les talons et le bord plantaire de la paroi sur la face supérieure du vieux fer *poli; et empreinte* d'autant plus grande que les étampures sont plus rapprochées de la pince et laissent le champ plus libre aux talons. Telle a été jusqu'à une certaine époque, peu éloignée de nous, la manière d'expliquer ces traces de frottement et d'appui du pied sur le fer.

M. Rossignol, tout en convenant que l'élasticité est bornée, pense qu'elle existe réellement à tous les âges; seulement, la ferrure a pour résultat d'y mettre un obstacle très-considérable, lorsque le sabot est fixé à son fer par huit clous. La meilleure preuve, d'après lui, c'est que le fer porte toujours à la face supérieure, même quand il est placé depuis quelque temps, une sorte d'empreinte ou de gravure du bord inférieur de la paroi partout où il porte, principalement en talons. Cette empreinte est pour M. Rossignol la démonstration évidente que le sabot joue sur le fer; qu'il y a là *un mouvement particulier d'élasticité.*

Certes, M. Rossignol n'a rien voulu dire de nouveau, et n'a fait que répéter ce que la plupart des praticiens savaient depuis longtemps Si j'ai exposé de préférence sa manière de voir, c'est parce qu'elle met nettement en relief l'idée généralement adoptée (1).

---

rale, mais bien de prouver qu'elle avait réellement lieu. Et nous de répéter avec M. Rey, que si le sabot doit se resserrer, placé dans de semblables conditions, il se resserrera ; que s'il doit se dilater, il se dilatera! Sauf le cas où cette pression artificielle ne veuille se jouer des détracteurs Gloag, Anker, Perrier, etc., afin de les exciter à fabriquer une nouvelle théorie spéculative s'adaptant mieux à l'expérimentation!!!

(1) M. Rossignol dit aussi que le brillant de la face supérieure du fer est causé par un mouvement du fer dans le sens vertical, puis-

M. H. Bouley, dont les écrits ont exercé une si puissante influence sur les progrès de notre physiologie et de notre médecine, n'invoque pas, comme témoignage à l'appui de la propriété d'expansion de l'ongle, cette empreinte polie et brillante que porte toujours, sur sa face supérieure, le vieux fer, au moment où on le détache du pied... Il ne veut pas que cette surface soit attribuée au mouvement du sabot sur son fer et puisse être considérée comme la preuve de l'élasticité plus grande dans les parties postérieures de l'ongle. Il n'admet pas cette interprétation adoptée par une foule de praticiens ; il ajoute que cette surface n'est que le résultat de la collision qui s'effectue toujours entre deux corps superposés, malgré la solidité des moyens d'attache, à chaque pression du pied sur le sol. Nous avouons que nous aurions volontiers accepté l'explication si satisfaisante de M. Bouley, et qui, d'ailleurs, nous paraissait irréfutable, si nous n'eussions eu l'idée bien arrêtée de ne rien adopter sans avoir préalablement expérimenté et raisonné. A cet effet, on nous permettra de rappeler une expérience qui nous appartient, et qui semble infirmer l'opinion du savant professeur. Reste à savoir si elle repose sur une base solide, et si les conclusions sont fondées. Nous la livrons à l'analyse critique.

Après avoir fait ajuster et porter exactement un fer sur un pied antérieur bien construit et favorable à l'élasticité ; après avoir fait râper avec soin la face externe du bord plantaire, du côté des talons, nous avons déterminé la limite, le contour exact de ce bord, en dé-

---

qu'on remarque le brillant aussi sur le sol. (*Recueil mensuel,* vol. 1851, p. 240.)

Nous ne sommes pas de l'avis de ce praticien, et nous observons que ce brillant sur la sole ne prouve pas le mouvement du fer dans le sens vertical, mais bien l'affaissement de la sole pendant l'appui. — Du reste, ce fait est en faveur de l'élasticité de Clark.

Dans la même séance, du 13 février 1851, de la Société centrale, M. Pranzé dit que le poli de la surface supérieure du fer prouve l'élasticité du sabot, mais il n'entend pas parler de sa dilatation !!! De quoi veut-il parler alors? Est-ce du résultat de la force contentive de Perrier?

4.

dans et en dehors, à l'aide d'un poinçon très-acéré.
Nous avons fait buriner l'empreinte première assez
profondément, de telle sorte que le frottement ne la
fît pas disparaître au bout de cinq à six jours. Soit la

figure A, les lignes B, C,
circonscrivant les bords externe et interne de la paroi,
laissant apercevoir en même
temps le degré d'ajusture
des deux côtés. Eh bien !
au bout de cinq à six jours,
après un travail assez soutenu, si on déferre le pied,
voici ce qu'il est permis
d'observer : c'est que la surface polie a dépassé les lignes burinées B, C, et mesure un ou deux millimè-

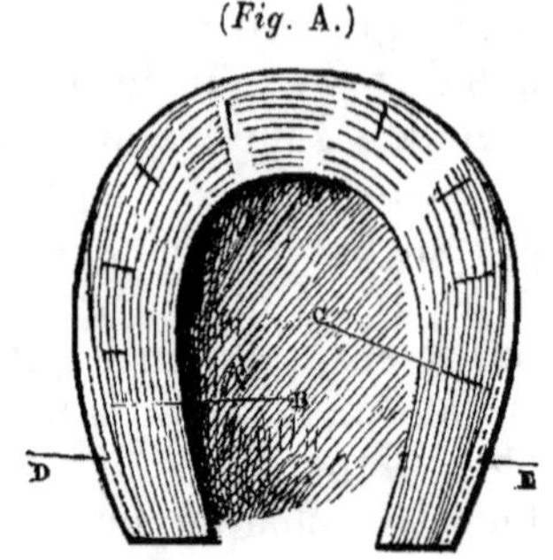

Face supérieure du fer. Les traces d'é-
tampures ne sont là que pour indiquer la place des contre-perçures.

tres de débordement, soit DE. Donc cette surface
polie peut servir de preuve quand il s'agit de la démonstration de l'élasticité (1).

Maintenant, il est certain que, plus les clous seront
rapprochés de la pince, plus le jeu des talons sera
grand, plus visible et appréciable sera le mouvement
de latéralité, plus par conséquent cette surface polie
dépassera le bord de la paroi. Lorsqu'on place les clous
trop près des talons, on borne forcément leur mouvement d'expansion, et alors cette surface polie dépasse
peu ou point le bord plantaire. Si on veut répéter cette
expérience avec chances de succès, il faut, comme on

---

(1) M. Reynal ne pense pas que ce poli du fer soit la conséquence
d'un mouvement de latéralité, mais bien d'un mouvement de bascule de haut en bas et d'avant en arrière. (*Recueil*, 1851, p. 240.)

M. Symph. Bouley fait observer que le brillant de la face supérieure
du fer ne se fait remarquer que sur la surface qui est en dedans du
contour du pied, ce qui tendrait à prouver que M. Perrier a eu raison
de dire que les talons se resserrent sous l'influence des pressions
qu'ils supportent. M. Symph. Bouley *n'a pas réfléchi* que Perrier admet
la dilatation antérieure, et que, par conséquent, il n'est pas de son
avis, malgré la meilleure volonté du monde!!!

le voit, tenir note exacte de toutes les considérations précédentes.

Nous n'insistons pas davantage sur cette preuve, qui nous paraît donner gain de cause à l'idée première des praticiens, à savoir , que cette large surface polie existant à la surface supérieure du vieux fer est une preuve manifeste de l'écartement des talons.

M. Rey, dans son *Traité de maréchalerie* (page 55), observe que cette surface polie existe partout où la corne porte ; d'après lui, ce serait le résultat d'un léger mouvement de haut en bas, d'arrière en avant, et des secousses produites par les réactions du sol. Il assure que ce fait ne prouve pas ce mouvement de dilatation et de resserrement du pied. Selon nous, il serait bien étonnant qu'au milieu de tous les mouvements signalés par M. Rey, celui de latéralité fût nul !! Il faudrait, en vérité, que les talons eussent une fixité bien arrêtée, bien obstinée pour rester invariables au milieu de cet ébranlement général ! Je doute que cela se passe ainsi, attendu que le rapprochement de huit clous bien rivés empêche à peu près complétement les mouvements dans tous les sens, excepté en talons, où l'expansion n'est pas aussi bornée. Dans tous les cas, l'empreinte laissée entre chaque clou n'est pas à comparer à celle des talons, qui constitue une large incrustation entourée d'un poli plus ou moins épanoui.

TROISIÈME EXPÉRIENCE.

Empreinte laissée sur le sol par un pied vierge de ferrure pendant l'appui.

On a dit, on répète tous les jours, que le sabot d'un poulain chez lequel l'élasticité n'éprouve aucune contrainte, lorsqu'il vient faire son appui sur le sol, offre un diamètre latéral plus grand, surtout en talons, que lorsqu'il est levé ; ce dont il est facile de se convaincre en comparant les empreintes laissées sur la terre avec la surface plantaire, le pied étant levé et soustrait à l'action de l'effort impulsif.

Pour me rapprocher le plus possible de la vérité, je ne me suis pas contenté de mesurer l'écartement des talons d'après les traces laissées par le pied sur un terrain glaiseux ou sablonneux, ces images ne pouvant réunir toutes les conditions de fidélité et d'exactitude; j'ai suivi une tout autre marche, que je vais indiquer.

J'ai fait préparer un pied vierge de ferrure (1853, 1854 et 1856) bien conformé d'ailleurs, ayant les talons bien distants l'un de l'autre, une bonne fourchette, une sole suffisamment profonde ; j'avais soin surtout de laisser bien nets et bien saillants les bords externe et interne de la paroi, en talons, de telle sorte qu'il fût plus facile d'obtenir une empreinte plus exacte de forme et de netteté, et enfin d'arriver à une mensuration plus minutieuse. D'un autre côté, j'avais coulé sur une planchette assez résistante et parfaitement unie une couche de cire ayant à peu près une ligne d'épaisseur.

Après ce, faisant lever le pied, j'ai mesuré scrupuleusement l'écartement des talons, en conservant deux points de repère, soit huit centimètres et 3 millimètres de largeur. Appliquant ensuite sur le dos de l'animal un bât chargé de deux cantines du poids de 150 kil., je faisais lever le pied, sous lequel la planche cirée était glissée, et aussitôt après, son appui favorisé par l'élévation du membre opposé, j'obtenais une empreinte bien nette. Il ne me restait plus qu'à comparer la largeur nouvelle, résultat de l'expérience, avec celle obtenue aux deux points de repère, pendant le lever. Dans la plupart des expériences, j'ai constaté, comme dans celle-ci, une dilatation manifeste ; ainsi, au lieu de huit centimètres et 3 millimètres, j'ai constaté huit centimètres 7 millimètres. Sur les bons pieds, j'ai rencontré parfois un peu plus, mais jamais moins. Je ne dis mot des pieds serrés en talons ou encastelés . tout le monde sait qu'ils jouissent de peu de mouvement. Pour nous, cette expérience, qu'on peut répéter facilement, est concluante. En 1856, nous l'avions mo-

difiée, dans la crainte de ne pas avoir agi consciencieu-
sement, en faisant lever le pied, alors que la charge
était sur le dos du cheval. On pouvait supposer qu'au
moment où le pied viendrait toucher la couche de
cire, il y aurait un choc violent qui pourrait exagérer
cette dilatation. En conséquence, nous avons expérimenté d'une autre manière : nous avons tout d'abord
placé le pied sur la planche cirée, et la charge n'a été
mise qu'après. Le résultat a été à peu près le même,
moins un millimètre dans quelques cas. Inutile de
dire qu'il nous a fallu recommencer plusieurs fois l'o-
pération, dérangé que nous étions par le peu de stabilité des membres et l'inquiétude de l'animal. Quoi
qu'il en soit, cette troisième série d'expériences prouve
d'une manière certaine que l'expansion latérale des
talons a lieu réellement, bien que ne se manifestant
que dans des limites assez restreintes, et qui sont loin
de rappeler la flexibilité de l'osier, comme l'a prétendu
et écrit le savant Clark.

Les essais que nous avons tentés en France nous
ont procuré des résultats analogues quant au fait; la
seule différence gît dans le degré moindre de mouvement de latéralité; ce qui s'explique lorsqu'on veut
bien se rappeler que les chevaux sont ferrés depuis un
plus ou moins grand nombre d'années. Il va de soi
que je ne parle ici que des chevaux de nos régiments.

QUATRIÈME SÉRIE D'EXPÉRIENCES.

Première expérience faite sur un pied nouvellement ferré.

J'ignore si l'expérience que j'ai tentée dans le but
de prouver le mouvement de latéralité de la paroi
vers les talons a été proposée ou pratiquée avant moi;
toujours est-il que je la donne comme une nouveauté,
et que son exposition m'a été suggérée par l'actualité.
Dans tous les cas, quel mal y aurait-il à répéter ce
que d'autres déjà auraient essayé dans le but de se
rendre utiles?

Quel est le livre neuf d'idées, d'agencement de

phrases, voire même d'expressions? Nombre de prétendues découvertes ne cachent-elles pas souvent
derrière elles les plus vieilles inventions; ne sont-
elles pas un replâtrage plus ou moins à la mode? C'est
maintes fois un antique édifice blanchi à neuf. En
fouillant dans nos vieux auteurs, on est tout surpris
d'y rencontrer une foule d'idées qui aujourd'hui ont
un cachet d'originalité!

Notre premier essai date de 1845, et a été fait sur
les pieds antérieurs d'un cheval de 5 ans, qui nous
avait été livré comme devant nous servir de monture;
le voici :

Les deux pieds antérieurs sont assez volumineux,
les talons sont bien distants l'un de l'autre, les arcs-
boutants bien dessinés, la fourchette est très-avancée
au milieu de la sole, elle est forte sans être grasse, et
paraît élastique. Ces pieds sont déferrés pendant
quinze jours, dans le but d'accoutumer les talons à
jouir de leur entière liberté. Le cheval est promené
en main, chaque jour et pendant une heure, sur
l'herbe des glacis de la citadelle de P..... Ce laps de
temps écoulé, ces pieds sont nivelés très-légèrement;
les talons, conservés intacts, restent tels que l'usure naturelle les avait préparés; la fourchette est religieusement ménagée par le boutoir. Une rainure de deux
lignes environ de profondeur et de quatre de largeur
est pratiquée dans l'épaisseur des talons externes K et
interne R (figure 2); elle est destinée à donner passage
à une tige plate de fer S de trois lignes 1/2 de largeur et d'une ligne environ d'épaisseur. Cette tige est
fixée au côté interne R" à l'aide d'un clou à lame
déliée et à tête plate; elle ne dépasse pas le bord inférieur de la paroi. Cette extrémité de la tige et l'application du clou sont telles, que cette même tige ne
puisse faire ressort et glisse facilement dans la rainure opposée K. L'extrémité libre de la tige O est maintenue par une bandelette de cuir assez résistant P,
fixée elle-même sur le bord de la paroi, en avant et
en arrière de la rainure. Du reste, tout est disposé

(*Fig.* 2.)

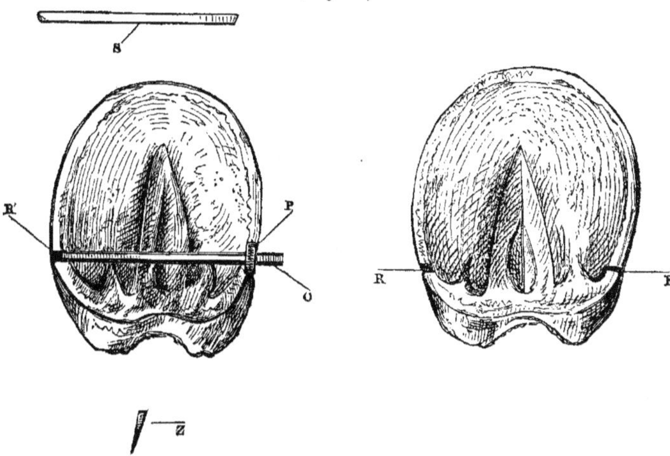

pour que la tige glisse le plus librement possible dans
la rainure externe K.

L'extrémité libre de la tige O dépasse la paroi de
5 lignes représentées par cinq trous espacés régulièrement. Une petite cheville **Z**, d'un pouce de hauteur,
élargie à la partie supérieure, enduite d'une légère
couche de pommade de bi-iodure de mercure, peut
indistinctement être fixée à l'un des cinq trous.

(Cet appareil ne saurait fonctionner longtemps; mais
il suffit cependant pour obtenir le résultat demandé.)

Avant de tenter l'expérience, une bande de papier
blanc est collée sur la paroi, en regard de la cheville,
et est destinée à percevoir les impressions.

Premier essai. — Pied gauche antérieur. — La cheville est à une ligne de la paroi. Le cheval est exercé
pendant cinq minutes au trot. On lève le pied, le papier
a été rougi. La face externe de la paroi a donc dû, en
s'écartant, se mettre en contact avec la face interne
de la cheville.

Le petit appareil n'avait pas été dérangé, malgré
son peu de solidité. Cet essai fut répété deux fois encore ; et, mêmes résultats.

Deuxième expérience. — Pied droit. — 5 jours après.

— Cheville à deux lignes de la paroi. Le papier est teint deux fois de suite ; il n'est qu'effleuré à la troisième, ce qui tenait au dérangement de la tige. Néanmoins cette deuxième tentative nous procurait, pour ainsi dire, la mesure du mouvement de latéralité sur les pieds de notre cheval. Je considérais alors ce résultat comme un échec ; car, avec tous les vétérinaires de cette époque, j'étais un chaleureux partisan de Clark ; mais cette expérience me paraît confirmer complétement l'idée qui a prévalu, et qui est généralement adoptée et caressée aujourd'hui, à savoir : *Que l'écartement des talons ne peut s'opérer que dans certaines limites très-restreintes.*

Le 18 octobre 1858, nous avons recommencé cette expérience sur un pied mort. N° M° 5155. La Musette, jument. 4 ans, du..... (1) de..... Laissée en subsistance au régiment, pour y être traitée d'une pleurite aiguë, nous avons soumis le pied gauche à une pression de 120 à 200 kil. environ. Nous croyons inutile de revenir sur les moyens, indiquant, à quelques kilos près, la somme des pressions. On connaît notre manière de procéder en pareil cas. Avec une pression de 120 kil., nous avons noté près de deux lignes d'écartement ; à la deuxième pression de 200 kil., l'écartement obtenu était de 3 lignes 1/2. La première pression était à peu près celle existant à l'état normal ; quant à la deuxième, elle n'avait pour but que d'exagérer cette propriété de latéralité. Pour confirmer notre manière de voir, le lendemain, 19 octobre 1858, nous avons expérimenté sur le vivant. N° M° 159, la Belladone, jument, 4 ans, de la remonte de Caen. Cet animal, placé depuis dix jours à l'infirmerie, avait été déferré des pieds antérieurs ; il était chaque jour promené sur un terrain uni, afin d'empêcher les éclats de la paroi, et dans le but aussi de rendre aux talons leur liberté première. L'appareil est appliqué sur le pied droit :

---

(1) *Le régiment et son numéro* seront indiqués dans notre pli cacheté. Cette jument faisait partie d'un convoi de remonte.

mais, cette fois, deux petites bandes en cuir, plus épaisses en arrière qu'en avant des échancrures (fig. E), avaient été placées sur les parties mobile et immobile de l'appareil, et cela, afin d'élever un peu la paroi et empêcher que l'extrémité de la tige mobile ne fût froissée par le sol.

Après deux temps de trot, le papier est rougi, la cheville étant à une ligne.

A deux lignes, l'attouchement a lieu, mais pas aussi nettement.

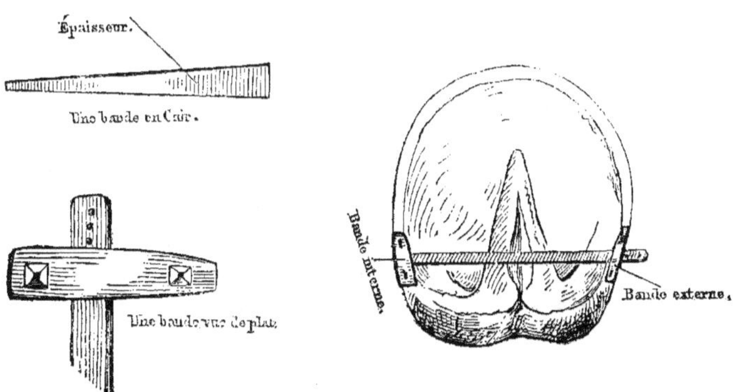

Pour nous, cette dernière expérience est tellement concluante, qu'il nous semble impossible que cela puisse se passer autrement.

CINQUIÈME SÉRIE D'EXPÉRIENCES.

Dans l'aperçu rétrospectif que nous avons supprimé, pour éviter les redites, nous avions indiqué cette cinquième série expérimentale, et avions dit qu'en plaçant les talons des pieds antérieurs entre deux pinçons, l'un interne R R, comme dans la ferrure nouvelle au dilatateur, l'autre externe, O O, on déterminait bientôt une boiterie; que, pour en connaître la cause,

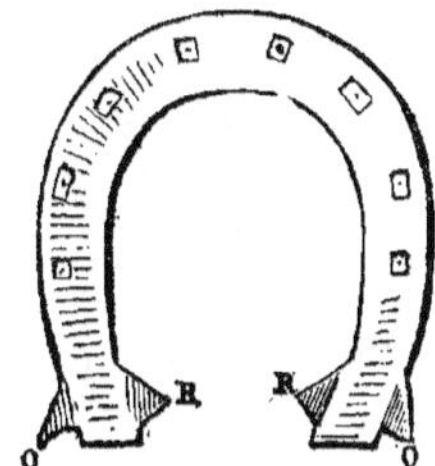

il fallait faire enlever successivement les deux pinçons.
En effet, le résultat est facile à prévoir : la claudication
persiste en maintenant les pinçons externes, de même
qu'on la fait cesser presque aussitôt après leur enlèvement, tout en conservant l'interne. N'est-ce pas,
comme je l'ai déjà indiqué, la condamnation la plus
formelle du *perriérisme* le plus enraciné? Puisque la
force dilatante, de l'avis de son inventeur, n'étend pas
son action au delà du centre des quartiers, il est évident que ce pinçon externe ne peut en rien la contrarier. Quant à la force de contention, c'est autre chose :
elle devrait être très-heureuse de rencontrer un point
d'appui pour agir avec plus d'efficacité et pour dou-
bler sa force d'action! Par malheur, la force contentive trouve, dans cette circonstance, un antagoniste
sérieux dans le pinçon interne ; mais il faut bien
qu'elle se résigne, puisqu'il n'y a pas de boiterie. Perrier, sans doute, n'avait pas prévu ce cas : il ne pouvait jamais supposer qu'un barbare ouvrier viendrait
un jour produire un dilatateur donnant le démenti le
plus formel à son système (1).

Cette expérience très-simple des deux pinçons, facile à renouveler, est une de ces preuves qui enfantent
parfois la discussion; elle m'avait tout d'abord été suggérée par le besoin d'arguments destinés à saper le
système incroyable et incompréhensible de Perrier,
mais ne reposait encore sur aucun fait; ce ne fut que
plus tard que l'expérimentation vint confirmer cette
preuve nouvelle de l'écartement des talons.

---

(1) Le capitaine instructeur du régiment possède une jument qu'il
fait ferrer au dilatateur depuis plusieurs années; jamais elle n'a éprouvé
la moindre gêne.

D'un autre côté, les partisans Perrier feront sans doute comme nous
un rapport annuel sur les essais tentés avec le dilatateur modifié par
MM. les vétérinaires principaux. Nous serions curieux d'appren-
dre ce qu'ils pensent de l'emploi de ce nouvel instrument. Nous sommes certain, ou qu'ils n'en diront mot, et c'est peut-être le parti le
plus sage, ou qu'ils l'attaqueront vigoureusement, comme s'ils avaient
affaire à un ennemi dangereux. Il est certain qu'il doit singulièrement
contrarier l'élasticité latente.....S'ils l'acceptent ..... adieu l'échafaudage de leur maître ! ! !

Il est vraiment surprenant que Perrier, ce praticien distingué, dans la crainte de voir le sabot écartelé, que dis-je ? éclater comme une bombe, soumis qu'il est à la pression formidable de l'effort impulsif; il est surprenant, je le répète, qu'il ait eu la pensée de croire qu'il était de son devoir d'imaginer, de créer une paire de forces qu'il pourrait faire agir à sa guise. Voulait-il faire supposer que la nature n'avait pas été prévoyante en pareil cas, et avait disposé, agencé des pièces mécaniques de telle façon que l'écartement exagéré de la paroi dût avoir lieu et entraîner inévitablement un désengrènement? Telle était, sans doute, l'idée qui préoccupait cet écrivain, lorsqu'il imagina *une force contentive*, dans le but, bien certainement, de mettre à la raison l'élasticité Bracy-Clark (1).

Si un médecin philanthrope connaissait l'ouvrage de Perrier, certes il s'empresserait de créer une force analogue à l'usage des bipèdes, pour éviter que les orteils ne vinssent à s'écarter outre mesure, voire même à se disloquer, pendant les efforts violents et les courses rapides!! (et cela à l'usage des peuples barbares qui vont pieds nus).

Nous sommes non moins surpris que les chevaux de course, non ferrés d'après le système Perrier, n'aient pas encore laissé un de leurs sabots sur le terrain des hippodromes!

Perrier, dans sa prévoyance toute paternelle, a oublié que tout ce que la nature a fabriqué est exempt de défaut; les défectuosités ou irrégularités apparentes proviennent toujours de ce que la vue de l'observateur est trouble, ou trop limitée pour pouvoir pénétrer les secrets qu'elle semble offrir avec profusion.

---

(1) Le raisonnement de Perrier a de l'analogie avec le mode d'action d'une ferrure vicieuse ; il rappelle les influences physiques sur le sabot, après la mort ; il s'est servi de cette figure qui, prenant un point de départ faux, en tire des inductions nécessairement fausses ! Si la contraction des parties postérieures devait favoriser l'élasticité à la manière Perrier, pourquoi le resserrement des talons et l'encastelure font-ils boiter? L'encastelure devrait être la perfection Perrier, car le pied obéit quand même à sa force contentive !

A ce propos, un savant physiologiste et professeur s'exprime ainsi : « La propriété contentive du sabot est inhérente à lui-même; elle résulte tout à la fois des qualités de sa substance, de l'intime union de ses différentes parties composantes et des conditions mêmes de sa structure, qui font qu'il tend d'autant plus à revenir sur lui-même que l'effort dilatateur intérieur est plus puissant. La force contentive du sabot n'est donc pas autre chose que l'élasticité qui résulte de sa forme même.

SIXIÈME SÉRIE EXPÉRIMENTALE.

Nous avons répété les expériences de Reeve, en nous conformant en tous points à ses recommandations; nous avons surtout vérifié la première, qui consiste à démontrer, à prouver l'abaissement de la sole pendant les allures du trot et du galop (1).

Nous avons réussi facilement à déterminer la piqûre de la sole, à l'aide de la herse renversée.

Cette première tentative ne nous ayant pas complétement satisfait, les pointes pouvant parfois toucher la sole sans laisser de traces, nous avons cru remplacer les tiges acérées par des pointes arrondies, rougies avec la pommade de bi-iodure de mercure, et sur la sole, coller du papier blanc, afin de percevoir les impressions.

Le résultat obtenu à l'aide de cette modification a

---

(1) M. Richard, du Cantal, qu'on peut consulter avantageusement toutes les fois qu'il s'agit de la conformation du cheval, a écrit : « que toutes les parties qui forment le sabot concourent chacune pour sa part à l'élasticité de cette boîte cornée. La sole est donc flexible aussi ; la nature de sa surface nous l'expliquera clairement. En effet, en examinant la face plantaire du pied, on voit qu'elle est creuse, disposée en voûte pour résister avec le plus d'avantage possible au poids qui tend à la fouler vers le sol. Elle fléchit, en effet, au moment de l'appui, puisqu'elle adhère par ses bords à la muraille formant un ressort qui s'écarte et revient sur lui-même. Si la voûte de la sole restait immobile, si elle ne revenait plus à son état normal par son élasticité naturelle quand elle s'est affaissée par le poids qu'elle supporte, l'action du ressort serait impossible ; celui qui l'a fabriqué se serait étrangement trompé dans son plan, ce qui ne lui arrive guère. » (Page 264.)

été, sinon plus complet, du moins plus appréciable ;
les traces résultant du contact ont été évidentes en
avant de la pointe de la fourchette et sur ses côtés.
Néanmoins, après un examen attentif, suivi de sé-
rieuses réflexions, nous avons supposé qu'une objection spécieuse pourrait être adressée à ce procédé ex-
périmental.

Le contact violent de
certaines parties irrégu-
lières du sol, pendant un
exercice rapide, n'aurait-
il pas déterminé une pression sur les lames étroites
placées transversalement
et obliquement (fig. R)?

Ces lames cédant à une
pression, si infime fût-
elle, n'auraient-elles pas été la cause déterminante

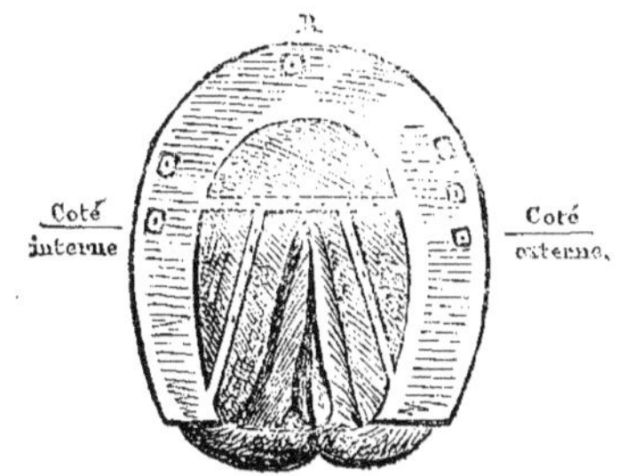

de la pénétration des pointes dans l'épaisseur de la
sole, dans le premier cas, et celle du contact des
pointes coloriées, dans la deuxième circonstance?

Nous regrettons de n'avoir pas connu exactement
la largeur de ces lames étroites dont parle M. H. Bouley (page 224, ligne 6). Peut-être celles que nous
avions placées étaient-elles trop faibles, et avaient-
elles cédé sous la pression de quelques irrégularités
du sol.

Tel est le reproche qu'on nous a adressé au moment où nous avons renouvelé l'expérience de Reeve ;
toutefois nous ne le croyons pas fondé, puisque,
lorsque nous faisions lever le pied, après avoir obtenu
ces empreintes, les pointes étaient, comme avant l'opération, à une égale distance de la sole. Il va sans dire
que nous regardons également comme peu fondée
l'objection qui suppose l'élasticité des tiges de fer,
c'est-à-dire leur retour à leur position première, après
avoir tout d'abord cédé. Il est facile de convaincre les
incrédules, en frappant avec un marteau sur les lames ;

une fois affaissées, elles restent obstinément à leur place accidentelle (1).

Quant à la deuxième expérience de Reeve, prouvant la latéralité de la paroi pendant que l'élasticité du pied est mise en jeu, elle a été non moins péremptoire ; ce qui ne nous empêche pas de préférer la preuve que nous avons soumise à l'expérimentation (voir notre quatrième expérience, page 46 de notre mémoire).

––––––––––

Après l'énumération de nos expériences, nous devons avouer que nous n'approuvons que celles faites sur le vivant ; car le calorique latent des tissus, réuni à l'humidité, entretiennent cette élasticité qui cesse après la mort et avec le froid cadavérique : témoin ce resserrement de la paroi qui a lieu, même en remplissant de plâtre la boîte cornée et en l'étayant avec des traverses de fer.

Lorsqu'on veut prouver l'élasticité du pied, il faut toujours agir sur un ongle vierge de ferrure ; et puisque la ferrure est un puissant obstacle à cette liberté d'action, pourquoi expérimenter dans des conditions impossibles ?

Nous aurions pu ajouter à ce mémoire une copie de notre rapport de 1858 sur *la ferrure au dilatateur*, qui, tout en infirmant la théorie Perrier, vient encore appuyer le mouvement de latéralité de la paroi pendant que l'élasticité du pied est mise en jeu, élasticité telle que l'entendent les bons esprits et les observateurs sérieux. En supposant que les partisans *de la méthode rentrante* ne veuillent pas reconnaître l'expansion latérale, il faudra cependant bien qu'ils admettent la non-existence *de la force contentive*, cette

––––––––––

(1) La preuve que la sole descend sous l'influence des pressions qu'elle subit, dit M. Cherry, vétérinaire anglais, est donnée par la nécessité où l'on est, dans la pratique de la ferrure, d'éviter toute pression sur cette partie ; cette pression peut n'être que d'un 1/50e, 1/100e de pouce, mesure à peine appréciable pour nos sens, mais douloureusement appréciable pour l'animal, ainsi que l'expérience journalière le prouve. »

création fictive émanée d'un cerveau systématique et tenace. S'ils ne se rendent à l'évidence, comment pourront-ils expliquer l'action de la ferrure à l'aide du dilatateur, pendant plusieurs années? Quelle sera la manière d'agir *de la contentive*, pendant ce laps de temps? *La latéralité* n'est pas aussi patiente, et ne met pas autant de temps avant de se plaindre, puisque l'application d'un pinçon externe vers les talons détermine aussitôt une boiterie.

Il faudra bien encore qu'on nous dise pourquoi le tissu podophylleux, dans le cas de seime quarte, par exemple, est pincé par les deux bords disjoints de la paroi; pourquoi l'hémorragie se manifeste pendant la marche, accompagnée des douleurs les plus vives. Comme nous, on sait fort bien qu'en pratiquant une rainure de chaque côté de la seime, on fait cesser les pincements et la douleur (1). Si la paroi rentrait au lieu de s'écarter, nous le demandons, y aurait-il un serrement douloureux des lames podophylleuses?

S'il n'y a pas écartement de la paroi, pourquoi les clous placés en talons, dans les pieds antérieurs, déterminent-ils, dans tous les cas, une boiterie plus ou moins forte? Pourquoi les talons antérieurs, fixés entre deux pinçons, deviennent-ils douloureux? Ce n'est certainement pas parce qu'ils ne peuvent opérer le mouvement Perrier, la ferrure à pinçon interne le prouvant suffisamment, mais bien parce que leur jeu normal est borné par le pinçon externe. Nos expériences, ce nous semble, ont dû trancher bien carrément cette importante proposition.

Nous demandons également à d'autres (2), qui croient qu'il n'y a dans l'élasticité du pied qu'un abaissement des parties postérieures, résultant de la

____

(1) M. Prudhomme cite le cas de seime en pince : « On voit, dit-il, la pince s'ouvrir au moment du lever, et se fermer, au contraire, lorsque le membre pose à terre sur les talons; preuve évidente que le sabot se dilate en arrière au moment de l'appui.

(2) Lafosse, Bourgelat, Gloag, etc.

seule flexibilité, s'il est admissible, en bonne mécanique, de reconnaître l'abaissement des parties postérieures du sabot, sans qu'il y ait un écartement des
talons.

Qu'on admette que le sabot représente à peu près
un cône tronqué, dont la base serait inférieure, ou
qu'il soit, comme le veut Clark, un tronçon de cylin-
dre coupé par sa base et son sommet ; comment veut-
on qu'une pression centrale étant donnée, agissant à
la face interne de la base, là où se résument toutes
les pressions de l'effort impulsif, que ce soit plutôt le
sommet du cône qui s'élargisse, et que la base reste
immobile, voire même qu'elle puisse obéir à une force
contentive? En vérité, ce sont là des assertions des
plus paradoxales!

Dans un arc, ne sont-ce pas les branches qui suivent le mouvement imprimé par la corde? Le sommet
éprouve à peine quelques vibrations, tandis que les branches s'épanouissent autant que l'élasticité de la corne
le permet. Près de l'œil d'un compas, il y a un mouvement à peine sensible, tandis que les branches s'écartent d'autant plus qu'on les observe plus près des extrémités. C'est là, du reste, un problème organique qu'on
pourrait, à la rigueur, résoudre mathématiquement.
Quant à ceux qui croient que l'écartement a lieu *seulement* au bord supérieur de l'ongle, ils devraient se
rappeler que, pour la neutralisation de l'effort impulsif, toutes les pièces podales participent plus ou moins
à cet acte.

Quelques observateurs peu habiles, se basant sur
quelques essais orthopédiques, confondent cet écartement mécanique du sommet de l'ongle avec la kératogénèse cutigérale si bien démontrée par M. Renault.
Du reste, à propos de la répartition de la masse sur le
pied, Bourgelat a dit (page 141) : « Telle est, en un
mot, la dispensation du poids de la machine entière
sur tous les points de la surface qui résulterait de
toutes les parties que nous avons décrites, qu'elle fait
que chacun de ces points supportant une portion du

total, ce total se trouve, pour ainsi dire, annulé et réduit à rien. »

M. Richard observe, comme Clark, que le sabot du cheval permet non-seulement la dilatation observée aux pieds de tous les animaux, mais encore favorise la rapidité des allures par sa détente comme ressort, et en affermissant les tissus qu'il enveloppe sans les blesser. Il ajoute encore que le ressort formé par le sabot est tendu au moment de l'appui, et qu'il se détend quand le pied quitte le sol. Il concourt, par conséquent, à enlever le corps et à favoriser la force de projection. « Donnez, continue cet écrivain, à un danseur une chaussure élastique qui imite le sabot du cheval, et il gambadera à merveille; privez-le de cet auxiliaire, et vous verrez la différence... »

M. Rey, dans ses Conclusions (page 64), admet que, pendant le poser, le pied se dilate inférieurement, et surtout dans la partie postérieure, mais diminue d'étendue supérieurement.—Décidément, c'est le système Perrier renversé... Le resserrement de la paroi à la partie supérieure n'est pas plus admissible, dans l'élasticité de M. Rey, que la contention, le resserrement des talons dans le système Perrier. Aucune théorie assez élastique ne peut prêter assistance à l'une ou à l'autre de ces deux manières de voir. Nous ne reviendrons pas sur ce que nous avons dit *de la méthode rentrante;* mais nous ne pouvons cependant laisser passer inaperçue cette théorie de M. Rey.

En parlant des fibro-cartilages (page 63), ce praticien avait déjà dit que le sabot se rétrécissait supérieurement et comprimait les cartilages latéraux pendant le poser. Au moment du lever, ils devaient tout naturellement revenir sur eux-mêmes, concourir à redresser la muraille et contribuer enfin à la remener à la forme cylindrique qu'on lui connaît.

Comment M. Rey peut-il supposer que la paroi puisse se rétrécir à la partie supérieure et vienne comprimer les cartilages latéraux? s'il veut bien se rappeler que, lorsque l'effort impulsif arrive sur le

plan incliné que lui offre la troisième phalange et lui
fait éprouver un mouvement de bascule, les fibro-
cartilages, dans cet instant, suivant le mouvement
d'abaissement de l'os du pied, exercent un effort pour
s'introduire dans l'ouverture supérieure du sabot, à
l'instar d'un ressort qui serait comprimé pour mieux
se loger, s'adapter, en un mot, dans un espace plus
petit que lui. Tous les praticiens observateurs savent,
en effet, que les cartilages latéraux, pendant le repos,
font saillie, par leur moitié supérieure, au-dessous de
la paroi, saillie qu'il est facile de sentir avec les doigts
et même d'apercevoir de loin. Ces plaques cartilagineuses étant douées d'une grande élasticité, après
avoir fait effort, fléchissent et s'adaptent à la face interne de la boîte cornée; mais, en opérant ce mouvement, elles sont loin de provoquer ou de favoriser le
rétrécissement de la paroi à la partie supérieure. Si les
cartilages sont comprimés par la paroi, ce n'est donc
pas, comme l'indique M. Rey, pendant le lever. Ce
professeur devait nécessairement, et pour paraître
logique, admettre que le bord supérieur, après avoir
éprouvé un rétrécissement, serait repoussé en dehors
par les cartilages scutiformes. Cette erreur n'est que
le résultat fatal de la première.

Pendant que l'élasticité est mise en jeu, le pied s'é-
carte à la partie supérieure et à la partie inférieure.
M. H. Bouley, qui a étudié d'une manière sérieuse ce
double phénomène, remarque que le sabot se dilate en même temps par son bord supérieur et par son
bord inférieur; que la dilatation supérieure est plus
considérable que l'inférieure, lorsque, sous l'influence
de la pression, les phalanges se renversent en arrière
et compriment la masse des bulbes du coussinet plantaire, mais que la dilatation inférieure l'emporte sur
la supérieure, lorsque la deuxième phalange reste en
position perpendiculaire sur la troisième.

Voici l'expérience à laquelle M. H. Bouley a eu recours pour arriver à cette démonstration : « Si, par
exemple, on détache l'extrémité d'un membre par un

coup de scie donné sur la diaphyse de la première phalange, et si on place ce pied coupé entre les mors d'un étau de grandes dimensions, l'un des mors s'appuyant sur la troncature de la première phalange, et l'autre sur la face plantaire du sabot au niveau environ de la moitié des quartiers, on verra, à mesure que les mors de l'étau seront rapprochés, d'abord le biseau se gonfler sur toute la périphérie de l'ongle, mais surtout au niveau des glômes; puis la lacune médiane et les deux lacunes latérales s'élargir d'une manière sensible à l'œil et au toucher; puis, enfin, le sabot revenir sur lui-même, en vertu de sa propre élasticité, lorsque l'effort de la pression aura cessé.

« Il est facile de mesurer dans ces expériences le degré de dilatation que le sabot a éprouvé, en marquant avec un instrument, de chaque côté, dans la corne des talons, un point de repère, et mesurant avec un compas la distance qui sépare ces points l'un de l'autre, avant, pendant et après l'expérience. »

Afin d'arriver à une constatation pour ainsi dire mathématique du degré de dilatation des bords supérieur et inférieur, pendant les pressions graduées et précisées, nous avons imaginé un appareil que nous ferons connaître plus tard dans une Notice particulière.

CONCLUSIONS.

« Le pied du cheval *est élastique*, comme nous l'avons prouvé en examinant chaque pièce podale en particulier et les mouvements d'ensemble de la boîte cornée. — Pendant l'appui, et surtout aux allures vives, le pied *s'élargit en haut et en bas*; mais, dans un pied vierge de ferrure, la plus grande dilatation a lieu vers les talons, c'est-à-dire là où l'enveloppe cornée offre une interruption et varie, dans tous les cas, sous le rapport de la structure et des propriétés de sa substance même. — Ce mouvement de latéralité est très-borné, et ne saurait se mesurer comme la dilatation des branches d'un compas ou la flexibilité d'une baguette d'osier. — Pendant l'appui, la sole s'affaisse très-légèrement ; les barres, en se redressant, se rapprochant supérieurement, déterminent inévitablement l'écartement de la paroi en talons ; le coussinet plantaire, recevant l'effort impulsif, refoule la fourchette, qui s'épanouit et *suit passivement l'écartement actif* des barres ; les cartilages scutiformes se contractent et suivent le mouvement d'abaissement du corps pyramidal avec lequel ils ne forment qu'une seule et même pièce élastique. — Les réactions du sol viennent également se traduire autour de la cavité cutigérale et dans la région de la couronne, et d'autant mieux que les pieds sont ferrés depuis plus longtemps et ont eu à souffrir de la quasi-immobilité des talons.—Du reste, d'après l'examen des pièces anatomiques, et en tenant compte de leur agencement, il est impossible qu'on puisse adopter une autre série de mouvements ; car *les effets produits sont à la machine podale ce que le conséquent est à l'antécédent, en logique.*

Pendant le lever, toute cette scène de support et d'écrasement cesse tout à coup, et d'autant plus promptement que l'effort a été plus puissant ; la sole reprend sa concavité un moment amoindrie ; les barres se redressent ; la fourchette et le coussinet plantaire reviennent sur eux-mêmes ; les fibro-cartilages du troisième phalangien reprennent élastiquement leur position première et repoussent le bord supérieur de la paroi ; le gonflement de la région coronale disparaît avec le retour de toutes les parties mises tout d'abord en jeu. Il faut enfin tenir compte d'un léger mouvement d'avant en arrière que permet la disposition feuilletée et multiple du tissu podophylleux. Il va de soi que tous ces mouvements sont d'autant plus apparents que le pied est vierge de ferrure.

TROISIÈME PARTIE.

DES APLOMBS.

Pour répondre aussi exactement que possible à l'appel fait par nos épigraphes, il nous reste encore à étudier les aplombs. Nous l'avons dit, en effet : *l'élasticité et les aplombs sont les meilleurs guides pour l'adoption d'un système de ferrure.*

Dans la mécanique animale, il faut que les pièces soient disposées suivant certaines règles qui président invariablement à la solidité, à la durée des rouages et à la liberté de leurs mouvements. Moins il y a de décomposition des forces, par suite d'irrégularités organiques, moins il y aura conséquemment de perte d'action, et, partant, plus il y aura de chances de solidité et de durée.

Les colonnes motrices doivent, pour se trouver dans les meilleures conditions, être bien d'aplomb, c'est-à-dire répondre à certaines *lignes fictives verticales* qu'on est convenu d'appeler *lignes d'aplomb.*

Les aplombs sont donc, comme on l'exprime généralement, la répartition régulière et non égale du poids du corps sur les membres ; régulière, lorsque les colonnes de soutien ont une bonne direction, mais non égale, puisque le centre de gravité est plus rapproché des membres antérieurs que des postérieurs, et qu'il ne peut se trouver à l'intersection de deux diagonales partant du carré que représentent à peu près les quatre membres.

Dans ce mémoire, nous n'étudierons que la longueur et la direction des rayons phalangiens, sans nous préoccuper des lignes de toutes les colonnes motrices. Nous ne voulons, à propos du pied, faire qu'une application particulière. Cette question, d'ailleurs, ayant été traitée d'une manière remarquable par Bourgelat et M. H. Bouley, nous pensons qu'il y a peu d'idées originales à émettre à cet endroit de la science hippique. C'est là une question toute de mécanique, et qui a été pour ainsi dire résolue mathématiquement par ces deux écrivains distingués.

Rigot, ce savant professeur trop tôt enlevé à la science, nous disait dans ses leçons ce que ses élèves ont plus tard répété, que, dans la station immobile, pour que l'aplomb régulier du pied du cheval existât, il était nécessaire que les rayons du métacarpe et du métatarse suivissent une direction perpendiculaire au sol et vinssent se joindre à l'os du paturon, de manière que ce dernier rencontrât la terre sous un angle de 45 degrés environ, soit la figure ci-jointe A, C, D, E.

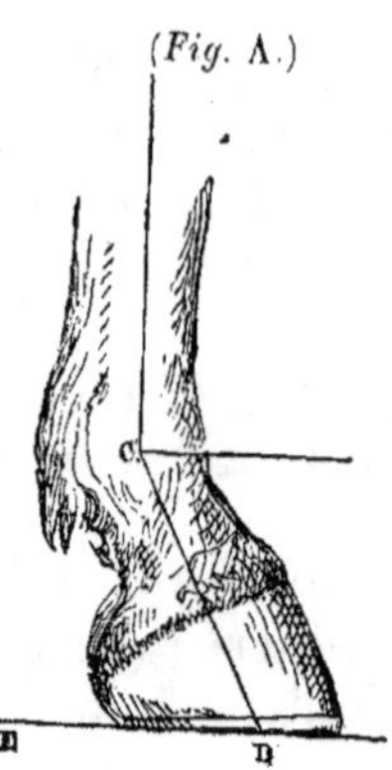

On pourrait se demander le pourquoi de cette jonction des rayons supérieurs avec les phalanges sous un tel angle plutôt que sous tel autre, si on ne savait qu'il est parfaitement démontré que, dans de semblables conditions, l'effort impulsif est mieux divisé et mieux réparti sur les différentes pièces disposées à cet effet. On peut ajouter que cette disposition favorise en même temps l'action des leviers destinés à produire le mouvement.

Lorsque les phalanges prennent une autre direction sous le canon, voici ce qui peut arriver : ou elles se rapprochent de la perpendiculaire, alors l'élasticité des moyens d'attache et de soutien se trouve amoindrie, détruite ; l'effort impulsif agit directement sur les colonnes osseuses, et n'est pas en partie éteint comme cela se fait remarquer lorsque l'inclinaison a lieu à peu près sous un angle de 45 degrés. On dit, dans ce cas, que l'animal est droit sur ses boulets. Dans le deuxième cas, les phalanges peuvent au contraire affecter une position trop oblique sous le canon ; alors des inconvénients d'un autre ordre se font remarquer : les tendons fléchisseurs, le ligament suspenseur sont tiraillés, et ne peuvent bientôt plus remplir leurs fonctions. C'est le cas où l'animal est bas-jointé et long-jointé.

Autant les proportions de Bourgelat reposent sur des données imaginaires souvent fausses, autant les considérations sur lesquelles s'appuient les aplombs sont justes et ingénieuses.

Le fondateur des Écoles, dans son *Essai sur la ferrure* (p. 152, art. 15), s'est exprimé ainsi : « Soit à présent le sabot de l'animal envisagé comme l'extré-mité d'un levier résultant des os du paturon et de la couronne; le point d'appui sera sous le ca-non (*fig.* B, A), dans la direc-tion de l'axe de cette partie; le bras accordé à la résistance se trouvera dans la portion du pa-turon, dépassant en arrière cette ligne de direction, ainsi que dans les os sésamoïdes, A, R;

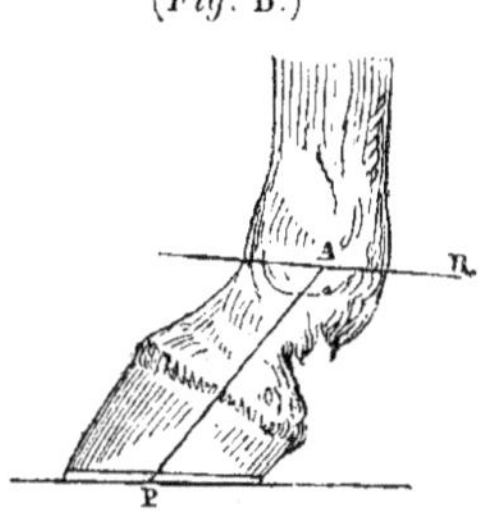

celui de la puissance, enfin, aura toute la longueur restante du paturon et toute celle de la couronne et du pied jusqu'à la pince, A, P.

« Ce que nous entendons par puissance ne peut être autre chose que la réaction du sol contre le poids de l'animal; et nous supposons ici les articulations du pied avec la couronne, et de la couronne avec le patu-ron, dans le moment d'inflexibilité que produirait la tension du tendon. Dans cet état, et lors de la station du cheval, il est évident que le poids de la machine sollicitera sans cesse la diminution de l'angle qui a lieu au boulet entre l'avant du canon et le dessus du paturon, et que la seule force qui pourra s'opposer à ce que cet angle soit de plus en plus resserré, n'agira que par le tendon aidé du bras, terminé par les os sésamoïdes.

« Si le bras de la puissance se trouve exagéré contre nature, comme dans les chevaux long-jointés, par exemple, ce même tendon sera distendu par une force

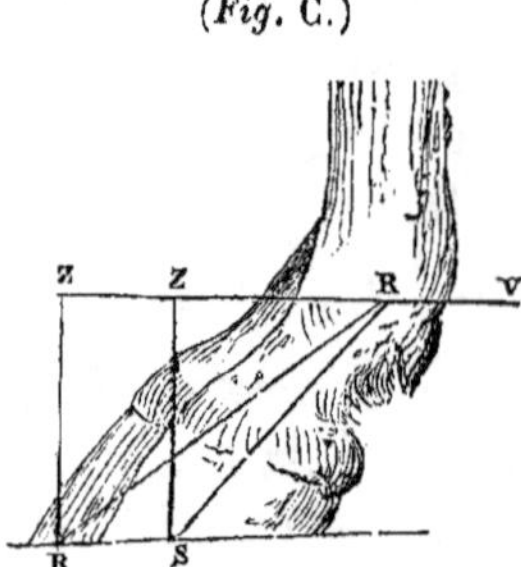

(*Fig.* C.)

bien plus considérable, puisque l'excès de ce bras sur celui de la résistance sera plus grand, *et vice versâ,* dans les chevaux court-jointés (*fig.* C). » En effet, dans la figure ci-jointe, le bras de levier de la puissance du cheval court-jointé R, s, est de 21 millimètres, tandis qu'il est de 27 millimètres chez le cheval long-jointé R, R; en tirant deux verticales z, z, pour avoir la mesure de la longueur des bras de levier de la puissance, on arrive à prouver que dans le cheval long-jointé R, R, le bras de levier a presque doublé, et que la puissance, comme le dit Bourgelat, se trouvant exagérée contre nature, ce même tendon sera distendu par une force bien plus considérable, et d'autant plus facilement que le bras de levier de la résistance R, v, est invariable dans toutes les circonstances.

Bourgelat dit plus bas : « Le premier de ces cas aura lieu encore par l'exagération en longueur de l'assiette du pied, si l'excès de cette longueur réside dans la pince seulement. Si la pince et les talons y ont une part égale, la puissance n'aura ni plus ni moins d'avantage sur la résistance que dans l'état naturel ; et, si le prolongement n'est qu'en talons, le bras de la puissance se trouvant raccourci, elle aura moins d'empire sur la résistance ; car, dans cette hypothèse, il faut toujours rapporter le point de la puissance au centre de l'assiette. Or, dans la première supposition, il s'éloigne du point d'appui ; dans la deuxième, il reste au même lieu ; et dans la troisième, il s'en rapproche. Plus encore le pied sera court, moins, par la même raison, la puissance aura d'énergie. »

Comme on le voit, Bourgelat avait parfaitement étudié cette importante question, au point de vue de la ferrure. Il avait très-bien observé l'action des leviers suivant la longueur et l'obliquité de la région phalangienne. Ses observations sont également très-

justes relativement à la longueur que peuvent acquérir la pince ou les talons. Et, comme le remarque
M. H. Bouley, dans un cheval, d'ailleurs, harmoniquement conformé, et dont les rayons du pied ont
une direction parfaitement régulière, le bras de levier
phalangien peut acquérir une longueur anormale, par
le fait, soit de l'accroissement exagéré de la totalité
du sabot, soit de la trop grande longueur de la pince
relativement au peu d'élévation des talons, soit enfin
des modifications que la forme, l'épaisseur et l'étendue du fer, considéré dans son ensemble ou dans
quelques-unes de ses parties, peuvent imprimer à l'assiette du pied sur le sol.

La démonstration graphique que donne M. H. Bouley (p. 249) expose presque mathématiquement l'idée
heureuse de Bourgelat.

Il est de la plus grande importance, dans l'étude de
la ferrure, de tenir compte de la longueur et de l'obliquité du levier phalangien. Ainsi, par exemple, si le
pied conserve le même fer trop longtemps, sans être
abattu et paré, le bras de levier de la puissance étant
plus grand, les tendons seront tiraillés et bientôt fa-
tigués. Si les talons sont trop abattus, eu égard à la
longueur de la pince, ils détermineront l'obliquité du
levier phalangien, et partant, ils augmenteront son
étendue et sa force d'action.

Si, au contraire, l'animal usait davantage en pince,
par suite de frottement ou d'une conformation particulière; si enfin, pendant l'opération de la ferrure, on
touchait peu aux talons, un effet opposé serait obtenu,
c'est-à-dire que le bras de levier de la puissance serait amoindri et que le poids du corps étant reçu par
les colonnes osseuses, comme nous l'avons déjà indiqué précédemment, l'effort impulsif ne serait pas
suffisamment éteint, les réactions seraient plus dures
et l'usure des membres serait tout aussi imminente.

Dans l'action d'abattre et de parer le pied, il faut
conserver une juste limite, et n'enlever de la paroi ni

trop ni trop peu, et cela, pour éviter les graves inconvénients que nous venons de signaler. Il faut toujours
avoir pour guide la conformation particulière du pied et
son aplomb régulier. De même, dans la confection du fer
il faut avoir soin, par exemple, pour les pieds antérieurs, que la lame métallique ait une égale épaisseur
partout ; car, si on agissait autrement, si la pince était
plus épaisse, on augmenterait la force d'action du levier phalangien. Trop d'épaisseur aux éponges, dans
la ferrure ordinaire s'entend, produirait des résultats
opposés et rendrait l'animal droit sur ses boulets. Il
faudra également ménager la garniture de la pince
suivant les cas, et en tenant compte de l'augmentation
qu'elle peut apporter dans l'étendue du bras de levier
de la puissance.

Le pied peut enfin n'être pas d'aplomb, par suite de
l'inégalité des quartiers ; il en résulte une perte de
force qui nuit à la progression. La déviation du pied
qui l'écarte du plan parallèle à l'axe dont il doit suivre
la direction, lui fait perdre d'autant plus de son action que cette déviation est plus prononcée.

M. Richard, dans son ouvrage sur la conformation
du cheval (p. 333), observe que tous les rayons des
colonnes formées par les membres devront être articulés de manière que leurs charnières ne permettent aucune déviation dans leurs directions pendant
l'action, toutes les flexions en avant et en arrière devant toujours avoir lieu suivant le plan vertical. Toutes
les forces alors seront fructueusement employées à la
progression, sans décomposition de leur puissance, et
sans fatigue pour les articulations. »

Chez les animaux qui n'ont jamais été ferrés,
comme la plupart de nos chevaux africains, le pied
n'acquiert que dans de rares exceptions ou une trop
grande longueur, ou une usure poussée jusqu'à l'excès et déterminant une boiterie. La dépense se règle
toujours instinctivement d'après la recette. Dans de
semblables circonstances, jamais le levier phalangien
n'agit trop violemment par suite de sa longueur exa-

gérée. Le pied est-il trop long, l'animal étant abandonné à son impulsion naturelle, il prend un exercice suffisant pour user la corne et arriver à cet état de bien-être que procure la rectitude des aplombs. Pour nos chevaux de cavalerie, les choses se passent tout différemment : l'application plus ou moins bien entendue du fer, son épaisseur, sa couverture, la compression déterminée par les clous, l'ajusture plus ou moins prononcée, sont autant de causes qui influent sur la régularité des aplombs. On pourrait ajouter le travail sur des terrains plus ou moins durs, le temps conservé entre une ferrure et l'autre, enfin les différentes formes de pied et la nature variée de la substance cornée.

Néanmoins, lorsque la ferrure est bien raisonnée, qu'elle est pratiquée à des époques bien choisies, il peut arriver que l'usure de la tête des clous et d'une partie de l'épaisseur du fer représente à peu près l'usure qu'aurait éprouvée la paroi abandonnée à elle-même. Malheureusement, il arrive trop souvent que les pieds acquièrent trop de longueur et que les fers offrent une trop grande épaisseur : aussi l'articulation du boulet est promptement ruinée, par suite de la prédominance de la puissance sur la résistance représentée par les parties tendineuses. Chaque année, il y a dans l'armée une grande quantité de chevaux réformés pour cette cause et résultant toujours d'un système vicieux de ferrure.

En résumé, nous voyons que les aplombs ont la plus grande influence sur le choix du système de ferrure qu'on se propose de suivre.

Avant de terminer cet exposé succinct des aplombs, nous devons quelques lignes aux idées de M. Mignon, qui sont opposées à celles de Bourgelat. Ce vétérinaire donne le nom de leviers de balancement aux leviers supérieur et inférieur, l'un existant à l'articulation du boulet, et l'autre qui n'est que le levier phalangien. Il y a donc pour ainsi dire partage, comme il l'indique, balancement de l'effort impulsif entre l'articulation du boulet et celle du pied.

Après avoir expliqué le mécanisme des leviers de balancement, M. Mignon en donne succinctement la théorie. Ses deux leviers sont du second genre ; le supérieur a son point d'appui fixé au sol, au centre de la surface d'appui, et non au centre de la face plantaire du pied. La résistance pèse sur le support sésamoïdien, et la puissance qui oppose son action à celle de la résistance réside dans les ligaments, tendons et muscles placés en arrière de l'articulation.

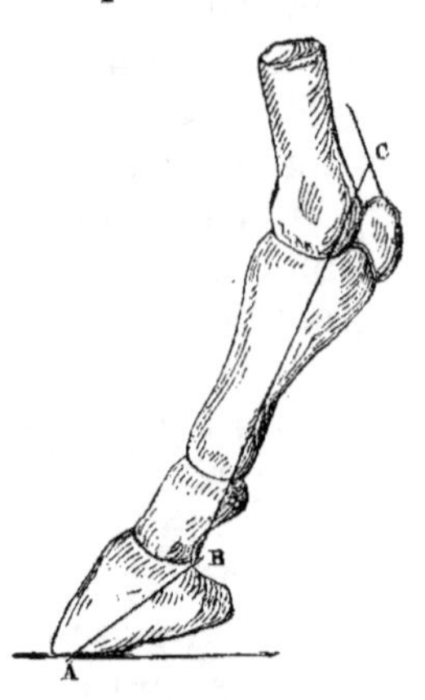

Le levier phalangien a le même point fixe A ; la résistance ou le poids du corps agit sur le petit sésamoïde B ; et les ligaments, tendons et muscles qui fixent cet os ou qui passent à sa surface libre, représentent la puissance c.

D'après M. Mignon, Bourgelat a commis une erreur en regardant le levier qu'il a admis dans les régions phalangiennes comme étant du premier genre, puisqu'il considère la réaction du sol comme la puissance du levier, l'articulation du boulet comme le point fixe, et les tendons appliqués en arrière des sésamoïdes comme étant la résistance.

D'après lui, le point d'appui ne peut exister à l'articulation du boulet, ni dans l'axe du canon. L'articulation, loin d'être un point fixe, est un centre de mouvement varié. La puissance ne peut être représentée par la réaction du sol, car celle-ci grandirait alors, comme l'inclinaison des phalanges. Nous ne partageons pas l'opinion de M. Mignon, et pensons comme Bourgelat et M. H. Bouley, que la force du levier phalangien grandit comme l'inclinaison des phalanges.

M. Mignon ajoute : « que la réaction du sol est au contraire d'autant plus faible que l'inclinaison des phalanges est plus grande. Ce qui le prouve encore mieux que la théorie, c'est la douceur des réactions dans les chevaux qui ont le paturon très-incliné en arrière, et la force des secousses réactives dans les chevaux droits sur leurs boulets ou même court-jointés. »

D'après lui, «l'inclinaison des phalanges n'augmenterait pas la puissance de réaction ; mais, en rendant les rayons plus obliques, elle augmenterait la somme de poids, décomposée par ces rayons et rejetée perpendiculairement sur les tendons et ligaments postérieurs.»

A la théorie de M. Mignon on peut opposer ces quelques lignes de M. H. Bouley : « Ainsi, à longueur égale des phalanges, la plus grande inclinaison sur le rayon du canon augmente considérablement le bras de levier de la force à laquelle les tendons font antagonisme ; et, quand les phalanges ont une longueur exagérée, comme dans les chevaux dits long-jointés, les tendons ont alors à lutter contre une force bien plus puissante encore. Dans ce cas, la grande longueur réelle des rayons phalangiens et leur grande inclinaison, qui en est une conséquence forcée, donnent au bras de levier de cette force une étendue très-considérable, relativement à celle du bras de levier, toujours invariable dans les dimensions que représente l'axe des grands sésamoïdes.

M. Lecoq, professeur de l'école de Lyon, regarde le levier phalangien comme un levier du second genre, et voici comment il s'exprime : «Ce levier agit lorsque le boulet se redresse, au moment de l'action du membre, ce dernier étant encore à l'appui. Le poids du corps, transmis par le canon sur la surface articulaire supérieure du premier phalangien, est la résistance à vaincre. Le point d'appui est au sol, à la pince du pied ; et la puissance agit sur les grands sésamoïdes, le raccourcissement des fléchisseurs redressant l'angle que forment leurs tendons vers ce point. Cette disposition explique pourquoi la longueur du sabot fatigue les tendons fléchisseurs. En effet, si dans ce levier le bras de la puissance P A est 10, celui de la résistance R A étant 8, et que le pied s'allonge de 1, le premier sera alors 11, le second 9, et la résistance se trouve favori-

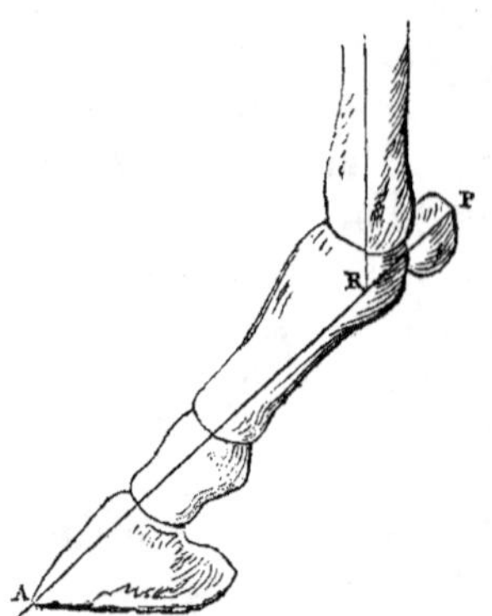

sée, puisque 9/11 est plus grand que 8/10. (Voir la figure ci-jointe.)

En résumé, nous le répétons, malgré les théories plus ou moins physiques de MM. Mignon et Lecoq, nous adoptons plus volontiers le levier fictif de Bourgelat, si ingénieusement développé et exposé par M. H. Bouley.

QUATRIÈME PARTIE.

ORGANISATION ET PROPRIÉTÉS DE LA CORNE.

Il nous paraît nécessaire de résumer ce qui a été dit relativement à la structure, à l'organisation et aux propriétés de la corne, soit pour mieux comprendre comment s'effectue la sécrétion, soit pour se rendre un compte exact de l'action du calorique sur cette matière inerte, pendant l'application du fer chaud, soit enfin pour apprécier sa manière d'être dans l'élasticité du pied.

Qu'est-ce que le tissu de l'ongle, et comment est-il formé? Telles étaient les questions posées par Bourgelat (*Essai sur la ferrure*, page 142). Il ne pensait pas que l'anatomie humaine pût le renseigner, car il aurait fallu alors supposer que le sabot était une continuation de l'épiderme, et il n'admettait pas que cette pellicule pût donner naissance à un corps solide. D'ailleurs, d'où cet ongle recevrait-il sa nourriture? Comment son accroissement aurait-il lieu, puisque la corne n'a ni vaisseaux, ni fibres régulières, et qu'on ne voit en elles qu'un réseau formé de l'épanouissement des dernières séries de vaisseaux qui constituent les pores innombrables dont le tégument se trouve criblé?

Bourgelat n'ose avancer que l'ongle ne doit sa naissance qu'à la juxtaposition des humeurs qui suintent de la peau..... Doit-il le considérer comme formé par des poils unis et concrets, dû par des productions, des tendons, ou comme une suite de houppes molles, pulpeuses, médullaires, nerveuses, renfermées dans l'épiderme, repliées entre elles, desséchées, unies et serrées avec les vaisseaux cutanés devenus solides, etc., etc. ?

Après avoir anatomiquement étudié le pied, il dit que l'ongle paraît composé de trois parties. La première, appelée la partie vive, est aussi la plus molle, soit à l'origine du sabot, soit dans sa face interne, soit dans la sole solide.

La deuxième, plus compacte, et qu'on peut envisager comme le point où finissent les vaisseaux, forme celle qu'il nomme partie demi-vive ou partie moyenne.

La troisième enfin, plus dure et plus solide que cette dernière, compose celle appelée portion morte. Quelle que soit l'exilité des canaux dans la partie vive, il ne la croit pas telle, que la circulation ne puisse y avoir lieu et ne doive s'y exécuter comme dans toutes les autres portions du corps.

C'est dans la partie moyenne qu'est réellement le terme de ces mêmes vaisseaux. Quant à la portion morte, lors même qu'on y supposerait des vaisseaux, ils seraient tellement oblitérés, qu'ils n'admettraient aucune sorte de liquide.

Ces faits bien établis par Bourgelat, il admet que l'acte nutritif n'a lieu que dans la partie vive. La partie supérieure, en s'éloignant du centre de la circulation, devient successivement partie moyenne, et plus loin portion morte. C'est dans la partie vive que le travail et l'ouvrage d'accroissement s'accomplissent ; c'est cette même partie qui chasse sans cesse la moyenne, qui, à son tour et passivement, pousse la morte.

Telles étaient à peu près les idées généralement adoptées à l'époque où écrivait le fondateur des Ecoles. Inutile d'indiquer les fâcheuses conséquences qui devaient tout naturellement découler de principes aussi erronés (1).

Girard (Recueil, 1830, page 250), dans un mémoire publié par le *Recueil de médecine vétérinaire*, dit : « que la corne se développe, se régénère, se nourrit de la même manière que les poils, et paraît n'être, comme eux, qu'un produit d'excrétion. » Il distingue dans la corne, comme dans le poil, deux parties constituantes : l'une, sous-jacente et vivante, est le tissu réticulaire ; l'autre, extérieure et inorganique, est la corne proprement dite.

Le tissu réticulaire est, d'après cet auteur, une expansion vasculo-nerveuse, très-organisée, très-sensible, et placée immédiatement sous l'ongle, avec lequel elle contracte des adhérences très-fortes. Cette couche peut être comparée au bulbe pileux, avec lequel elle a les plus grands rapports. C'est un véritable corps papillaire, à structure percée, résistante et très-vasculaire, jouissant d'une certaine élasticité et faisant l'office de coussin en certains endroits. Cette expansion se montre sous deux aspects différents. A la peau et vers les talons, ce sont des lamelles longitudinales parallèlement rangées, les unes tout près des autres. Ces lamelles, pourvues d'un velouté doux, s'engrènent avec les feuillets de corne ; elles multiplient ainsi leur surface de contact sans en augmenter l'étendue, et cet engrènement assure l'union de la corne avec les parties sousjacentes. Partout ailleurs, les prolongements papillaires ont l'apparence de poils touffus, irrégulièrement couchés, plus ou moins longs et tassés, et ces filaments correspondent à des canaux de la corne, d'où ils sont sortis. Girard ajoute que l'organisation intime du corps papillaire est inconnue ; qu'elle résulte bien de l'asso-

---

(1) A ce propos, M. Rey observe que le système de Bourgelat ne peut être soutenu même par le raisonnement. Que de praticiens sont encore de l'avis de Bourgelat ! ainsi, beaucoup recommandent encore aujourd'hui d'abattre les talons déjà trop bas, pour faciliter leur développement et y appeler les sucs nutritifs. Ce système rappelle un peu ces coupes de cheveux faites fréquemment sur des têtes demi-chauves

ciation d'un tissu cellulaire, de nerfs et de vaisseaux, mais qu'on ignore comment se combinent ces différents tissus (1).

La corne, proprement dite, offre une organisation différente, selon les parties où elle réside; elle n'a pas partout la même dureté: elle est toujours plus molle, plus tendre, plus abreuvée de liquides dans ses points de contact avec l'expansion papillaire; elle prend de la dureté, au fur et à mesure qu'elle s'éloigne de cette expansion. La partie extérieure, la plus éloignée du centre de sécrétion, est toujours la plus dure; elle est parfois divisée, cassante, et détériorée diversement; ce qui tient surtout à l'action de l'air, qui tend continuellement à enlever les fluides de la partie la plus extérieure.

Le sabot des monodactyles est composé de trois principales cornes (c'est toujours Girard qui parle), simplement accolées ensemble, et se séparant par la macération.

La corne de la paroi est fibreuse, composée de filaments parallèles, unis et agglutinés ensemble. La texture de la muraille se rapproche infiniment de celle des crins; elle devient très-marquée dans certains pieds, surtout dans ceux qui ont été négligés, et dont la paroi n'a pas été régulièrement abattue. Dans ce cas les fibres du bord inférieur du sabot se dessèchent, se désunissent et s'écartent, en formant des divisions analogues aux bifurcations qu'on remarque à l'extrémité de certains crins.

La corne de la fourchette offre également une structure filamenteuse. La sole n'a pas la même texture filamenteuse; elle est simplement formée des couches superposées, d'autant plus souples qu'elles sont plus intérieures.

Jusqu'en 1845, en France, on croyait que la corne de la muraille, comme vient de l'exprimer Girard lui-

____

(1) C'est ce que MM. Delafond, en France, et Gurlt, de Berlin, ont parfaitement démontré, comme nous le verrons plus loin.

même, était formée de poils agglutinés par une substance cornée; que celle de la sole provenait de lames
cornées superposées et s'enlevant par écailles. A cette
époque, M. Delafond a rendu compte, à la société centrale vétérinaire, du résultat des expériences, des études microscopiques qu'il avait faites relativement à la
structure de la corne et à son association avec le tissu
réticulaire. Il avait répété les expériences d'un savant
professeur de Berlin, M. Gurlt, et avait adopté ses
idées.

M. Delafond donne le nom de villo-papilles aux
fibres, filaments, villosités et enfin aux papilles que
Girard a appelés tissu réticulaire ; il faut observer
qu'elles abondent dans toute la circonférencce du bord
inférieur de l'os du pied. Ces villo-papilles ont de 4 à 6 millimètres de longueur. Cha-
que lame podophylleuse, à son
union avec le tissu velouté,
offre une grande quantité de
villo-papilles (voir la *fig*. K
ci-jointe). Etudiées au mi-
croscope, elles affectent une
forme conique, sont élargies
à leur base, là où elles s'u-
nissent au tissu réticulaire;
leur milieu se rétrécit et s'ef-
file jusqu'à la pointe, renflée comme une olive.

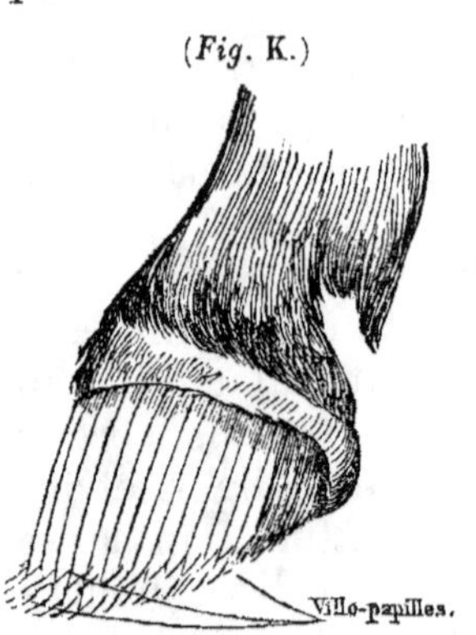

M. Delafond a pu injecter ces villo-papilles, et voici
quelle est la composition qu'il lui a été permis de leur
reconnaître : A l'extérieur, c'est une membrane mince,
d'un gris blanchâtre , parfois marquetée de taches
noires, et à laquelle il a donné les noms de membrane
kératogène ou *blennogène*. Cette membrane entoure les
tissus vasculo-nerveux qu'il appelle *villo-papilles*.
A l'intérieur, il lui a été possible de reconnaître deux
artères, rarement trois ; elles se continuent avec les
veines et forment deux arcades remarquables. Les
veines, plus nombreuses et plus grosses que les ar-

tères, forment des anses, et se réunissent en deux ou trois troncs uniques. Quant aux filets nerveux, ils n'ont pu être vus qu'à la base de l'organe kératogène.

Ce sont ces villo-papilles qui sécrètent la corne normale. Les porosités de la corne ne sont que des fourreaux dans lesquels s'enfoncent ces villo-papilles; elles sont surtout très-visibles lorsqu'on a paré la sole (voir la *fig.* B).

(*Fig.* B.) (*Fig.* D.)

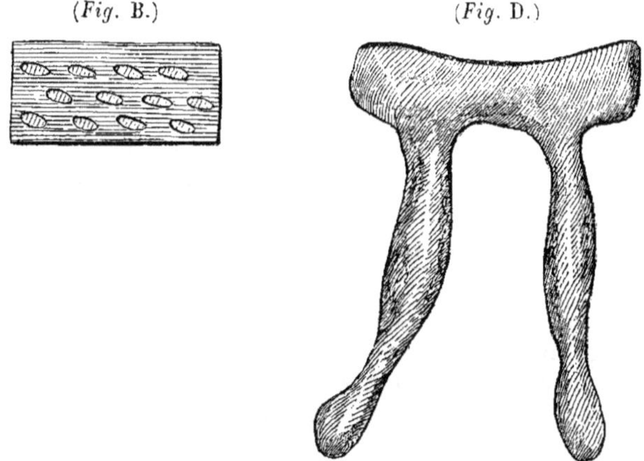

Ces fourreaux ou canaux contiennent une substance organique. D'après le dessin de M. Delafond (F D), on peut voir que leur diamètre n'est pas uniforme, qu'il est plus considérable à l'endroit où ils engaînent les villo-papilles. Ces canaux sont formés par des lamelles épithéliales minces, allongées ou ovales, portant un noyau plus ou moins distinct, constitué par la kératine ou matière cornée. Ces lamelles sont appliquées longitudinalement, les unes sur les autres, à la manière des tuiles sur un toit, et superposées d'une manière horizontale à la sole. D'après M. Delafond, cette disposition explique pourquoi la muraille croît en longueur, et s'use en donnant des débris fibreux comparables aux poils, et pourquoi la sole croît en épaisseur, en fournissant des débris écailleux. M. Delafond admet aussi la continuité entre la muraille et la sole, et non

la contiguïté, comme beaucoup de praticiens le sup-
posent à tort.

Le tissu corné est doué de peu de flexibilité, si on
l'examine là où il offre beaucoup d'épaisseur; mais il
devient souple lorsqu'il est mince. C'est pourquoi la
paroi, en pince et en mamelle, est douée de peu de
flexibilité, et possède au contraire cette propriété en
talons et à la face plantaire de la sole. N'en déplaise
au système Perrier !

M. H. Bouley a adopté, dans son *Traité de l'organisation du pied*, les idées de MM. Delafond et Gurlt. Il
a démontré les propriétés hygrométriques de la
corne, conjointement avec M. Clément : un sabot encore attenant aux parties vives n'a pas augmenté de
plus de 14 grammes par une immersion de quatre jours
dans un liquide. La chaleur dessèche et durcit la corne.
Un sabot, en se desséchant, se rétrécit d'un quartier
à l'autre, et s'allonge d'avant en arrière. C'est, du
reste, l'effet de la ferrure en général.

MM. Reynal et Delafond ont prouvé que le tissu
corné était mauvais conducteur du calorique. (*Recueil*,
1845, p. 957-959.)

D'après M. Clément, la corne paraît être une modification de l'albumine sulfuro-azotée. Sa composition
varie dans la paroi, la sole et la fourchette. Ainsi :

	Paroi.	Sole.	Fourchette.
Eau.	16,12	36.00	42.00
Matière grasse	0,95	0,25	0,50
Matière soluble dans l'eau. . . .	1,04	1,50	1,50
Sels insolubles.	0,26	0,25	0,22
Matière animale.	81,63	62,00	55,78
	100,00	100,00	100,00

CINQUIÈME PARTIE.

DE LA FERRURE.

Définition, but, origine, division.

La ferrure hygiénique ou ORDINAIRE du cheval, qui *seule* doit nous occuper dans ce mémoire, est cette opération qui se compose elle-même d'une succession d'actions diverses, et consiste, en dernier ressort, à appliquer sous le pied de ce monodactyle une semelle en fer destinée à protéger l'ongle contre les corps extérieurs, le pavé des villes et des routes, à empêcher son usure, prévenir sa détérioration, tout en conservant sa forme naturelle, favorisant, autant que possible, son élasticité, et conservant enfin l'intégrité des aplombs.

La ferrure s'occupe aussi de la préparation de la lame métallique, de la manière de rogner, d'abattre, de parer la corne et d'y appliquer un fer convenable.

La ferrure n'est pas, comme le suppose le vulgaire, un art purement mécanique, se bornant à la seule application du fer sous le pied du cheval ; mais bien un art réclamant, de la part du maréchal habile, plusieurs connaissances spéciales, au nombre desquelles il faut placer l'anatomie, la physiologie et les aplombs de la région digitée.

L'une des premières règles du maréchal est, dit M. H. Bouley, d'une part, de savoir conserver à l'ongle les conditions de sa pousse régulière en sauvegardant, par la justesse de la ferrure, la rectitude des aplombs de l'animal ; et d'autre part, de mettre à profit, avec intelligence, l'inégalité possible de l'action sécrétoire, en empêchant dans un point une pousse trop rapide, et en activant dans un autre l'accroissement trop lent à se produire.

En 1756, Lafosse, maréchal aux petites écuries du roi, écrivait que l'usage de donner des fers aux chevaux lui paraissait bon, utile et même nécessaire sur le pavé; mais que c'était de leur forme et de la manière de les appliquer que dépendait non-seulement la conservation du pied, mais encore la sûreté des jambes et l'agrément des mouvements (1).

Bourgelat (3ᵉ édit., 1813), dit que la ferrure est une action méthodique de la main sur le pied des animaux auxquels elle est praticable et nécessaire. Cette opération consiste à parer et à couper l'ongle, à y ajouter et à y fixer des fers convenables.

« Par elle, le pied du cheval principalement doit être entretenu dans l'état où il est, si sa conformation est belle et régulière, et les défectuosités doivent en être réparées, si elle se trouve vicieuse ou difforme; par elle encore, il est assez souvent possible de remédier aux suites inévitables des disproportions des parties du corps de l'animal entre elles, ou d'en modifier du moins les effets, d'obvier à ceux qui résultent du défaut de justesse dans la direction de ses membres, de le rappeler à une sorte de franchise et de régularité dans l'exécution de son mouvement; de prévenir les fausses positions, auxquelles certaines habitudes, et quelquefois sa nature même, semblent le disposer, etc... »

Comme on le voit, Bourgelat avait parfaitement prévu tous les cas pour lesquels la ferrure était utile. Il observe encore, avec raison, que les uns et les autres de ces objets ne peuvent être remplis par la seule interposition d'un fer appliqué et attaché grossièrement, sans raisonnement et sans lumières; que réduire l'o-

---

(1) Ailleurs, Lafosse paraît se raviser et s'exprime ainsi : « Il est de fait « que tous les chevaux, excepté ceux qui ont les pieds combles et à « qui les fers sont nécessaires pour conserver le sol, pourraient à la « rigueur se passer d'être ferrés; et sans aller chercher cet exemple « chez les Arabes, les Tartares on les trouve chez nous dans les che- « vaux qui travaillent journellement aux campagnes sans avoir besoin « de fers; mais, dès que nous mettons nos soins et notre adresse à « leur creuser le pied, pour ainsi dire jusqu'au vif, et à faire une « belle fourchette, égale et symétrisée, enfin ce que nous appelons en « France bien et proprement travaillée, les fers leur deviennent indis- « pensablement nécessaires. » (*Recueil*, 1851, p. 310.)

pération dont il s'agit à un simple travail des bras et des mains, qui ne sera soutenu ni par la réflexion ni par l'étude, et qui n'aura d'autre but que celui d'armer l'ongle pour le sauver d'une destruction plus ou moins prompte, c'est offenser l'art, c'est méconnaître son pouvoir.

Bourgelat voudrait que le maréchal eût des connaissances variées pour opérer plus sûrement. Par malheur, cette instruction, ces éléments, si utiles, font défaut, dans l'immense majorité des cas, à nos ouvriers. Un très-petit nombre, il faut l'avouer, possède quelques notions d'anatomie du pied, et beaucoup sont incapables de faire une juste application des aplombs.

D'après ce même écrivain, de toutes les opérations dépendantes de la chirurgie vétérinaire, il n'en est point qui présente autant de difficultés et de complications que celle qui fait la matière de son *Essai sur la ferrure*. C'est sans doute ce qui a porté M. Rey à écrire que les vétérinaires qui ont acquis une certaine habileté dans l'art de la maréchalerie présentent beaucoup plus d'aptitude pour la pratique des opérations chirurgicales du pied. Nous ne croyons pas, comme ce professeur, qu'il faille être né et avoir été élevé dans un atelier de maréchalerie pour avoir plus d'aptitude à pratiquer certaines opérations chirurgicales, cette pratique exigeant bien plus de connaissances anatomico-physiologiques, de dextérité que d'efforts manuels, si utiles, au contraire, pour dégrossir et aplatir le fer. Chaque écrivain systématise toujours à son endroit et comme à son insu ; M. Rey, professeur de maréchalerie, en donne un exemple à ce propos, comme M. Perrier en fournit un autre lorsqu'il proclame que l'efficacité de son mode de ferrure est tel, qu'il permet d'obtenir la guérison de pleurites, pneumonites, voire même du tétanos !!! Il en est de même de ceux qui dédaignent la maréchalerie, et prétendent qu'elle est inutile pour le vétérinaire.

Plusieurs auteurs ont observé qu'on pourrait fort bien se passer de ferrer les chevaux ; qu'il y a des pays où cette pratique barbare n'est pas mise en usage, et qu'on n'y observe aucune des maladies si nombreuses sur nos chevaux. Grognier, ce podophile un peu exagéré, s'écrie : « Et cependant les chevaux sauvages gravissent des rochers décharnés, courent sur les basaltes vomis par les volcans, sur les cailloux roulés par les eaux, et leur ongle conserve toute son intégrité ; il en est de même des chevaux domestiques en plusieurs contrées. »

Poiret, continue Grognier, rapporte, en son *Voyage en Barbarie*, que les chevaux barbes ne sont pas ferrés ; « ce serait, ajoute-t-il, un mal qu'ils le fussent, ayant à gravir contre des rochers escarpés qu'ils montent et descendent quelquefois au galop avec une facilité étonnante. Il ajoute qu'on ne ferre pas les chevaux de la Camargue qui, tantôt courent sur les bords caillouteux du Rhône, tantôt trépignent, pendant des journées entières, sur une aire dure comme un pavé. Pourquoi, dans le royaume de Naples, se borne-t-on à ferrer les pieds de derrière, tandis que dans d'autres pays on ne ferre que ceux de devant ? »

A quoi bon décrier continuellement la ferrure à clous, puisque c'est un fait acquis, et que tous les auteurs ont répété qu'elle est un mal nécessaire, et que son but doit être d'atténuer les accidents qui en sont une conséquence fâcheuse, mais forcée ?... Il est certain que les chevaux qui n'ont jamais été ferrés sont exempts de la plupart des maladies si fréquentes et inhérentes à la pratique de cette opération. Pour n'en citer que quelques exemples, les seimes ne sont-elles pas inconnues dans les pays où la ferrure n'est pas pratiquée ? Le resserrement des talons, l'encastelure, la maladie naviculaire, y sont tout aussi ignorés.

Quant aux accidents médiats ou immédiats, ils sont tout naturellement évités.

Tout le monde sait que, sans la ferrure, les chevaux d'une grande partie de la France ne pourraient faire

le moindre service sur le pavé des villes, sur les routes
rocailleuses et ferrées. Dans les changements de garnison et en campagne, si la ferrure n'était pas mise
en pratique, certes, il serait impossible de compter
sur la cavalerie ; les chevaux qui auraient fait une cin-
quantaine de lieues sur nos routes, et à des allures un
peu accélérées, seraient incapables d'aller plus loin.
On nous cite sans cesse les anciens ; eh bien ! chez les
Grecs et les Romains, la ferrure n'était pas connue, il
est vrai ; mais elle était remplacée, chez les premiers,
par des ἐμβάται, ἱπποπόδες, et chez les autres par des
spartea, *spareia*, *soleæ*, *sparteæ*, *soleæ ferreæ*, etc...
Quant aux chevaux sauvages, dont parle Grognier, ils
ne sauraient, sous aucun rapport, être comparés aux
animaux domestiques. Le cheval, livré à ses habitudes
instinctives, s'arrête lorsqu'il est fatigué, et lorsque son
ongle est endolori par un frottement pénible, il ne l'use,
pour ainsi dire, qu'au fur et à mesure des besoins ; les
plus téméraires et les poulains n'ayant pas encore
d'expérience, doivent payer souvent fort cher cette
dépense inutile de la substance cornée ; c'est ce qui se
remarque lorsqu'ils sont poursuivis par les animaux
féroces. Mais, hâtons-nous de le dire, la nature a tout
prévu, et l'instinct de conservation avertit aussi bien
l'animal sauvage, quand il doit s'arrêter, qu'elle excite
le malade à se mettre à la diète, raison que n'ont pas
toujours les bipèdes.

Les chevaux barbes, dont Poiret a fait mention,
sont placés dans des conditions exceptionnelles : presque toujours ils marchent sur des terres ou du sable,
et il est certain que, s'ils devaient progresser sur des
routes pavées, ils seraient bientôt incapables de faire
le moindre service (1). Du reste, Poiret aurait dû

____

(1) Du reste, aujourd'hui, on sait à quoi s'en tenir au sujet des
récits plus ou moins fabuleux des voyageurs et de quelques naturalistes
exagérés.

Depuis l'occupation de l'Algérie, on est fixé sur certaines questions
jusqu'alors pendantes : on connaît les habitudes du lion, de la panthère,
du chacal ; on a étudié comparativement le chameau et le dromadaire ;

ajouter que bon nombre de chevaux barbes ont au moins deux pieds ferrés. Les régiments de chasseurs et de spahis ont presque tous leurs chevaux ferrés. Dans tous les cas, il faut remarquer qu'un pied sur lequel jamais fer n'a été appliqué devient dur et possède au plus haut degré toutes les qualités du bon pied; la sécrétion cornée y est plus active en pareil cas, suscitée qu'elle est sans cesse par les mouvements plus libres du pied, par l'expansion plus facile de ce dernier, enfin, par les chocs et frottements plus ou moins répétés et durs. C'est sans doute ce qui avait fait dire à Xénophon qu'il fallait, dans le but de durcir et d'arrondir le sabot, faire le pansage sur des cailloux ronds et maintenus dans un espace ménagé à cet effet.

A l'instigation de B. Clark, Grognier remarque et dit encore : « Nous ne saurions assigner d'une manière précise l'époque de la ferrure avec des clous. Tout porte à croire qu'elle fut celle où s'éteignirent en Europe les sciences, les lettres et les arts. Il ajoute, ironiquement, que l'invention est digne de l'époque! »

C'est, il faut l'avouer, de la sensiblerie à l'endroit d'une opération qui est loin d'être sans utilité et pas aussi barbare qu'on veut bien le dire. Je doute que les chevaux souffrent plus de la ferrure que l'homme d'une chaussure mal faite. Tout le monde a ressenti les douleurs intolérables causées par un soulier étroit, dur et n'ayant pas la forme du pied!... Ce même podophile va même jusqu'à dire (*Précis d'un cours d'hygiène*) que si la ferrure était nécessaire à ces quadrupèdes, la nature les aurait fait naître ferrés! On conçoit qu'il n'y a aucune réponse à faire à une semblable énormité...

Jusqu'ici, il faut donc regarder la ferrure à clous

---

on ne regarde plus la hyène comme une bête intraitable, d'une férocité sans bornes, allant déterrer les morts dans les cimetières , depuis qu'on a vu les Arabes amener ces animaux sur nos marchés, la corde au cou et un os de mouton dans la gueule en guise de mors !

Pour en revenir à la ferrure, nous avons en France un exemple frappant qui milite en faveur de la nécessité de la ferrure : les chevaux barbes des chasseurs de la garde !!!

comme le moyen le plus sûr pour conserver, autant qu'il est humainement possible de le faire, la forme, l'élasticité et les aplombs du pied, pour prévenir son usure et faciliter enfin son emploi continuel.

Si cependant on parvenait à réaliser le rêve de Grognier, si, plus tard, on venait à decouvrir un moyen de durcir l'ongle, il faudrait, comme l'indique ce praticien, abandonner à la nature, plus puissante que l'art, un organe dont elle saura bien, de génération en génération, proportionner la force de résistance aux causes capables de l'altérer. Le fait est que, s'il était possible, à l'aide de topiques ou d'une préparation quelconque, de se passer de la ferrure à clous, au moins pendant une grande partie de l'année, nous serions d'avis qu'on adoptât au plus tôt ce système, après avoir fait des essais sur une certaine classe de chevaux. En temps et lieu nous rendrons compte de quelques essais assez heureux que nous avons tentés, pendant notre séjour en Afrique, pour élucider cette question.

Plusieurs vétérinaires, Lafosse et Clark, notamment, se sont ingéniés pour imaginer une ferrure ordinaire sans clous ; mais aucun d'eux n'est arrivé à un résultat satisfaisant. Nous examinerons ces divers moyens en faisant l'analyse des systèmes différents de ferrure ordinaire.

Quelques mots sur l'origine de la ferrure.

La plus grande divergence existe entre les auteurs du plus grand mérite, à propos de l'histoire de la ferrure. Bourgelat et Lafosse ont toujours cru que la ferrure était connue des anciens. Bracy-Clark, Huzard père, Rainard, Grognier et d'autres encore, professent une opinion contraire.

A grands renforts de citations gréco-latines, les premiers cherchent à prouver, à l'aide de documents anciens, plutôt métaphoriques que solides, et que tous les praticiens ne peuvent consulter, que les pieds des chevaux du char de Jupin et de Neptune étaient d'airain. Les adversaires, se servant de l'argument personnel, leur opposent qu'Homère était trop érudit pour avoir commis une telle incorrection, et aurait certainement dit : *des pieds garnis d'airain...* Puis enfin, en fouillant dans les ouvrages de Xénophon, on y voit que la ferrure était inconnue. Certes, si à cette époque elle eût été mise en pratique, Simon, ce célèbre écuyer, contemporain de Xénophon, n'aurait pas conseillé, dans le but de rendre les pieds arrondis et solides, un pansage journalier sur des pierres arrondies, du poids d'une livre, répandues sur une surface disposée à cet effet. C'eût été un procédé plus qu'original pour arriver à donner au sabot recouvert de son fer les qualités tant recherchées.

Bracy-Clark a démontré scientifiquement et victorieusement, pensons-nous, que la ferrure était complétement ignorée des anciens ; et, comme le remarque fort judicieusement Grognier, ce qu'on a pris chez les poëtes pour des allusions à la pratique de la ferrure n'est autre chose que des tours poétiques mal traduits, mal rendus, et exprimant la dureté métallique de l'ongle.

Le passage de Catulle qu'invoque Bourgelat ne prouve absolument rien en faveur de la ferrure :

> Et supinum animum ingravi dereliquere cæno,
> Ferream ut soleam tenaci in voragine mula
> Dereliquit. . . . .

Ferream soleam doit se rendre par *chaussure ferrée*, et non par *fer*. Suétone écrivait : *Soleas jumentis inducere...*, qui a été traduit : *ferrer les chevaux*, mais qui veut dire simplement *mettre une chaussure aux chevaux*, ce qui est bien différent. On dit bien : *Inducere calceum*, chausser un soulier.

Columelle a dit, à propos des qualités qu'on recherche dans les pieds : *Duris ungulis et allis et concavis rotundisque, quibus coronæ mediocres superpositæ sunt...* Outre ces qualités de l'ongle, cet auteur semble faire connaître qu'il ne faut pas que le levier phalangien ait trop d'étendue... *Coronæ mediocres, superpositæ sunt !*

Le premier fer à clous fut trouvé en Belgique, dans le tombeau de Childéric Ier, mort en 481.

Clark assure que le premier renseignement obtenu sur la ferrure à clous date seulement du IX° siècle.

D'après le père Daniel, Grognier répète que les chevaux français n'étaient ferrés, dans le IX° siècle, que pendant les gelées.

Comme on le voit, il est difficile de s'arrêter à une date précise ; du reste, bien que cette question soit intéressante à élucider, nous y attachons peu d'importance, attendu qu'elle est un peu étrangère à notre mémoire. Nous abandonnons donc toutes ces recherches à de plus curieux que nous.

M. Barthélemy jeune, dans un mémoire lu à la Société centrale, en 1851, jette un coup d'œil rétrospectif sur les principaux auteurs qui se sont occupés de la science hippique, dans les trois derniers siècles qui viennent de s'écouler, afin de démontrer que la ferrure à chaud ne remonte guère au delà d'un siècle. En suivant cet écrivain dans ses différentes recherches, on apprend qu'en 1533, c'est Laurent Rusé qui s'en est occupé le premier ; en 1567, Carraciolo ; en 1573, Claudio Corte ; en 1599, Carlo Ruini ; en 1607, Horace de Francini ; en 1628, Dumesnil ; en 1663, Delcampe ; en 1664, Solleysel ; en 1669, Francesco Liberati ; en 1725, de Bégrières, et qu'aucun de ces auteurs n'a fait mention des brûlures de la sole, ce qui prouve, d'après M. Barthélemy, que la ferrure à froid seule était pratiquée à ces différentes époques.

En 1736, de la Guérinière, le premier, fait mention de la ferrure à chaud ; puis Garsault en 1741, Salvador en 1742 ; en 1756, Lafosse père publia la nouvelle pratique de ferrer les chevaux de selle et de carrosse.

DIVISION DE LA FERRURE ADOPTÉE DANS CE MÉMOIRE.

1° Ferrure à froid.	Ferrure podométrique.
2° Ferrure à chaud et à froid. .	Système Lafosse.
	Id. Bourgelat.
	Id. Gohier.
	Id. Bracy-Clark.
	Id. Perrier.
	Id. Miler-Turner.
3° Ferrures étrangères.	Ferrure anglaise.
	Ferrure arabe, espagnole.
4° Ferrures particulières avec ou sans clous.	

1° *De la ferrure podométrique à froid.*

Notre intention était tout d'abord de négliger de parler de la ferrure podométrique et à domicile... Que pouvions-nous, en effet, ajouter à la déclaration de la société vétérinaire la plus savante de l'Europe, et à la critique si spirituelle et si vraie de M. Crépin?

Certes, après la déchéance de cette méthode, il eût été peu généreux de critiquer ce qui n'était plus de mode, ce qui n'avait plus la raison d'être, et ce qui désormais ne devait plus être mis en vigueur que dans certains cas très-rares. Cependant, comme il est de notre devoir, dans ce concours, de faire connaître les principaux systèmes de ferrure, il nous sera bien permis d'en fournir une analyse rapide, afin de prouver le peu d'utilité de cette méthode qui a eu de si beaux jours.

La mode, comme la maladie, a ses rechutes et ses récidives; c'est précisément afin de concourir à éviter ces dernières, à propos de la podométromanie, que nous donnons une certaine étendue à cette question, sur laquelle il y a peu d'idées nouvelles à émettre, puisqu'elle a été résolue négativement et que dans l'armée elle n'a plus aujourd'hui la moindre importance. Quoi qu'il en soit, nous supposons qu'un résumé de tout ce qui a été dit et écrit sur ce sujet peut avoir sa raison d'être, puisqu'il sera l'expression de la manière de voir de toutes nos célébrités hippiques.

Que dire, dès à présent, du podomètre, ce hors-d'œuvre en maréchalerie? A coup sûr, ce n'est pas une invention nouvelle; M. Renault a prouvé qu'elle remontait au delà de l'époque où fut proclamée la ferrure podométrique.

On avait oublié que le podomètre le plus utile résidait dans le coup d'œil de l'ouvrier; on avait mis de côté ce vieux dicton qui, s'appliquant aux ouvriers habiles, dit *qu'ils ont le compas dans l'œil !* C'est, dit M. Crépin, le meilleur de tous les podomètres (1). En effet, le peintre a-t-il sans cesse la règle ou le compas à la main, quand il veut représenter fidèlement la nature? Les menuisiers, charpentiers, serruriers et maçons, n'ont-ils pas recours à chaque instant à ce même coup d'œil qui, en se perfectionnant, devient un moyen presque infaillible?

Et, sans aller si loin, le vétérinaire lui-même, dans l'achat des chevaux, a-t-il jamais eu l'idée de prendre une mesure pour s'assurer des proportions des animaux? C'est ce coup d'œil perfectionné qui fait souvent qu'un marchand de chevaux juge mieux et plus vite que bien d'autres ayant d'ailleurs des notions plus profondes.

Le maréchal ferrant, outre le coup d'œil, n'a-t-il pas la déferre, qui lui procure exactement le contour du pied et le degré d'ajusture nécessaire? Il est certain que ces moyens et la paille traditionnelle sont préférables, dans la pratique, à ces figures faites sur le papier, et qu'on appelait *patrons*. Il fallait une grande habitude, énormément de patience, de l'adresse et

______

(1) Le podomètre, disait M. Crépin en 1845, est une mesure destinée à prendre le contour du bord solaire du sabot. Cette mesure, on peut s'en servir, à la rigueur, lorsqu'on a un peu de temps à perdre ; mais, de bonne foi, sans envie de blâmer, disons le mot, elle est plus embarrassante qu'utile. Qu'un maréchal l'ait dans son atelier, comme une sorte de curiosité, pour compléter son petit musée, et quelquefois jeter de la poudre aux yeux des amateurs de choses inconnues, passe ! mais s'en servir tous les jours, en user pour de bon, c'est plus qu'inutile, c'est gênant!!

une foule de précautions peu en rapport avec le peu de
souplesse des mains calleuses, noires, suantes et labo-
rieuses de nos ouvriers ferrants.

Il ne faut pas se le dissimuler, quelques vétérinaires
ont cru devoir adopter avec un certain empressement
cette nouvelle méthode à froid : ferrer les chevaux à
domicile, sans blesser les pieds, sans fausser les
aplombs, sans crainte d'accidents immédiats ou médiats ; ajoutez à cela l'assurance du bien-être moral
du cheval..... Tous ces résultats heureux, promis et
inhérents à cette méthode, devaient tout naturellement
les entraîner. Et puis, M. Riquet, à qui cette prétendue découverte avait fait acquérir du crédit, exerçait,
il faut bien en convenir, une certaine influence sur les
esprits timides et patients de l'armée ; sa position en-
gageait presque tacitement quelques praticiens à
mettre sur leurs rapports des réflexions favorables à la
nouvelle méthode. Du reste, M. Renault affirmait tenir de beaucoup de vétérinaires, que l'opinion qu'ils
ont exprimée dans leurs rapports n'était pas l'expression exacte de leur manière de voir.

Le fait est qu'on n'aime généralement pas à se
mettre en opposition avec ses chefs, et c'était encore
là une chance de réussite sur laquelle M. Riquet pouvait compter. Aussi, à la séance du 23 oct. 1845, ce
vétérinaire donnait à la Société centrale vétérinaire le
résumé officiel des opinions émises par les vétérinaires de l'armée. Il disait, à cette occasion, qu'il pensait qu'au lieu de discuter, ce qui ne conduisait pas
toujours à la vérité, le meilleur argument qu'il devait
opposer aux assertions contraires était de faire connaître l'analyse sommaire des opinions des vétérinaires militaires, soit 49 favorables à sa méthode et
6 défavorables. Nous n'avons pas besoin de dire que
M. Riquet avait oublié de relater l'opinion des
vétérinaires d'Afrique, qui auraient dû, ce nous
semble, être appelés particulièrement à résoudre
cette question, attendu qu'ils se trouvaient placés

sur le terrain le plus favorable à ces nouveaux essais.

La ferrure à froid est connue depuis des siècles, et c'est bien l'opération primitive, celle qui tout d'abord fut mise en pratique par les ouvriers. Bracy-Clark suppose qu'elle a peut-être été introduite par une des nations barbares qui dévastèrent l'empire romain, les Goths, qui, encore plus que les autres peuples du Nord, excellaient à travailler le fer. Un cheval, dit ce savant écrivain, se sera fendu le sabot par quelque accident ; un habile ouvrier y aura cloué un morceau de fer pour garantir la plaie, et il aura bien réussi ; ce moyen connu aura été employé dans tous les cas semblables, et l'ouvrier, devenu plus habile et plus hardi, n'aura pas tardé à mettre un fer sur toute la surface du pied, même ensuite lorsqu'il n'y avait plus aucune espèce de mal. A vrai dire, nous adoptons volontiers cette supposition, car elle en vaut bien une autre plus scientifique.

Cette ferrure à froid devait plus tard se perfectionner. En 1736, quelques essais partiels et incomplets furent tentés ; ils démontrèrent qu'on pouvait impunément ment faire porter le fer chaud sur l'ongle. De la Guérinière, le premier, tout en recommandant d'appliquer le fer à froid, dit cependant qu'il faut que le pinçon soit chaud, afin qu'il puisse, comme il le dit, s'enfoncer dans la corne.

A une époque plus éloignée, des maréchaux mieux avisés, moins timides, firent des essais ; ils obtinrent de bons résultats, devinrent plus entreprenants, et répandirent enfin le système de ferrure à chaud, qui, en se perfectionnant, fut adopté généralement là où se répandirent les progrès. Les seuls peuples arriérés, et quelques parties pauvres de la France ou éloignées des centres, conservèrent toujours la méthode à froid. Et sans aller si loin, on voit de nos jours les déferres de la capitale achetées et transportées dans quelques départements où elles sont placées à froid. Donc, la ferrure à chaud avait été essayée et adoptée comme

7.

un acheminement vers la perfection, et, comme le disaient les maîtres maréchaux de Paris, ce ne sera pas un maréchal de village qui abattra le pied du cheval avec le fer rouge, ils ont la coutume de ferrer à froid !

A cette époque, on trouvait déjà qu'il était plus facile de faire porter également le fer sur le bord inférieur de la paroi. Il semble même que ce résultat était pris en grande considération par les hommes de cheval et les hippiatres d'une époque assez éloignée de nous. Markam, en 1507, déclarait que la ferrure à froid ne durait pas la moitié de ce qu'elle devait durer, si les fers étaient bien appliqués, etc...

César Faischi ne trouvait d'autre remède à ce défaut de solidité, si ce n'est de savoir brocher des clous soi-même, ou au moins d'avoir avec soi un valet capable de le faire, et dans le cas où l'on avait un cheval auquel on tenait beaucoup, d'avoir constamment avec soi un maréchal pour entretenir cette ferrure si peu solide.... (*sic*).

M. Riquet, dans son *Aperçu historique sur l'art du maréchal ferrant*, classe en quatre époques principales les progrès faits dans cette branche de l'art vétérinaire. Il s'est réservé et adjugé très-carrément le mérite de la découverte et de l'introduction de la quatrième époque. Il s'est exprimé ainsi (page 13 de son opuscule) :

« Les observations recueillies pendant plusieurs années, les expériences raisonnées ayant prouvé que la ferrure par tâtonnement pouvait être remplacée par un procédé imité de celui employé par l'ouvrier qui chausse le pied de l'homme (1), l'art vétérinaire a doté la maréchalerie d'un instrument ingénieux et simple, à l'aide duquel l'ouvrier obtient sur nature

---

(1) Il n'y a pas, selon nous, le moindre rapprochement à faire entre le cordonnier et le maréchal : l'un, en effet, est une espèce de machine qui frappe et fait ses coutures, sans s'occuper du reste ; l'autre

le patron du pied de cheval qu'il doit ferrer, compare avec le patron le fer qu'il façonne, et se dispense d'apposer le fer brûlant sur l'ongle. — Cette découverte proscrit réellement la ferrure à chaud, perfectionne le mode de ferrure à froid, abrége les opérations et assure ainsi l'infaillibilité de l'ouvrier, dont le coup d'œil trop souvent imparfait exposait auparavant le cheval à des conséquences trop graves. »

Ces quelques lignes n'ont pas besoin de commentaires. Chacun veut systématiser à son endroit, et trop souvent pour ne point apporter de remède au mal. Pour éviter la brûlure de la sole, accident des plus rares, M. Riquet a imaginé de faire revivre un vieux système qui résume bien plus d'inconvénients que la ferrure à chaud.

En lisant certaines phrases de son opuscule, on a peine à croire qu'elles aient été dictées par un vétérinaire militaire. Nous les citons textuellement.

« Dans le cas où le cheval n'est pas docile ou patient, le maréchal emploie avec une progression rapide, et suivant le degré de crainte et d'impatience du cheval, la couverture-bandeau, les lunettes, le torsnez, le ficelage des oreilles, le mors d'Allemagne, les tenailles et morailles, le caveçon, le travail rapide sur un cercle étroit les yeux bandés, le trousse-pieds, la plate-longe, les entraves et lacs, l'étreignement du corps, les stolckos et le travail, enfin l'abatage sur un lit de fumier ou de litière. »

En vérité, en lisant ce tableau récapitulatif des tortures employées par le maréchal, avec une progression rapide, on se croirait aux plus beaux jours de

---

doit être un homme robuste, intelligent et adroit, devant avoir des notions de l'extérieur du cheval, de ses proportions et aplombs ; connaître un peu d'anatomie et de physiologie. Il est sous-entendu qu'il doit savoir à fond sa maréchalerie. L'un travaille sur la nature inerte, l'autre sur la substance organisée et sensible. Le cordonnier peut impunément frapper et coudre ; le plus petit coup donné à faux est la suite, de la part du maréchal, des plus graves accidents.

l'inquisition. Le fait est qu'il y avait de quoi faire trembler les plus hardis partisans de la ferrure à chaud. Ce sombre tableau a dû singulièrement contribuer à faire adopter la méthode podométrique dans la cavalerie, afin de soustraire les malheureuses bêtes à de telles souffrances. Voyez d'ailleurs, en échange de ces tortures, ce que la podométrique promettait : Inutilité de conduire le cheval à la forge pour le ferrer. Préparation méthodique du pied sans qu'il soit exposé aux blessures, sans fausser les aplombs, sans mettre l'aide et l'ouvrier maréchal en danger d'accidents graves. Assurance du bien-être moral du cheval, en ce qui résulte des causes dépendantes de la ferrure vicieuse et des procédés barbares mis en jeu pour contraindre cet animal à la patience, etc., etc... Régularité parfaite de l'appui du pied sur le fer.... Cessation des désordres pathologiques résultant de l'influence du calorique.... Economie enfin de forces, de combustible. — Et que sais-je encore!..

Disons-le, à la louange de la plupart des maréchaux de nos régiments, qu'on veut faire passer pour des bêtes fauves, c'est que, depuis plus de vingt ans, nous n'avons jamais rien vu de tout cela, soit en France, soit en Afrique. Nous n'avons jamais toléré dans nos forges que le simple tors-nez; et c'est déjà bien assez! *L'énumération* des tortures *faite* par M. Riquet rappelle assez bien le tableau effrayant de la discipline militaire, qu'un père exposait à son fils qui voulait s'engager en dépit de ses conseils; après l'énumération successive des peines légères, puis sévères, il arrivait toujours à lui présenter la mort. Inutile de dire que le fils obéit....

La ferrure podométrique ne devait pas être un préservatif des mauvais traitements dans le corps où cela pouvait se passer; car les maréchaux, ennuyés, tourmentés par cette nouvelle méthode, devaient faire payer cher leur impatience aux pauvres chevaux.

Voici comment M. Riquet dépeint plus loin l'arrivée du cheval de guerre à la forge :

« La perplexité du cheval est difficile à peindre, quand aux premiers mouvements d'hésitation instinctive succède la douleur causée par les saccades du bridon que lui donne l'homme qui l'amène à la forge, et que sa frayeur augmente au bruit ronflant du souffle, au timbre de l'enclume ; quand les battitures qui jaillissent du fer en fusion, et l'aspect de la flamme s'élançant du foyer, font redoubler ce tremblement convulsif que lui cause déjà l'odeur avec de la fumée de charbon, mêlée à celle de la corne brûlée tourbillant autour de lui. » Ce n'est pas tout ! « Ce supplice est complété par les douleurs qui résultent de l'apposition du fer chaud sur le pied, enfin par les piqûres des clous mal brochés.... »

Pour un instant, nous allons prier M. Crépin de nous prêter quelques lignes bien spirituelles qui sont à l'adresse de ce narré effrayant, de cette peinture désolante du cheval abordant la forge. M. Crépin s'adresse à M. Riquet en ces termes :

« Dans tous les cas, au lieu d'éloigner les chevaux
« de la forge qui les épouvante si fort, selon vous, il
« serait sage, au contraire, de saisir l'occasion de fa-
« miliariser avec les bruits les plus insolites des che-
« vaux destinés à la guerre; car, s'ils redoutaient au
« dernier point le bruit des soufflets, le tintement des
« enclumes ; si les battitures enflammées, si l'aspect
« des ouvriers, l'odeur de la corne brûlée sont capa-
« bles de les faire tomber en pâmoison, que devien-
« dront-ils lorsque le canon tonnera près d'eux, lors-
« qu'ils entendront tout le tintamarre, même d'une
« petite guerre, lorsqu'ils chargeront sur des batail-
« lons carrés vomissant à torrents feu, flamme et
« fumée? »

A la page 11, M. Riquet rapporte quelques passages des auteurs anciens et modernes pour démontrer les inconvénients du calorique sur le pied. Il cite Bracy-

Clark ; mais cet auteur ne s'adresse pas le moins du monde à ceux qui pratiquent la ferrure à chaud, puisqu'il ne reconnaît que l'opération à froid ; ses reproches ne sont applicables qu'aux partisans de cette dernière. « Les pieds, dit-il, qui sont soumis à la ferrure, privés par le fait du fer des mouvements que la nature les avait destinés à remplir, se serrent, s'atrophient en partie, pour ainsi dire, et se détériorent de différentes manières. »

Comme on le voit, le passage cité par M. Riquet n'a aucun rapport avec l'action du calorique sur le pied. — B. Clark déplore simplement la perte du mouvement du pied résultant de la ferrure en général.

Cet auteur rapporte un passage de Girard père, qui, comme le premier, n'attaque pas l'action du calorique, mais s'adresse à la ferrure de tous les systèmes. Quant aux reproches de Goodwin, relativement à la ferrure à chaud, ils sont d'une exagération incroyable... Jamais un maréchal de l'armée ne s'aviserait d'employer le moyen qu'il rapporte : « Afin, dit Goodwin, d'amollir la corne et de l'enlever plus aisément à l'aide du couteau, on prend dans le foyer une pellée de charbons ardents qu'on tient près de la base du pied pendant quelques minutes !!! » M. Goodwin aurait dû dire, pour rendre le cas plus palpitant, que quelques-uns mettaient le pied dans le foyer !! Quant à Havoux, ses recommandations sont celles de tous les praticiens : « Laisser le fer le moins longtemps possible sur le pied. »

Richard Lawrence, dont parle encore M. Riquet, conseille de ne pas appliquer le fer chaud sur le pied, et encore moins de l'y appliquer rouge, pas même en prenant la mesure...

M. Richard ignorait le résultat des expériences de MM. Delafond et Reynal, et cela est bien pardonnable, puisque ses écrits datent de 1806.

M. Delafond, après de nombreuses expériences pu-

bliées en 1845 (Recueil, page 951), est arrivé aux résultats suivants :

1° Le fer chauffé au rouge noir, la partie de la sole
carbonisée n'ayant pas été enlevée avec le boutoir,
transmet pendant le même temps plus de calorique
dans les tissus vivants que le fer chauffé au rouge cerise.

2° L'épaisseur de la sole étant la même, le fer
chauffé au rouge noir détermine une brûlure plus vive
et plus profonde que le fer chauffé au rouge cerise.

3° Ces expériences confirment ce qui avait été dit
en 1758 par Lafosse père, que ce n'est point le fer
chauffé au rouge cerise qui occasionne le plus souvent
la brûlure de la sole charnue, mais bien le fer porté
au rouge obscur ou noir.

On peut en dire autant du passage de Huzard père
cité aussi par M. Riquet.

Enfin, pour ce qui est du vingt-deuxième reproche
fait par Lafosse à la ferrure, tous les praticiens se rappellent la réponse des maîtres maréchaux de Paris à
ce propos. La voici textuellement :

« Le défaut est le même que le précédent (1-2)
(attendrir la sole avec un fer chaud), et nous en avons
dit ce qu'il convient. Pour ce qui est de la chair cannelée qui se détache de la corne cannelée, c'est un narré
qui ne gît que dans la tête de l'auteur, et qui est de son
invention. S'il disait que la sole d'un cheval qui a été
chauffée, quelquefois le fait boiter, quand il se forme
des sérosités sous la sole, cela serait vraisemblable. »

Ainsi donc, en se servant des armes mêmes de M. Riquet, on arrive à prouver : ou que ses citations ne se
rapportent pas à la ferrure à chaud, ou que les auteurs
qu'il invoque ignoraient l'action du calorique sur le
sabot et son mode d'irradiation.

Chaque innovateur voulant faire ressortir les avantages de son système, désirant captiver l'attention de
ses lecteurs, invoque toujours l'intérêt général au bien

---

(1) *Recueil vétérinaire*, année 1851, p. 302. (*Biblioth. vétér.*)
(2) *Réponse des maîtres maréchaux*. Paris, 1758.

duquel son travail semble destiné. **M. Riquet** (p. 29) assure que la dégradation de l'espèce chevaline, le dépérissement et la dégénération de certains chevaux de race, doivent être attribués non-seulement aux accouplements mal assortis, mais encore à l'influence des systèmes vicieux de ferrure. Quel singulier rapprochement !! **M. Riquet** n'a même pas fait une exception en faveur du système Perrier, qui, lui aussi, arrive à peu près à une conclusion semblable, et cherche à démontrer l'importance de la forme et de l'aplomb naturel du sabot du cheval pour la conservation de ses qualités, et cela, à l'aide d'un tout autre système, ce qui semblerait indiquer que tous les chemins conduisent... souvent au même endroit.

M. Riquet assure encore que, sous l'influence de la ferrure, l'existence du cheval est considérablement abrégée, que les chevaux sauvages ou ceux qui ne sont pas ferrés vivent plus longtemps que les animaux ferrés. Je ne sais jusqu'à quel point cette proposition est fondée. Il est fort difficile d'abord de vérifier l'âge des chevaux sauvages, et, d'un autre côté, il est loin d'être prouvé que la ferrure bien exécutée a une action aussi funeste que veut bien l'indiquer **M. Riquet**. Bouley jeune proposait de faire voir des chevaux qui étaient ferrés depuis plus de quinze ans, par le procédé usuel, et qui avaient encore des pieds modèles. Et sans aller si loin, chaque corps possède un certain nombre de chevaux de quinze à dix-huit et même vingt ans qui ont encore d'excellents pieds.

M. Raynal est le premier vétérinaire militaire qui se soit levé pour protester contre la méthode à froid. Il a démontré facilement, et à l'aide d'arguments solides, que la ferrure à chaud était préférable à tous égards. Voici, du reste, quelles sont les conclusions qu'il a adoptées :

« 1° Que la ferrure à froid, appliquée d'une manière générale, offre plus d'inconvénients que d'avantages, surtout lorsqu'elle est pratiquée par des maréchaux de force ordinaire ;

« 2° Que sa pratique, longtemps continuée, donne une fausse direction à la paroi des quartiers, hâte la détérioration des pieds dérobés, et rend la muraille écailleuse ;

« 3° Que plusieurs de ses inconvénients, loin d'être, comme dans la ferrure à chaud, le résultat de l'inattention ou de l'ignorance de l'ouvrier, sont inhérents à la méthode elle-même ;

« 4° Que les fers appliqués à froid sur les pieds sont moins solides et ont une durée moins longue que ceux posés à chaud ;

« 5° Que la ferrure à chaud, méthodiquement pratiquée, n'est pas nuisible, et que le secours qu'elle demande au calorique ne produit point le resserrement des pieds ;

« 6° Que cette même méthode, exécutée par un ouvrier de force ordinaire, conservera mieux que la ferrure à froid l'intégrité de la forme du sabot et la rectitude des aplombs ;

« 7° Enfin, que la ferrure à chaud, avec une surveillance et un entretien bien moins grands, donnera de meilleurs résultats sous le triple rapport de la durée, de la solidité du fer et de la conservation de la corne. »

M. Vatel, au nom de la commission chargée d'examiner le travail de M. Reynal, exprimait ainsi l'opinion de cette même commission (1).

« 1° La ferrure à chaud est incontestablement supérieure à la ferrure à froid, en ce sens qu'elle permet toujours à l'ouvrier de confectionner le fer pour le pied, règle fondamentale de toute bonne maréchalerie ;

« 2° Que la ferrure à froid, qui n'a pas ce précieux avantage, qui est d'une exécution plus difficile et plus longue, et qui est moins solide, et, par consé-

____

(1) *Recueil de méd. vétérin.*, année 1845, p. 803. Les membres de la commission étaient MM. Vatel, Barthélemy jeune, Bouley jeune, Crépin et Riquet.

quent, moins durable, peut et doit, dans des circonstances exceptionnelles, être utilement mise en usage; mais qu'elle ne saurait être généralement substituée à la ferrure à chaud; que les avantages attribués à la ferrure podométrique, notamment celui qui permet de préparer les fers à l'avance, les chevaux n'étant pas amenés à la forge, ne sont pas suffisamment démontrés, et que, dans tous les cas, le fussent-ils, ils ne pourraient compenser les inconvénients inhérents à ce procédé. »

M. Riquet, en répondant à M. Raynal (séance du 26 octobre 1845), cherche à démontrer qu'il n'a nullement prétendu être le premier qui donnât l'idée de ferrer quelquefois à froid; malheureusement, et un peu plus bas, il fait la lecture d'une partie de son introduction qui le condamne formellement, car il termine ainsi : « Nous nous serions abstenu d'aborder cette matière, si nous n'avions à faire connaître *la découverte d'un nouveau procédé de ferrure.....* » Pourquoi donc chercher à nier le sens d'une phrase aussi claire, et qui ne laissait prise à aucune interprétation contraire?

M. Raynal est dans le vrai quand il affirme que la brûlure de la sole est un accident rare et peu grave. Les citations de M. Riquet ne sont pas heureuses, y compris celle de Lafosse.

Cet auteur demande comment on expliquera les motifs qui, depuis plusieurs années, portent les officiers des corps, et l'administration de l'Ecole royale de cavalerie, à sacrifier les intérêts du service ainsi qu'à compromettre leur responsabilité, en signalant, comme pouvant être adopté avec avantage, à M. le Ministre de la guerre, un mode de ferrure qui aurait l'inconvénient de produire beaucoup de pieds dérobés, de détruire la forme normale du pied, etc., etc.

M. Riquet n'a sans doute pas été le seul à formuler une semblable demande; pour notre compte, nous avons remarqué qu'au milieu de la réprobation presque générale qu'a suscitée cette méthode, une seule

chose nous étonnait encore : c'est qu'elle ait pu vivre
aussi longtemps.

Au lieu de citer l'opinion du vétérinaire de l'École
de Saumur (1), pour prouver que sa ferrure à froid
était plus solide, M. Riquet aurait dû s'aider de l'expérience de tous les vétérinaires d'Afrique. En effet,
sa méthode devait avoir pour but principal d'habituer
les maréchaux, pendant la paix, à devenir habiles,
afin qu'au moment de la guerre, ils pussent pratiquer
sans hésitation cette ferrure sur tous les chevaux.
N'était-il pas plus rationnel, en pareil cas, de demander l'avis des vétérinaires les plus compétents?

Il est certain qu'en campagne on ferre à froid,
quand même ; mais alors on dit : « A la guerre comme
à la guerre !! » Il n'en est pas moins vrai que, dès
qu'on arrive dans un endroit où il y a un foyer, les
maréchaux s'empressent d'aller corriger les erreurs
de la ferrure à froid.

Dans tous les cas, est-ce à dire, parce que la tente,
par exemple, est le meilleur moyen d'abriter le soldat
à la guerre, pour qu'on aille, en temps de paix, le
faire coucher sur la terre et sous la toile ? Pour la
même raison, parce qu'un jour, le cheval de guerre
devra vivre de privations, s'ensuit-il qu'il faille, pendant le calme de la garnison, l'habituer au jeûne et
l'exténuer de fatigue ?

M. Delafond a dit que l'exécution dispendieuse,
lente, difficile de cette ferrure, et surtout son peu de
solidité, les défectuosités, les maladies du pied qui
peuvent en être la conséquence, sont des inconvénients graves, sérieux, inséparables de ce procédé,
qu'il soit podométrique ou non, inconvénients qui
n'appartiennent point à la ferrure à chaud (2);

---

(1) On s'est appuyé, dit M. Renault, pour soutenir la ferrure podométrique, de l'opinion de l'Ecole de Saumur. Je ne sais jusqu'à quel
point on peut attacher de la valeur à cette opinion ; car si le vétérinaire de l'Ecole de cavalerie approuve le système, il est certainement
désapprouvé par le professeur de maréchalerie de cette Ecole, qui est
vétérinaire.

(2) *Recueil de méd. vétér.*, 1845, p. 979 et 981.

Que la ferrure à chaud, rationnellement mise en pratique sur un bon pied, est économique, expéditive, facile, propre, et surtout solide ; avantages incontestables qui l'emportent sur ceux de la ferrure à froid.

M. Barthélemy jeune (1) exprime son opinion à l'aide de ce résumé :

« 1° Que la ferrure à froid était la seule pratiquée autrefois ; que ce n'est guère que depuis un siècle et demi qu'elle a été abandonnée dans les contrées où les arts et les sciences ont fait le plus de progrès, parce qu'elle n'offrait que peu de solidité, et que les chevaux se déferraient facilement en route ;

« 2° Que cette ferrure a été avantageusement remplacée par la ferrure à chaud, qui est la seule convenable pour les chevaux qui travaillent beaucoup ;

« 3° Que l'application du fer chaud sur le pied du cheval, en suivant les principes de l'art, n'offre aucun danger et qu'elle n'altère nullement le pied ;

« 4° Que la ferrure dite podométrique n'est pas plus utile pour les chevaux de troupe qu'elle ne l'est pour les chevaux employés dans le civil ;

« 5° Enfin, qu'il y a tout lieu d'espérer que M. le Ministre de la guerre, mieux renseigné sur la ferrure à chaud, rapportera son ordonnance de fraîche date, qui prescrit exclusivement la ferrure à froid pour les chevaux de troupe. »

M. Bouley jeune (1845, page 1013 *du Recueil*) observe que la ferrure à chaud permet d'appliquer le fer en contact parfait avec le bord plantaire de la paroi, et la ferrure en demeure plus solide ; tandis que, dans la ferrure à froid, il est impossible que le pied soit aussi exactement nivelé, et conséquemment que ses rapports avec le fer soient aussi exacts. Il dit plus loin : « La ferrure à chaud souffre la médiocrité de la part de l'ouvrier. La ferrure à froid ne veut pas d'ouvriers médiocres ; cette dernière est une imperfection si on la compare à la ferrure à chaud. Depuis trente-cinq

---

(1) *Recueil de méd. vétér.*, 1845, p. 1011.

ans qu'il exerce dans Paris, il est encore à se demander ce que c'est que la brûlure de la sole, comme accident grave de la ferrure ; c'est là, ajoute-t-il, une sorte de Croque-mitaine à l'usage des gens qui ne sont pas du métier ; mais pour nous, c'est une chimère.»

Au grand étonnement de tous les praticiens les plus distingués de la vétérinaire, à l'étonnement encore plus profond d'un grand nombre de vétérinaires militaires, une voix amie s'éleva du milieu de la Société centrale pour plaider pour ainsi dire la cause de M. Riquet. M. Barthélemy aîné(1), prenant le contre-pied de tous les inconvénients reprochés à la ferrure à froid, tenta, avec son éloquence persuasive, de gagner des partisans pour la méthode à froid ; mais il trouva peu d'échos lorsqu'il eut déclaré que la ferrure à froid devait être placée au premier rang.

M. Renaud (2), tout en reconnaissant que l'action du calorique peut à la longue déterminer des boiteries, par suite des resserrements des sabots, observe que les brûlures qui sont les conséquences immédiates de l'application du calorique sous le pied sont loin d'être aussi fréquentes que M. Barthélemy aîné l'a prétendu, dans l'armée surtout, où le défaut d'habileté des ouvriers laisse au sabot un excès de longueur qui doit le protéger contre le contact du fer chaud.

M. Renaud prouve que, onze ans avant que M. Riquet fît connaître le podomètre , un professeur allemand, M. Rusken, avait décrit un instrument destiné à prendre la circonférence externe du sabot, à son bord plantaire, et qu'il avait appelé *huf-messer*.

M. Renaud ne croit pas qu'à l'aide du podomètre la ferrure à froid puisse être pratiquée avec *économie*, *vitesse* et *solidité*. Implicitement, il exprime le regret

---

(1) M. Barthélemy jeune, dans une de ses réponses, dit : « Un de nos honorables collègues nous a fait l'apologie de la ferrure podométrique, et il l'a faite en termes éloquents et chaleureux, dignes d'une meilleure cause, mais qui ne nous ont nullement convaincu. » (*Recueil*, 1846, p, 241.)

(2) *Recueil vétér.*, 1846, p. 162.

que l'administration de la guerre se soit tant hâtée d'en imposer l'emploi exclusif à l'armée.

M. Petit (1) n'approuve pas la ferrure à froid. La brûlure de la sole n'est, d'après lui, que la colonne de soutien du podomètre. Il dit que les outils seuls bien maniés font le bon ouvrage; et quand un homme est inhabile, on aura beau interposer entre ses yeux et ses mains le plus parfait des podomètres, on ne donnera pas à son intelligence ce qui lui manque, à ses mains l'habileté dont elles sont dénuées.

M. Girard (2) assure que Chabert n'aurait pas été partisan ni de la ferrure à froid ni du podomètre. Chabert défendait à ses élèves de se servir de mesure; il voulait que le coup d'œil suffît pour confectionner et appliquer le fer. Tous ceux qui dérogeaient à cette recommandation étaient appelés *mazettes*.

M. Crépin (3) a certainement fait la critique la plus vraie, la plus spirituelle, que nous sachions, de la ferrure à froid et de son associé le podomètre... Tout est à citer d'un bout à l'autre. C'est une exacte et charmante peinture de genre.

M. Rossignol (4), tout en trouvant très-louable l'idée de M. Riquet, observe finement qu'il a mis le remède à côté du mal. Selon lui, le podomètre n'est viable qu'à la condition d'être amélioré, car il ne saurait être adopté tel qu'il a été conçu par l'inventeur. On se plaint généralement de la faiblesse des maréchaux dans les régiments ; ce n'était certainement pas en leur mettant entre les mains un podomètre qu'on a pu développer leur intelligence. Enfin, pour ce qui est de la partie matérielle de la ferrure, c'est à l'aide d'un registre, d'un patron de papier et d'un podomètre que l'ouvrier doit agir; partout il rencontre la volonté d'un autre, nulle part on ne lui demande d'intelligence, de coup d'œil; son rôle est partout celui d'une méca-

---

(1) *Recueil de méd. vétér.*, année 1846, p. 166.
(2) *Id.*, p. 167.
(3) *Recueil*, 1855, p. 530.
(4) *Recueil vétér.*, année 1846, p. 262.

que ; et c'est ainsi qu'on a parlé d'améliorer la ferrure dans les régiments.

M. Rossignol rappelle que, la première condition de bonne ferrure, c'est d'avoir de bons ouvriers ; faites pour eux dans l'armée ce que nous faisons pour eux dans le civil ; voilà le remède, voilà ce qui vaudrait mieux que tous les podomètres présents et à venir. En résumé, ce praticien considère la ferrure à chaud comme incontestablement supérieure à la ferrure à froid, pour la prompte exécution, la solidité, l'élégance, et même pour la conservation du pied ; elle doit être préférée à la ferrure à froid 19 fois sur 20 ! !

M. Delaguette (1) croit à la supériorité de la ferrure à chaud ; le fer posé à froid n'est, d'après lui, jamais aussi exactement adapté que dans la ferrure à chaud, parce que, dans le premier cas, la corne est dure et réagit contre le fer à chaque percussion du brochoir, tandis que, dans le second, elle est molle et cède, ce qui permet la superposition plus exacte des surfaces.

M. H. Bouley n'a pas craint d'affirmer que la ferrure à chaud était, à tous égards, absolument préférable à la ferrure à froid, quels que soient les moyens dont on se serve jamais pour l'appliquer,

La Société centrale vétérinaire, dans la séance du 12 février 1846, déclarait (2) :

« 1° Que la ferrure à chaud est incontestablement supérieure à la ferrure à froid, exécutée par les procédés conseillés et mis en usage jusqu'à ce jour, en ce sens qu'elle permet toujours à l'ouvrier de confectionner le fer pour le pied, règle fondamentale de toute bonne maréchalerie, avantage immense que la ferrure à froid ne peut présenter ;

« 2° Que la ferrure à froid, pratiquée au moyen des procédés actuellement connus, en même temps qu'elle est d'une exécution généralement plus difficile

____

(1) *Recueil vétér.*, p. 343,
(2) *Recueil vétér.*, p. 476, année 1846.

et plus longue, et par cette dernière raison plus dispendieuse, est généralement moins solide et moins
durable ;

« 3° Mais néanmoins que, pratiquée convenablement par une main habile, la ferrure à froid peut être
mise en usage sans trop de danger et même utilement
dans quelques circonstances exceptionnelles ;

« 4° Que les inconvénients reprochés à la ferrure à
chaud sont également applicables à la ferrure à froid,
excepté toutefois la brûlure de la sole ;

« 5° Que ce dernier accident, d'ailleurs très-rare,
ne produit presque jamais les funestes effets qu'on lui
a attribués ;

« 6° Qu'il n'existe par conséquent, aujourd'hui,
aucune raison plausible et valable pour substituer la
ferrure à froid à la ferrure à chaud ;

« 7° Enfin, que les avantages attribués à la ferrure
dite podométrique, notamment celui qui permet de
préparer les fers d'avance, en l'absence des chevaux,
et de les appliquer hors des ateliers, ne sont pas suffisamment démontrés, et que, dans tous les cas, le
fussent-ils, ils ne pourraient compenser les inconvénients inhérents à ce procédé. »

Plus tard, l'expérience vint enfin confirmer tardive-
ment que cette méthode était plus nuisible qu'utile,
et en 1852, les vétérinaires militaires n'avaient pour
ainsi dire qu'une voix pour condamner cette méthode
surannée et qui avait fait tant de mal à la cavalerie.
Puisque M. Riquet avait l'habitude d'invoquer les
chiffres, c'était bien le cas d'entrevoir sa défaite prochaine. En 1852 (1), quatorze vétérinaires militaires,
sur cent neuf, étaient partisans déclarés de la ferrure
à froid. Les rôles étaient bien changés ; les combats
livrés sans cesse à la ferrure à chaud, par M. Riquet
et ses quelques adhérents, et avec une apparence de
succès, durent s'effacer devant l'approche d'une vic-

____

(1) 6ᵉ volume du *Recueil des Mémoires et Observations sur l'hygiène et la méd. vétér. milit*, p. 188.

toire prochaine, éclatante et complète, guidée qu'elle était par une expérience vieille de huit années.

Les quatorze vétérinaires, restés fidèles au drapeau podométrique, y voyaient comme avantages : qu'on évitait la brûlure de la sole, le rétrécissement du sabot et même l'encastelure, que l'on habituait les ouvriers à ferrer dans toutes les circonstances, que les chevaux se défendaient moins, et n'étaient pas exposés à la forge, aux intempéries et au mauvais temps. Néanmoins, cette ferrure n'était pas pour eux sans reproches ; ainsi, ils se plaignaient de la médiocrité des ouvriers des régiments pour la pratiquer convenablement. « Ce qui revient à dire que cette méthode était impraticable dans la cavalerie ! »

En 1853, cette méthode fut définitivement remplacée par la ferrure à chaud, qui, plus que jamais, parut supérieure et plus rationnelle.

Ainsi donc se trouvent réalisés les vœux de M. Riquet lui-même, qui disait en 1846, page 361 du *Recueil vétérinaire* :

« Cependant, si, contrairement aux résultats obtenus jusqu'à ce jour, le temps venait plus tard à démontrer que ce système de ferrure est sans avantage, il tombera ; si, au contraire, il continue à prouver qu'il est bon, il restera. »

Eh bien ! il est tombé.... donc, il était sans avantage !

Si nous n'avions rien à ajouter aux idées qui ont été le fruit de tant de discussions savantes, qui résultent de l'examen de mémoires remarquables et de critiques spirituelles de cette méthode à froid, nous pourrions arrêter ici nos investigations ; mais, nous l'avons annoncé au début, nous désirons donner un résumé succinct de nos derniers rapports d'Afrique qui renferment des idées sur lesquelles on a peu insisté, ou qui n'ont pas été exposées.

Faire connaître les résultats obtenus par la substitution de la ferrure à froid, dite podométrique, à la ferrure à chaud anciennement employée.

Avant de chercher à résoudre une question aussi importante, et qui, à tous égards, mérite d'être prise en considération par toutes les personnes s'intéressant véritablement à notre cavalerie, j'avoue qu'en fait de système de ferrure je ne reconnais et n'apprécie que celui qui me paraît le plus convenable pour la conservation de la forme du pied, qui favorise le plus possible son élasticité, qui réunit le plus de conditions *de solidité, de vitesse, d'économie*, qui conserve le mieux les aplombs, et qui enfin détermine le moins d'accidents immédiats ou médiats.

Ce ne sont pas des idées que je vais chercher à combattre, mais bien des faits basés sur la pratique et l'observation journalières que je me propose d'exposer. Je vais tâcher de prouver, sans circonlocutions, et en m'aidant de la démonstration presque mathématique, que le mode de ferrure à froid, considéré en thèse générale, est loin de posséder tous les avantages qu'on s'est plu à lui reconnaître au moment de son introduction. J'espère qu'on ne verra dans mes attaques contre le système podométrique qu'une seule intention : celle de me rendre utile en cherchant à exposer la vérité.

Je le sais, la ferrure à froid compte bon nombre de partisans, surtout parmi les personnes moins intéressées que nous à juger sainement cette question toute pratique. En effet, cette méthode flatte tout d'abord : ferrer les chevaux à domicile sans blesser les pieds, sans fausser les aplombs, sans mettre les ouvriers en danger d'accidents graves ; ajoutez à cela l'assurance du bien-être moral du cheval, l'abolition des procédés barbares, la cessation des désordres pathologiques résultant de l'influence du calorique, que sais-je enfin ! Économie d'argent ! de temps !... Tel est le résumé des principaux avantages assurés par ce procédé. Nous le déclarons, nous sommes loin de partager cette opinion, et nous répondons aux conclusions de l'honorable M. Riquet : Que la maréchalerie française n'entre pas le moins du monde dans une nouvelle voie de progrès, que l'armée surtout est loin de participer au bénéfice d'une découverte dont l'importance est plus que douteuse. Le procédé de ferrure à froid était si peu approuvé à l'unanimité par les sommités hippiques que possède la France, d'après les conclusions de son auteur, que la déclaration de la Société centrale vétérinaire était résumée ainsi qu'il suit (*Bulletin* de la séance du 12 février 1846) :

« 1° La ferrure à chaud est incontestablement supérieure à la ferrure à froid, exécutée par les procédés conseillés et mis en usage jusqu'à ce jour, en ce sens qu'elle permet toujours à l'ouvrier de confectionner le fer pour le pied, règle fondamentale de toute bonne maréchalerie, avantage immense que le fer à froid ne peut présenter. »

Ce premier article est très-explicite : aussi l'adoptons-nous sans réserve. Nous voudrions que la ferrure à froid ne fût mise en usage qu'en campagne, puisque c'est un mal nécessaire, et dans quelques cas exceptionnels, par exemple sur quelques pieds plats et combles, sur ceux qui ont la sole et le paroi faibles.

Le podomètre de M. Riquet est *l'indispensable* de la ferrure à froid ; c'est un instrument très-articulé, espèce de tænia métallique, ou chaîne de Vaucanson, comme le dirait M. Crépin. Il est beaucoup trop compliqué et très-incommode pour atteindre son but ; dans tous les cas, et quoi qu'en dise son auteur, il ne procure qu'imparfaitement le contour de l'ongle, et ne peut indiquer la conformation de la sole, son degré de convexité, la mesure de l'ajusture, la nature et la direction de la paroi, et enfin la manière dont le cheval use. Je ne sache pas que cet instrument ait eu le moindre succès en Afrique. En expédition, là surtout où il pourrait rendre quelque service et trouver sa véritable application, eh bien ! il est d'une nullité

complète ; il est bientôt rouillé, tordu, oublié ou hors
de service. Nous ne dirons rien des autres podomètres,
regrettant néanmoins que des praticiens sérieux se
soient creusés le cerveau pour chercher le perfectionnement de ce hors-d'œuvre en maréchalerie. D'ailleurs, le coup d'œil n'est-il pas le meilleur podomètre
en campagne ? n'arrive-t-il pas plus promptement au
but ? Ce podomètre est essentiel en Afrique, le coup
d'œil !... Bien des cavaliers lui doivent la vie. Si le
maréchal s'amusait à faire de la podométrie devant
les Arabes, il aurait, vingt fois pour une, l'occasion de
se faire couper la tête. Quant aux registres, c'est une
mauvaise plaisanterie en campagne : le maréchal a
bien d'autres préoccupations et occupations !... Ses
fers, ses outils et ses clous ne lui donnent-ils pas
assez de tracas ? Pendant près de neuf ans passés en
Algérie, il nous a été loisible de formuler à l'aise
notre opinion et d'observer tous les inconvénients
inhérents à cette malheureuse découverte.

Nous sommes bien de l'avis de M. Crépin, lorsqu'il
nous observe dans son style si attrayant : « Que cet
accord du sens de la vue avec la volonté d'exécution
et avec l'action de la main, cette faculté acquise de
mettre sans compas et sans mesure une chose que l'on
façonne, en rapport de forme et de dimension avec un
objet donné, se trouve, plus que ne le croirait un
observateur superficiel, chez les ouvriers maréchaux
qui, sur la présentation d'un fer, forgent son pareil
avec la plus parfaite exactitude, même forme, même
poids, même couverture, même espacement entre les
étampures ; qui, à la vue d'un pied, ajustent du premier coup, sans tâtonner, le fer qui convient. Tout
cela s'opère par l'habitude acquise, habitude qu'il est
bon de favoriser en forçant les ouvriers à se passer
des mesures et que l'usage du podomètre annulerait
complétement, au grand dommage de tout le monde. »

En y réfléchissant sérieusement, on doit se demander : Quelle est la limite bien tranchée, quelle est la
forme dernière auxquelles il faille s'en rapporter pour

formuler, dessiner sur le registre l'unité de mesure, nous voulons dire la forme du patron? Cette forme, comme nous l'observons après nos expéditions, surtout dans le sud, ne varie-t-elle pas sans cesse? Quel sera donc l'ouvrier assez adroit pour arriver à coup sûr à cette même limite, lorsqu'il viendra à parer le pied la deuxième ou la troisième fois?

S'il n'y arrive pas, tout l'échafaudage podométrique est détruit, et il faudra recommencer à grand'peine les patrons, refaire les dessins. Si l'ouvrier néglige cette précaution, s'il s'obstine à placer quand même, et c'est ce qu'il fait, puisque c'est plus économique pour lui, alors il façonne le pied pour le fer.

Le *drawing knife* ne saurait remplacer avantageusement l'instrument français; et bien que ce dernier ait un aspect moins séduisant, toujours est-il que nos ouvriers s'en servent avec plus d'habileté. La nouvelle râpe est meilleure, mais elle coûte plus cher.

Pour ce qui est de la ferrure, elle est moins solide, dure moins longtemps, est d'une exécution plus difficile et plus longue, fausse davantage les aplombs, est moins économique, et produit, sauf la brûlure, autant d'accidents immédiats.

Elle est moins solide, parce que le fer a moins de points de contact avec la face plantaire de la paroi; en faisant déferrer un pied sur lequel le fer aurait été appliqué d'après la méthode podométrique, on aperçoit facilement les seuls points coïncidents, en faisant porter le fer à chaud. Il est bien entendu que je n'entends parler ici que de la ferrure pratiquée par la classe moyenne des maréchaux, les quelques bons ouvriers qu'on possède pouvant aussi bien ferrer à froid qu'à chaud; mais c'est l'exception. Puisque le fer s'adapte moins bien, il doit faire ressort et déterminer les contusions, les bleimes et les seimes. La ferrure est moins solide, puisque les clous sont ébranlés par les déplacements du fer, et que le pinçon, comme le disent les maréchaux, est moins bien encastré dans la paroi. Si cette ferrure est moins solide, elle doit durer moins

longtemps, et doit enfin être moins économique. C'est
là une conséquence essentiellement logique.

Maintenant, nous allons expliquer succinctement
pourquoi elle est d'une confection plus difficile; plus
qu'en France, il nous est permis de faire de nombreuses remarques comparatives.

La plupart des fers emportés en expédition, à l'a-
dresse de tel ou tel cheval, ajustés et poinçonnés,
conviennent rarement et ne peuvent, au bout de quelque temps, atteindre le but pour lequel on les desti-
nait. A cet égard, il y a des mécomptes incroyables
sur le sol africain.

En effet, il faut admettre qu'au moment où le maréchal a pris la mesure du pied, ce dernier était abattu
et paré le plus convenablement possible, de telle façon
qu'il pût servir, en quelque sorte, d'original pour le
patron, soit : *fig.* 1re.

En route, en expédition, par exemple, un pied se
déferre, la paroi a éclaté, la sole est usée, la base
du cône tronqué qu'offre à peu près le sabot présente
alors une circonférence moindre, et est réduite à A;
le fer est trop grand, il ne peut être appliqué, il faut
en choisir un autre à peu près semblable dans le pelo-
ton ou l'escadron, sans quoi on s'expose à rendre le
cheval boiteux, si on veut l'appliquer quand même.

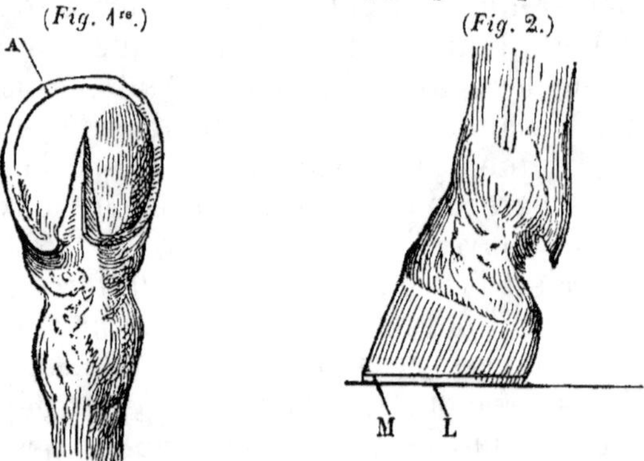

La *fig.* 2 nous laisse voir le pied posé à terre, et
avec les deux degrés d'amincissement, L, M, la base

du cône ne peut avoir, dans le dernier cas, la même
étendue. Au surplus, on pourrait, si cela était nécessaire, résoudre cette question mathématiquement.

Comme c'est surtout pour les routes et en campagne qu'au dire de M. Riquet ce procédé offre des
avantages réels, supposons un instant que le maréchal
veuille appliquer ce fer ajusté d'avance sur les données exactes du patron, voici encore ce qui peut arriver : c'est qu'après six semaines, deux mois, le pied a
pu s'élargir (le cas est rare) ou se rétrécir; les talons,
sous l'influence d'une chaleur et d'un sol brûlants, ont
pu se resserrer; voilà donc un fer qu'on ne pourra
placer, des clous qui pourront gêner. Dans ce cas,
l'ouvrier devra donc façonner le pied pour le fer, et
c'est précisément ce qu'on reproche à cette méthode,
qui met de côté toutes les saines théories de notre
maréchalerie française.

Mais je veux arriver au cas le plus ordinaire : un
cheval est amené au maréchal, le cavalier lui apporte
le fer tout ajusté, le pied est abattu, paré, râpé convenablement; l'ouvrier doit être prudent, et bien se
rappeler ce qu'il doit enlever de corne; pour que son
fer soit bien en contact avec la paroi et en suive bien
les contours, il ne doit parer ni trop ni trop peu; car,
dans le premier cas, son fer se-
rait trop grand ; dans le second,
il ne garnirait pas du tout et ne
pourrait même serrer le pied.

Admettons le cas le plus heureux, qu'il soit arrivé juste; il
broche et rive ses clous, etc.
Voilà un pied ferré en o (*Fig.*
3).

Mais, pour l'autre, il peut être
moins habile, manquer de coup
d'œil; il abat et pare trop ou
pas régulièrement, et ce cas arrive souvent; dans ce dernier
cas, ce fer, tout préparé d'après

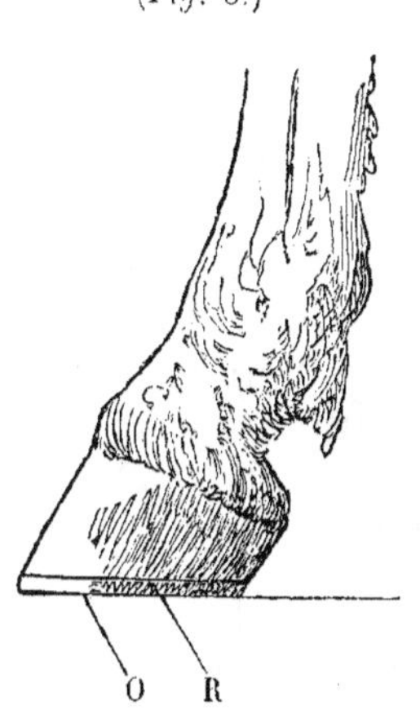

la méthode à froid, ne pose pas bien : alors le maréchal cherche encore à niveler la paroi, et tellement, qu'il s'aperçoit qu'il est temps d'arrêter, car il est arrivé en n. Il faut qu'il pose le fer tel quel, et encore son pied est-il plus petit que l'autre.

Ces inconvénients ne peuvent exister avec la ferrure à chaud ; le maréchal arrive près du pied, fait poser lestement son fer chaud, observe, enlève aussitôt la partie carbonisée, et a un guide qui lui dit d'ouvrir ou de resserrer, de donner telle tournure plutôt que telle autre ; il ne ferre alors qu'avec connaissance de cause. Enfin, autre inconvénient qui se reproduit journellement : le maréchal timide, qui craint de trop abattre et parer, tombe dans un défaut contraire ; il ne trouve rien de mieux, alors, que de rogner la paroi et de la façonner pour le fer. Cette habitude est encore plus pernicieuse ; elle amène infailliblement des boiteries souvent incurables, des resserrements de talons ; les chevaux marchent comme sur des épines, paraissent pris des épaules et tombent souvent fourbus.

D'après toutes ces considérations, n'est-on pas en droit de dire que la ferrure à froid est moins solide, dure moins, est moins économique et d'une confection difficile ? Chaque ouvrier, ayant un abonnement, est le premier intéressé à parer le plus solidement possible, et il est évident que, moins il se perdra de fers, plus il aura de gain. Si la ferrure à froid avait réellement des avantages, les ouvriers, les premiers, se seraient empressés de l'adopter. Ce n'est donc pas la paresse du maréchal qui a fait repousser la méthode à froid, comme l'a dit M. Riquet, mais bien tous les inconvénients qui s'y rattachent, et qui sont aussi nuisibles pour les chevaux qu'onéreux pour nos ouvriers ferrants.

Les inconvénients reprochés à la ferrure à chaud lui sont également applicables, moins la brûlure de la sole, accident moins commun qu'on ne le pense, et qui est loin de produire les désordres pathologiques qu'on lui a attribués à tort. Nous sommes assuré qu'à l'aide de la ferrure à chaud, il est plus facile de redresser certains pieds, d'obvier à quelques défauts d'aplomb et de prévenir plusieurs maladies si fréquentes dans nos régiments d'Afrique.

Système de Lafosse père.

Il paraît qu'à l'époque où écrivait Lafosse, il existait au moins autant de systèmes différents que de nos jours, ce qui le portait à dire « que tout le « monde avait cru bien faire et le croit encore ; que « les étrangers qui venaient en France amenaient à « leur suite un maréchal, tous persuadés que leur « pratique à cet égard était préférable à la nôtre ; « mais que nous leur rendions bien la mauvaise opi- « nion qu'ils avaient de nos maréchaux, en raison de « la même précaution quand nous voyagions chez « eux... »

Aujourd'hui, les choses ne se passent-elles pas de la même manière? Nous allons même plus loin, et nous sommes à peu près certain qu'il n'y a pas dix régiments dans l'armée qui ferrent de la même façon.

A quoi cela tient-il ?

Nous l'avons fait connaître incidemment : 1° à la routine, cette pratique aveugle de toutes les époques; 2° à l'esprit systématique ; 3° à la mode. Chacun croit avoir trouvé, et se flatte de faire adopter , ou son système, quand on a pu en créer un plus ou moins spécieux, ou celui d'un autre duquel on s'empare pour le faire prévaloir. Quelques-uns, pour ne rien changer à leurs habitudes, pour ne pas recommencer une nouvelle instruction (1), s'inquiètent peu du progrès; enfin, les derniers s'évertuent à vouloir faire, d'une pratique raisonnée, une question de mode.

Lafosse, tout en reconnaissant et dévoilant les tra-

---

(1) Sous ce rapport, ils sont loin d'imiter M. Geoffroy de Saint-Hilaire, qui avoue avoir passé une partie de sa vie à oublier ce qu'il avait appris d'abord.

vers de son époque, n'en a pas moins cherché à faire adopter son système d'une manière exclusive, et qu'il faut bien le dire, n'approche pas, dans tous les cas, de la perfection. Pour n'en citer qu'un exemple, voyons ce qu'il relate dans sa *Nouvelle Manière de ferrer* (p. 306) : « Un cheval qui aura les talons faibles et sensibles doit être ferré le plus court qu'il est possible, et avec de minces éponges, de manière que la fourchette porte à terre, parce que ses talons, n'ayant rien sous eux, profiteront et seront soulagés. »

En pareil cas, Perrier aurait écrit, à n'en pas douter : « Parez la pince jusqu'à la rosée, ne touchez pas les talons, et mettez un fer à éponges nourries ! » M. Riquet dirait peut-être : « C'est le cas ou jamais de ferrer à froid..... » Et nous d'affirmer que nous adoptons préférablement les conseils de ces deux praticiens, plutôt que celui de Lafosse père.

C'est en prenant ce qu'il y a de bien dans chaque système qu'on arrive à former, en maréchalerie, un résumé solide et essentiellement pratique. On ne saurait ferrer à l'aide de suppositions, d'hypothèses ou de théories spécieuses, n'ayant qu'une application fâcheuse ! ! !...

Avant d'analyser le système de Lafosse, rappelons sommairement ce qu'il pensait de l'élasticité du pied, propriété que nous considérons comme un des meilleurs guides, lorsqu'il s'agit d'adopter un *système raisonné de ferrure à l'usage de la cavalerie.*

Dans notre *Aperçu rétrospectif,* et à la définition de l'élasticité, nous avons observé que Lafosse père n'avait pas, comme l'ont supposé MM. Girard et Bouley jeune (1) et d'autres, découvert cette propriété, telle qu'elle a été démontrée par le savant Clark, et comme le prouve d'ailleurs l'auteur le plus compétent sur cette matière, M. H. Bouley... Néanmoins nous avons répété qu'il avait été peut-être le premier à parler de la

---

(1) Girard, *Traité du pied;* Bouley jeune, *Recueil de méd. vétér.,* année 1845, p. 1012.

flexibilité de l'ongle, cette propriété inhérente à la substance cornée, et qu'il cherchait au moyen de son fer à
croissant. Sans doute c'était là un pas énorme, une
espèce de pressentiment de cette propriété qui,
plus tard, devait mettre B. Clark sur la voie, et qui a
bien dû guider le vétérinaire d'Albion dans ses investigations. *Suum cuique!*...

Recherchons, *in visceribus operis* de notre Lafosse,
si notre opinion à son égard est réellement fondée.

Dans sa *Nouvelle Manière de ferrer*, publiée en 1756,
page 297 : « Le pied, dit-il, est la partie du cheval
« qui se trouve la plus exposée à différents accidents.
« C'est donc à cette partie qu'un maréchal doit le
« plus s'attacher. Comment peut-il y parvenir, s'il
« ne connaît parfaitement la structure et la compo-
« sition des différentes pièces qui servent au *méca-*
« *nisme* de son action ? » Oui ! Lafosse l'a dit, *au méca-*
nisme de son action! et plus loin : « Il serait très-heureux
« pour le cheval de se passer du secours des fers, qui
« ne lui sont utiles que pour la conservation de la
« muraille, la nature ayant pourvu au reste par la
« construction originaire du pied. »

Si nous ne possédions que ces seules citations de
Lafosse, on pourrait croire qu'il a fait allusion à l'é-
lasticité, et alors adopter la manière de voir de Girard père ; car, parfois, le silence est éloquent ; mais
le doute cesse, si nous voulons suivre cet auteur dans
sa description. Partout, en effet, il n'est question que
de la *flexibilité* de l'ongle, et non de ce mécanisme ingénieux si bien décrit par B. Clark.

Lafosse reconnaît à la sole, comme usage principal,
« de préserver la sole charnue des accidents qui pour-
« raient lui arriver par la compression des corps so-
« lides qui se présentent continuellement au pied de
« l'animal. »

Telles sont ses expressions, et rien de plus, relativement aux usages de cette voûte, qui, cependant, offre
un certain intérêt, au point de vue du mécanisme élas-

tique du sabot, en dépit de l'objection spécieuse d'Anker, Perrier et autres (1).

On pourrait s'arrêter à cette citation, et être fixé sur l'opinion de Lafosse ; cependant il est préférable de le suivre, afin d'acquérir de nouvelles preuves de son ignorance au sujet de l'élasticité. (Page 300, 6ᵉ défaut de la ferrure.) « Les fers longs et forts d'éponges, aux pieds qui ont les talons bas, les écrasent et les renversent, les foulent et font boiter le cheval, quoiqu'on relève l'éponge, et qu'on voie du jour entre l'éponge et le talon, en levant le pied ; mais, dès qu'il est à terre, le talon va chercher l'éponge, parce que *le sabot est flexible...* »

D'après lui, il n'est question que *de flexibilité*, et non de cette élasticité pour laquelle la flexibilité n'est qu'un des moyens.

Si Lafosse eût connu cette propriété, en parlant du fer *à la pantoufle* (p. 304), il aurait certainement indiqué quels mouvements auraient été naturellement dévolus, donnés en partage à la paroi, en talons, et mieux indiqué les causes qui s'opposaient à leur jeu normal.

Le cheval qui tire, dit encore Lafosse, appuie premièrement sur la pince, ensuite sur les deux murailles, puis le talon s'abaisse et vient chercher l'éponge du fer (p. 305) (2).

Parmi les avantages de la ferrure, il cite les suivants (p. 308) : « 1° Le faisant marcher sur la fourchette et en partie sur le talon, celle-là se trouve « râpée par le frottement qu'elle éprouve sur la terre « et sur le pavé, s'imprime par le poids du corps dans « les petites cavités et interstices qu'elle y rencontre ; « 2° Par *sa flexibilité*, elle en prend, pour ainsi dire, « l'empreinte et le contour...... »

Et, plus loin : « On pense que les fortes éponges

---

(1) Perrier, comme on le verra plus loin, n'admet pas l'affaissement antérieur de la sole.

(2) C'est une théorie en opposition complète avec celle de Perrier.

« soulagent les talons faibles, en ce que le corps même
« du fer se plie pour aller chercher le talon ; dans
« cette idée, on relève l'éponge et on laisse un vide
« entre elle et le talon.

« Cependant tout le contraire arrive.

« 1° C'est le sabot qui, par *sa flexibilité*, va trouver
« l'éponge du fer qui ne plie jamais, etc., etc. »

Jusqu'ici, comme on a pu s'en convaincre, rien ne
vient rappeler l'élasticité.

Lafosse prétend que, sans l'appui de la fourchette,
il y a une extension outrée du tendon, qui peut aller
jusqu'à l'inflammation. C'est, sans doute, sous l'influence de la même préoccupation que Perrier eut
l'idée d'inventer sa force contentive ; mais, lui, arrive à
neutraliser la puissance, qui ne tend à rien moins qu'à
écarteler les talons, à l'aide de moyens contraires à
ceux de Lafosse : *talons ménagés, éponges nourries!!*

Lafosse cherche à prouver que, si la fourchette ne
peut poser à terre, les molettes, les engorgements ou
gonflements des nerfs, etc., etc., en seront la suite...
Perrier, comme nous venons de l'indiquer, recommande, au contraire, d'élever les talons, afin de prévenir les tiraillements pénibles des tendons fléchisseurs.

En présence de faits, de théories aussi contradictoires, n'est-on pas en droit de s'écrier : *Pauvre maréchalerie ! Pauvres pieds !*

Lafosse, certain du succès, s'étonne qu'on ne se
soit pas avisé plus tôt d'user de cette méthode de ferrer, et il a de la peine à se persuader qu'il en soit l'inventeur...

En résumé, après avoir parcouru l'ouvrage de Lafosse, on est convaincu qu'il n'avait aucune idée de
l'élasticité du pied, cette propriété dont la flexibilité
n'est qu'un attribut, qui résulte tout à la fois de l'a-
gencement de ses différentes pièces cornées, de la
disposition de la structure des parties organiques
sous-jacentes, et constituant enfin un appareil mécanique, comme l'observe M. H. Bouley, admirablement

disposé pour réagir, à la manière d'un ressort élastique, sous l'effort des pressions, et compléter l'ensemble des rouages du système locomoteur.

Lafosse, il est facile de le voir, est dominé par l'idée que la fourchette doit porter sur le sol dans tous les cas : aussi, à l'aide de son système de ferrure, cherche-t-il à atteindre ce but le plus sûrement possible. Dans nul endroit, comme il est facile de s'en convaincre, ce praticien ne parle des aplombs.

Notre mémoire est une espèce de terrain neutre où l'attaque et la défense des divers systèmes doivent également trouver un facile accès, afin de faire connaître auquel d'entre eux il convient d'accorder la préférence, en vue du service des corps de troupes à cheval. Donc, tout en faisant l'analyse des reproches que Lafosse adresse à la ferrure de son époque, nous renvoyons en même temps à la réponse des maîtres maréchaux de Paris, afin d'en tirer un enseignement utile pour la question qui nous occupe. Nous terminerons ensuite par dire ce que nous pensons de la nouvelle manière de ferrer qu'il propose.

« Pour faire triompher sa méthode, a écrit M. Barthélemy jeune, Lafosse père a porté jusqu'aux dernières limites de l'exagération les trente-trois défauts qu'il reprochait à la ferrure pratiquée de son temps. C'est cette extrême et incisive exagération, si souvent à côté de la vérité et si blessante pour les praticiens de l'époque, qui a déterminé, de la part de ceux-ci, la réponse à la nouvelle pratique de ferrer du sieur Lafosse, par les maîtres maréchaux de Paris (1758). »

Défauts de la ferrure reconnus par Lafosse.

1. « Les fers longs et forts d'éponge sont sujets à ne point tenir fermement par leurs pieds, et font péter les rivets. »

Certes, Lafosse pouvait avoir raison quand, sur un pied à paroi faible, seimeuse, je suppose, l'animal devant faire un travail léger sur un sol doux ou sablonneux, on appliquait une semblable ferrure. Nous aussi, nous repoussons de toutes nos forces de tels fers pour nos chevaux de cavalerie. Néanmoins, de nos jours, il pourrait y avoir des exceptions, même dans l'armée ; ainsi, dans l'artillerie et le train des parcs, par exemple, alors que les animaux doivent faire un service exceptionnel, fatigant, sur le pavé ou au milieu de très-mauvais chemins boueux ou caillouteux. Quoi qu'il en soit, la pesanteur du fer doit être en rapport avec la taille et le poids du cheval, l'épaisseur et la force de résistance de la paroi, le service qu'il doit faire, les circonstances exceptionnelles au milieu desquelles il se trouve placé, etc., etc... Quant aux reproches qu'il adresse aux rivets, ils sont peu mérités. Comme tout est relatif, il est évident que, si on est obligé de mettre un fer lourd, on doit mettre des lames en rapport de force avec le poids à retenir, et, pour la même raison, les rivets seront aussi très-solidement arrêtés et encastrés. En somme, ce défaut ne peut être reconnu dans tous les cas, et n'est que l'exception. Jamais un limonier ne saurait marcher sur le pavé de nos villes ou dans certains chemins de carrières, s'il n'avait une ferrure *ad hoc* et autre que celle de Lafosse. La pratique et l'observation sont à coup sûr les meilleurs guides dans de semblables circonstances, et il faut les suivre.

2. « Il faut de gros clous à proportion de la force des fers pour les tenir : ce qui fait éclater la corne, ou souvent ces grosses lames pressent la chair cannelée et la sole charnue, et font boiter le cheval. »

Nous n'avons rien à ajouter à ce que nous avons dit précédemment, c'est-à-dire que tout est relatif. Un fer d'un kilogramme avec de grosses lames proportionnées pour un énorme sabot, ayant une paroi épaisse et solide, appartenant à un cheval excessivement fort et lourd qui doit vaincre certaines résistances, autant par son propre poids que par son énergie musculaire, le feront moins boiter que s'il avait un fer beaucoup trop léger, cédant facilement sous la masse et se faus-

sant aussitôt, et peu en rapport avec le genre de service. De petits clous, pour maintenir un fer léger, sur
un petit pied, mince de paroi, auront, relativement,
tout autant d'inconvénients. Nous le redisons, il faut
une juste mesure en tout et pour tout.

3. « Les chevaux sont sujets à se déferrer par la
longueur des fers, savoir : lorsque le pied de derrière
attrape l'éponge du pied de devant, soit en marchant,
soit en restant en place et mettant le pied l'un sur
l'autre, ou bien entre deux pavés, ou bien dans les
barres des portes, ou sur les ponts-levis des villes de
guerre, ou bien dans les terres fortes. »

Ce défaut, nous l'avons implicitement envisagé dans
la réfutation précédente. Les fers trop longs ne conviennent pas plus pour certains services que les fers
trop courts, voire même à croissant, pour d'autres. Un
cheval destiné aux allures rapides, et prédisposé, par
sa conformation générale, à forger, ne pourrait être
ferré trop long; tandis qu'un lourd limonier peut,
sans inconvénient aucun, avoir des fers longs et ayant
de la garniture. Il est vrai que les conducteurs doivent
prendre des précautions quand ils doivent passer sur
les ponts-levis des villes de guerre.

Dans tous les cas, la ferrure Lafosse aurait autant
d'inconvénients, non-seulement dans cette circonstance, mais encore dans une foule d'autres. La fourchette et les talons, avec le fer à croissant, seraient
bien plus éprouvés par les clous énormes qu'on rencontre sur les ponts-levis, et les accidents consécutifs
bien plus à redouter. D'ailleurs, dans les descentes
rapides, sur les chemins accidentés et rocailleux, nous
le demandons, le limonier pesamment chargé pourrait-il retenir et résister aussi énergiquement et aussi
franchement?

4. « Ils marchent lourdement par la pesanteur du
poids des fers qui les fatiguent. »

Ce défaut ne peut s'appliquer qu'au cheval destiné
aux allures vives. Un fer d'un kilogramme ne fatiguera
pas plus un cheval du poids de 700 kilogrammes

qu'un autre fer de 500 grammes un cheval pesant 350 kilogrammes. Il faut qu'un fer soit ridiculement lourd pour rendre un animal pesant dans sa marche. Plus que jamais, nous voyons que Lafosse est d'une exagération outrée et incisive...

5. « Les fers longs et forts d'éponges éloignent la fourchette de la terre et empêchent le cheval de marcher sur elle. Alors, si le cheval a de l'humeur dans la fourchette, il lui viendra un fic ou crapaud, parce que l'humeur séjourne ; ce qu'on évite en ferrant court. Le cheval marchant sur la fourchette, l'humeur se broie, se divise et se dissipe plus facilement, principalement aux pieds de devant, parce que l'animal s'y appuie plus que sur les pieds de derrière. »

Lafosse ne voit que flexibilité du pied partout, et appui de la fourchette sur le sol.... Il ne s'inquiète nullement des aplombs. Il ne peut admettre qu'on puisse poser un fer à éponges fortes. Comment l'accorder avec Perrier, qui veut ce modèle partout et pour tout ? Heureusement qu'on n'est pas obligé d'adopter de pareilles hérésies !...

Pour éviter que l'humeur ne séjourne dans la fourchette, Lafosse aime mieux avoir à traiter des contusions, des plaies, et placer certains chevaux dans l'impossibilité de continuer leur service. Et tout cela, *pour permettre à l'humeur de se broyer, de se diviser et de se dissiper plus facilement* (sic!).

6. « Les fers longs et forts d'éponges aux pieds qui ont les talons bas, les écrasent et les renversent, les foulent et font boiter le cheval, quoiqu'on relève l'éponge et qu'on voie du jour entre l'éponge et le talon en levant le pied ; mais dès qu'il est à terre, le talon va chercher l'éponge, parce que le sabot est flexible. »

La flexibilité du sabot est, comme on s'en aperçoit, une idée fixe. Bourgelat, en pareil cas, aurait abattu derechef les talons déjà trop bas pour faciliter leur développement. Il faut convenir que nos premiers maîtres ont laissé à faire à leurs successeurs ! Il eût été réellement fort curieux de voir Lafosse et Perrier vivre à la même époque, et développer, chacun à sa manière, leur système si radicalement opposé!..

7. « Les fers longs et forts d'éponge, lorsque le pied est paré, la fourchette étant éloignée de terre, occasionnent plusieurs accidents, comme la rupture du tendon fléchisseur ou l'extension du même tendon, et la compression de la sole charnue, ce qui n'a encore été connu que depuis que je l'ai remarqué, et que j'en ai fait la découverte, ce qui est facile à démontrer. »

Si Lafosse avait su faire une juste application des aplombs à la ferrure, il se serait bien gardé de relater ce défaut. Il aurait su que la longueur de la pince et l'obliquité de la paroi, en augmentant la longueur du bras de levier de la puissance, tendaient, au contraire, à exercer un tiraillement d'autant plus violent sur les cordes tendineuses placées au-dessus et en arrière du boulet. Si une rupture de tendon devait se manifester, ce serait plutôt dans le cas contraire à celui qu'il indique. C'est toujours sous l'influence de cette terreur, et de la peur de l'épanouissement sans frein des talons, que Perrier s'est ingénié à fabriquer de toutes pièces *sa contentive*, à recommander les talons hauts, les éponges épaisses, le fer dégagé en pince et en mamelles, et la pince parée à fond!!

Bourgelat, qui avait parfaitement compris les aplombs, disait (page 152): « Si le bras de la puissance se trouve exagéré contre nature, comme dans les chevaux long-jointés, le même tendon sera distendu par une force bien plus considérable, puisque l'excès du bras de la puissance sur celui de la résistance sera plus grand, et *vice versâ*, dans les chevaux court-jointés.

8. Les fers longs, lorsqu'ils sont forts d'éponge, ne font pas glisser ni tomber les chevaux, ne font pas l'effet d'un patin, comme l'écrit Lafosse. Toujours de l'exagération !

9. « Les fers longs sont encore nuisibles lorsque les chevaux se couchent sur l'éponge, ce qu'on appelle

se coucher en vache, parce que, pour lors, ces sortes de fers les blessent aux coudes. »

Voilà le premier avantage pratique que nous devons reconnaître à la ferrure à croissant : aussi la mettons-nous en usage chaque fois que ce cas se présente.

10, 11, 12 et 13. Nous ne sommes pas partisan des crampons, et nous ne voudrions jamais qu'il en fût appliqué sur les fers des pieds de devant des chevaux de cavalerie. Néanmoins il est reconnu que, sur le pavé des grandes villes, les crampons empêcheront plutôt les chevaux de glisser que le fer à croissant.

Nous partageons donc l'avis de Lafosse quant à l'action nuisible de ces appendices du fer ; il aurait néanmoins dû remarquer qu'ils faussaient complétement et détruisaient les aplombs, qu'ils étaient cause enfin de l'usure prématurée des membres.

Les crampons internes déterminent souvent des accidents graves. Lafosse a raison de se récrier contre l'application d'un seul crampon en dehors : le pied n'est plus d'aplomb et doit souffrir.

Le quatorzième défaut est exagéré. Un cheval qui se déferre, quel que soit le système de ferrure adopté, éprouve toujours de l'hésitation à marcher pied nu, le contact du sol déterminant une certaine douleur.

15. Ces inconvénients se présentent sur les routes accidentées, rocheuses et couvertes de cailloux. Mais, soyons de bonne foi, et avouons qu'avec le fer à croissant la fourchette et les talons seraient encore plus péniblement impressionnés, et que la boiterie serait plus imminente.

16. Il est reconnu que le fer couvert et à éponges nourries est le seul convenable pour les pieds très-plats ou combles. La ferrure à croissant, quoi qu'en dise Lafosse, n'est pas praticable en pareil cas.

17. Ce praticien a raison de condamner l'ajusture exagérée, comme elle était généralement donnée autrefois, et comme certains routiniers d'aujourd'hui la conservent encore, surtout lorsque la paroi est mince et faible. Chaque jour nous voyons des maréchaux

croire bien faire en continuant cette ajusture en bateau.

18, 19 et 20. Lafosse est encore dans le vrai lorsqu'il défend de trop parer les pieds. Il veut que le maréchal n'enlève que ce que l'usure naturelle aurait fait disparaître. Si telle est sa manière de voir, nous sommes tout à fait de son avis. Celui qui n'a jamais étudié cette question sur des pieds vierges de ferrure n'aura toujours que de fausses idées à cet égard. Pour n'en citer qu'un exemple, examinez attentivement un pied ferré d'après le système Perrier : que ce soit un pied large, à sole plate et à talons assez élevés, vous serez tout surpris de sentir la sole, près de la pince, fléchir sous le doigt, le fer dégagé vers cette région, comme si on eût voulu caricaturer la ferrure ; ajoutez à cela des éponges épaisses, faussant les aplombs et mettant les animaux droits sur les boulets et les prédisposant à devenir arqués.

Lafosse, à propos de cette pratique vicieuse, avait remarqué que les pieds pouvaient être plus considérablement blessés par les clous de rue, les tessons et les chicots, etc., etc.

Lorsque la sole est trop parée, elle peut être foulée plus facilement et déterminer une boiterie. Si les Anglais, dit M. Barthélemy jeune, ont tant à se plaindre des conséquences funestes du rétrécissement du sabot du cheval, ils doivent ce résultat exclusivement au procédé vicieux employé par les maréchaux de Londres, qui creusent le pied pour le rendre plus agréable à l'œil ; ils amincissent la sole et la fourchette de manière à ne laisser à ces parties que l'épaisseur qui leur est indispensable pour s'opposer à la sortie de la rosée sanguine, etc., etc.

Cette manière de parer les pieds a pour résultat immédiat le desséchement de la sole, son atrophie, la perte de son élasticité et la contracture du sabot.

Ce résultat n'a-t-il pas un peu contribué à fortifier Perrier dans cette idée, qu'il existait dans l'ongle une force contentive? N'a-t-il pas confondu un des résultats fâcheux de la mauvaise ferrure avec sa force imaginaire ?

21 et 22. Comme ce défaut se rattache à la ferrure à chaud, nous allons le reproduire textuellement.

« 22. Un fer fort que l'on fait porter à chaud, quoiqu'il ne soit pas rouge, est nuisible, tant par rapport à son épaisseur que parce qu'il arrive que, dans l'opinion où est le maréchal que ce fer n'est pas assez chaud, il le laisse trop longtemps appliqué, ce qui échauffe tellement le sabot que la chair cannelée, qui se trouve desséchée, se détache par la suite de la corne cannelée, et fait un vide entre la sole et la muraille, ce qui fait souvent boiter le cheval. »

Pour démontrer l'exagération de ce défaut, laissons parler les maîtres maréchaux eux-mêmes :

« Ce défaut est le même que le précédent (attendrir la corne avec un fer chaud), et nous en avons dit ce qu'il convient. Pour ce qui est de la chair cannelée qui se détache de la corne cannelée, c'est un narré qui ne gît que dans la tête de l'auteur, et qui est de son invention. S'il disait que la sole d'un cheval qui a été chauffée, quelquefois le fait boiter quand il se forme des sérosités sous la sole, cela serait vraisemblable. »

Le vingt-troisième défaut est commun à tous les systèmes, et ne prouve que la maladresse des ouvriers.

24, 25, 26 et 27. Lafosse ne veut pas qu'on pare les pieds ; il prétend que c'est la cause du resserrement des seimes quartes, du resserrement des talons et de l'encastelure. Nous n'avons rien à ajouter à ce que nous avons dit : qu'il ne fallait ôter et retrancher de l'ongle que ce que l'usure aurait naturellement fait sur un pied non ferré.

Le vingt-huitième défaut appartient à toutes les ferrures mal pratiquées, mais n'appartient pas plus à tel système qu'à tel autre.

« Fidèle à son système d'exagération, observe M. Barthélemy jeune, système qu'il partage d'ailleurs

avec la plupart des personnes qui croient avoir fait
quelque découverte utile, il dit : Si, par malheur, l'a-
nimal auquel on aura trop paré le pied se déferre quatre ou cinq fois dans un jour, il est vrai qu'il est rare
que ce cas arrive ; mais, comme cela arrive quelquefois,
on met le cheval hors d'état de servir, etc... »

A cela, les maîtres maréchaux de répondre que l'auteur en imposait, qu'ils n'avaient jamais vu un cheval
se déferrer quatre ou cinq fois dans la même journée ;
que, le cas échéant, quel serait le maréchal assez ignorant pour lui abattre encore du pied ? S'il était vrai
qu'un cheval marchât sur la sole charnue, il ne mar-
cherait qu'à trois jambes, et il lui serait impossible
de poser le pied à terre, etc...

Le trentième défaut n'est particulier à aucun
système.

31 « On a pour habitude de mettre aux chevaux
qui se coupent des fers excessivement forts en branches et un fort crampon, et cela dans l'idée de rejeter
le sabot en dehors ; ils font leur effet dès que le cheval
a le pied à terre ; mais dès qu'il lève le pied pour marcher, le pied se remet dans son aplomb, l'épaisseur
du fer l'attrape. »

Dans ce cas, il est certain que la ferrure à croissant
est préférable ; mais, comme nous ne devons nous
occuper que de la ferrure ordinaire, nous n'insisterons
pas davantage sur les cas exceptionnels.

Le trente-deuxième défaut est commun à toutes les
ferrures pratiquées par des ignorants ou des maladroits.

Quant au trente-troisième, Lafosse blâme justement
l'usage du fer à la pantoufle, qui ne fait qu'ajouter un
nouveau mal à l'ancien. Ce fer ne s'attaque qu'à un
effet et non à la cause. Tous les praticiens savent parfaitement que le fer de Lafosse favorise à la longue
l'écartement des talons ; qu'avec son emploi, la fourchette reprend graduellement son volume et son
élasticité.

Après cette énumération exagérée, dans la plupart

des cas, et où , çà et là, on retrouve quelques idées
saines et susceptibles d'une heureuse application, Lafosse arrive tout naturellement à nous donner un
aperçu de sa méthode. Il observe très-judicieusement
que, pour que le cheval ait une démarche assurée et
facile, il faut qu'il soit placé sur une base fixe et solide
qui soutienne le reste de la machine quand elle est en
mouvement. Or, il ne peut trouver ce point d'appui si
avantageux que quand toutes les parties de son pied
sont posées autant qu'il est possible sur le terrain qu'il
décrit.

Lafosse aussitôt en revient à sa manière de voir et
dit : « Il ne faut mettre au cheval que le volume de fer
qui lui est nécessaire pour garantir la corne ; par conséquent, il sera non-seulement inutile, mais même
nuisible, de lui en mettre sous la partie de la corne
qui peut se conserver par elle-même , comme est celle
des talons et de la fourchette, etc... (1). »

D'après lui, le point d'appui du pied ne le fixe ni à
la pince ni en talons, mais entre les deux. Il remarque
aussi que, plus la fourchette sera éloignée de la terre
ou d'un point d'appui quelconque, plus la poussée de
l'os coronaire sur l'os de la noix fatiguera le tendon
sur lequel il appuie, par l'extension outrée qu'il éprou-
vera à chaque pas que fera le cheval. Il veut donc que
la fourchette porte à terre. Il termine en assurant
qu'à l'aide de sa ferrure, on peut atteindre facilement
le but désiré : l'appui de la fourchette sur le sol, puisque ce coin élastique est le véritable point d'appui du
tendon fléchisseur.

Son fer à croissant ne doit occuper que le pourtour
de la pince, et les éponges amincies se termineront au
milieu des quartiers ; en sorte que fourchette et talons

---

(1) Perrier explique la découverte de la ferrure Lafosse ainsi qu'il
suit : « La bonté de constitution, l'écartement, l'élévation qu'acquiert
« le talon du dedans par le retranchement de l'éponge du fer, lorsque
« le cheval se couche en vache, dut guider dans le choix du moyen
« pour remédier au resserrement du pied ; et c'est sans doute cet
« exemple qui donna l'idée du fer à croissant de Lafosse. »

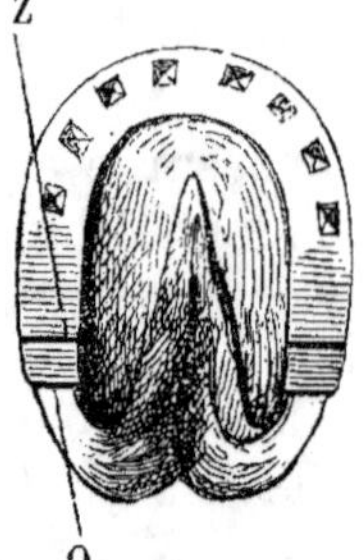

(*Fig.* F.)
Fer à croissant ordinaire.

Fer à croissant à éponges plus grandes.

porteront d'aplomb sur le terrain, mais surtout du devant (*fig.* F, ligne z).

Les pieds faibles de muraille, plats et combles, auront les éponges un peu plus longues... (*fig.* F, ligne o).

Les talons faibles et sensibles exigent, d'après lui, une ferrure très-courte ; il en sera de même pour les pieds bleimeux !...

Il recommande de ne parer, dans aucun cas, la fourchette et la sole. On pourrait abattre seulement la muraille, si on la juge trop longue. Il est utile, pour bien suivre sa méthode, de ferrer court tous les pieds combles et tous ceux qui ont la forme d'une huître à l'écaille !..

D'après tout ce qui a été dit précédemment, il est évident que le but de Lafosse est de faire porter la fourchette à terre, autant, comme il le remarque, pour la facilité que pour la sûreté du cheval dans sa marche. Il rend sa pensée très-claire quand il ajoute que, plus la fourchette est grosse, moins les talons portent à terre et plus ils sont soulagés !

Notre avis est que Bouley jeune a donné un peu trop d'extension aux idées de notre hippiatre français, en lui attribuant l'honneur de la découverte de l'élasticité du pied ; nulle part nous ne rencontrons la démonstration, voire même l'indication de cette propriété. La flexibilité que Lafosse reconnaissait à la partie postérieure de l'ongle s'associait parfaitement avec sa théorie, qui consistait à faire poser la fourchette la première dans l'appui du pied ; mais il n'allait pas au delà de ce mouvement d'élévation et d'abaissement des talons (1).

______

(1) La meilleure preuve, pour nous, que Lafosse ignorait la latéralité, l'écartement de la paroi, c'est qu'il avait imaginé un genre de fer qui devait s'opposer à toute espèce de mouvement. Ce fer, comme on

Bien que la ferrure Lafosse ait quelques heureuses applications dans le cas d'encastelure, par exemple, ou pour le cheval qui forge, qui se couche en vache, il est reconnu qu'elle ne saurait être adoptée entièrement. Elle ne peut avoir d'applications que comme ferrure exceptionnelle. Comment admettre, avec Lafosse, qu'on puisse faire marcher sur la fourchette les chevaux à pieds creux, à talons hauts, à fourchette très-petite et dure? Les chevaux ayant des pieds à talons bas et faibles souffriraient énormément de cette ferrure; les tendons fléchisseurs seraient douloureusement tiraillés par suite de l'influence trop grande accordée au bras de levier de la puissance.

C'est pour avoir négligé l'étude des aplombs que Lafosse a si souvent émis des idées impossibles à appliquer dans la pratique. Lafosse, enthousiasmé, s'écrie : « Voyons les effets du poids du corps sur le tendon d'Achille, dans les circonstances suivantes ! »

« Si l'on ferre le cheval à crampons, en ce cas il se
« trouve une grande distance entre la fourchette et le
« pavé; le poids du corps porte sur les crampons, la
« fourchette qui est en l'air cède, le tendon s'allonge,
« et si le cheval fait un mouvement violent et subit,
« la rupture de ce tendon est presque inévitable, parce
« que la fourchette ne peut gagner le pavé pour sou-
« lager le tendon auquel elle doit servir de point d'ap-
« pui; si le tendon ne casse pas, le cheval boitera
« longtemps par la grande extension des fibres, qui
« étaient prêtes à se rompre.

« Si l'on ferre *à éponges fortes*, la fourchette est
« beaucoup moins en l'air (1); le poids du corps peut,
« à la vérité, forcer la fourchette à gagner le milieu
« d'un pavé, et par là sauver l'extension violente du
« tendon; mais comme *l'épaisseur des éponges* empêche
« la substance de la fourchette de porter à terre, de

---

le sait, était garni, sur tout le pourtour de sa rive externe, de pinçons qui pouvaient être rabattus sur la paroi.

(1) Tel est le système Perrier, qui cependant est applicable dans plusieurs cas, comme nous le verrons plus loin.

« céder et de rentrer en elle-même autant qu'elle en
« est capable par sa nature, il faut que le tendon se
« casse par un pas de surprise violent et subit, toute
« autre circonstance égale.

« Si l'on ferre sans éponges, la fourchette, qui
« porte tout le poids du corps du cheval, cède à chaque
« pas et rentre par son ressort dans sa propre sub-
« stance. Le tendon n'est jamais dans un état de dis-
« traction ; ses fibres ne seront pas susceptibles d'une
« extension violente dans le cas d'un mouvement de
« surprise et subit. »

Dans ces quelques lignes est le secret de la méthode
Lafosse. Il est évident que, s'il eût connu l'ouvrage
de Bourgelat (1) et eût médité les plusieurs propositions qui se rattachent aux aplombs de la région podale, il aurait bientôt reconnu que les choses se passaient tout différemment. Mais tel est l'aveuglement
des esprits systématiques, des innovateurs : ils veulent
que les faits se plient quand même à leur implacable
théorie, à leurs idées spécieuses !

Système de Bourgelat.

Bourgelat, comme fondateur des Écoles, a cherché
à donner de l'ensemble aux études vétérinaires ; il a
voulu démontrer qu'à propos de la ferrure, il ne fallait
pas s'en rapporter au simple coup d'œil, qui pouvait
faillir dans bien des circonstances ; qu'il était par
conséquent nécessaire de soumettre la ferrure à des
règles basées sur des connaissances d'anatomie physiologique. Partant de là, il a exposé cet ensemble de
préceptes dans son *Essai sur la ferrure*, avec des formules scientifiques en rapport avec sa position de savant créateur. « Quand on réfléchit, dit M. H. Bouley,
que nous aimons à écouter, à la rapidité avec laquelle

---

(1) Outre les aplombs, Lafosse n'a rien dit de la sécrétion kératogène que Bourgelat a plus tard étudiée.

Bourgelat a rédigé les œuvres qu'il voulait léguer à son enseignement, on demeure étonné de la précocité, si l'on peut dire, et de la justesse de ses conceptions sur les matières les plus ignorées et les plus obscures. »

Dans son Avertissement, il observe que le travail de la forge n'a été, jusqu'au moment où il écrit et s'applique à lui assigner des règles, qu'un travail d'imitation, secondé de plus ou moins d'adresse, soumis entièrement au coup d'œil, et qui n'a dû presque rien à l'esprit. Fort de ses idées très-justes, Bourgelat a traité la plupart des questions avec une supériorité incontestable ; et si parfois il s'est écarté de la vérité, cela tenait à une mauvaise interprétation de ses principes mêmes, qui devait le conduire à de très-fausses applications. Quoi qu'il en soit, il est certain qu'à l'aide du petit nombre de documents qui étaient en son pouvoir, il a su donner à cette partie de la vétérinaire une base solide, et a réussi à lui imprimer une direction heureuse.

La partie qui traite des aplombs de la région phalangienne surtout est un chef-d'œuvre de conception, de procréation. Celle qui a trait à l'accroissement, à la reproduction et à la nutrition de l'ongle, est également la preuve d'une judicieuse observation, quant à l'énoncé ; il est à regretter qu'il n'ait pas su en faire une juste application. Cela se conçoit, si on se rappelle qu'autant il était habile théoricien, autant il était peu familiarisé avec la pratique de l'art. Néanmoins c'est le premier écrivain qui ait parlé de l'accroissement de l'ongle, et, quoi qu'il ne soit pas toujours dans le vrai, il lui revient toujours l'honneur d'avoir abordé la question de la kératogène (1).

Bourgelat émet cette opinion, bien avancée pour son époque (2), que « l'ongle paraît être réellement une suite et une production du système général des

---

(1) A cet égard, nous renvoyons à la 4ᵉ partie de notre Mémoire, pour éviter les redites.

2) *Essai sur la ferrure*, p. 146.

fibres cutanées ; et on peut dire que chaque extrémité de l'animal est bornée et fermée par une espèce de cul-de-sac opéré par le tégument.

« Il ne pouvait cependant être la suite de ces fibres seules ; les vaisseaux doivent nécessairement participer à cette production, ils y sont en effet multipliés à l'infini : les porosités innombrables dont le biseau, ainsi que la face interne de la sole solide, et même chaque feuillet qui tapisse la paroi interne du sabot, sont criblés, en sont une preuve ; mais le diamètre de ces vaisseaux, auxquels toutes ces porosités livrent un passage, diminue tellement à mesure de l'étroitesse et de l'intimité de leur union, qu'ils n'admettent, lorsqu'ils sont arrivés à une certaine portion de l'ongle, qu'une humeur ténue destinée à subvenir à la nourriture de cette même portion, tandis qu'au delà, ce même ongle n'est plus, en quelque sorte, qu'un corps étranger et dénué de toute organisation. »

Bourgelat avait donc une idée bien formulée au sujet de la formation de l'ongle, comme il est facile de le voir d'après la citation précédente. Il ne manque à ces propositions qu'une juste interprétation, alors surtout qu'il prend pour des vaisseaux du tissu corné les vaisseaux mêmes des villo-papilles d'aujourd'hui. Il ignorait donc que la corne fût un produit d'excrétion organique, comme l'a démontré Girard fils, et c'est à tort qu'il la suppose douée de propriétés vitales.

Il a comblé un vide immense laissé par Lafosse, en démontrant l'importance de l'aplomb du pied et de son application rigoureuse à la ferrure ; il a exposé clairement, comme nous l'avons rappelé en étudiant les aplombs, la relation intime qui existe entre l'articulation du boulet et l'assiette du pied, soit pour favoriser la répartition régulière du poids du corps sur les membres, soit pour rétablir toute espèce de déviation à cette harmonie mécanique, soit enfin pour régulariser certaines allures défectueuses et guérir même les maladies du pied. La troisième partie de notre travail se rapporte entièrement à cet article si intéressant de Bourgelat.

Nous avons fait remarquer que le fondateur des Ecoles, pas plus que Lafosse, n'avait eu une idée exacte de l'élasticité. On est édifié à cet égard, après lecture achevée de son *Essai sur la ferrure*. Nulle part on ne rencontre traces de cette propriété. D'ailleurs, comme le déclare nettement M. H. Bouley : « S'il fallait d'autres preuves que celles qui ressortent de cette démonstration (qu'il vient de faire) en faveur de la priorité que Bracy-Clark réclame avec justice, on les trouverait dans le silence absolu sur cette question, des ouvrages antérieurs à la publication de la première édition du *Traité* de B. Clark. »

Comme Lafosse, il ne connaît qu'un des moyens de l'élasticité, celle résultant de la propriété essentiellement physique : *la flexibilité*.

Qu'on ouvre son *Essai sur la ferrure*, à la page 106, chapitre 13 ; il y est dit : « L'ongle doit être justement proportionné, avoir une forme régulière, une consistance solide et néanmoins *doué de souplesse...* »

A la page 116 : « Un ongle trop peu volumineux, au contraire, est aride, sec et cassant, et, le plus souvent aussi, *par son inflexibilité...* »

A la page 120 : « En ce qui concerne les talons, il faut encore qu'ils soient fermes, ouverts et égaux. Dans ceux qui sont bas, la fourchette est le plus souvent molle et trop volumineuse, et ce corps s'offensant de la dureté et de l'irrégularité du terrain sur lequel il repose, le cheval assez communément souffre et boite. »

On le voit, Bourgelat est loin d'adopter la théorie de Lafosse, qui voulait que cet appui de la fourchette fût la condition régulière dans le poser, qui la trouvait d'autant mieux conformée qu'elle offrait un plus grand volume, afin, disait-il, de soulager les talons... (*sic*).

A la page 121, Bourgelat continue : « C'est à l'amplitude de cette même fourchette que l'on peut distinguer si le défaut d'élévation des parties dont il s'agit, défaut plus considérable dans les chevaux long-jointés que dans les chevaux dont les parties des membres sont dans un juste rapport, est dû à la nature, ou si l'on peut en accuser la main de l'ouvrier; car des talons trop abattus semblent ne différer en rien de ce qu'on appelle talons bas. Des talons trop hauts, mais faibles et si flexibles que la pression la plus légère suffit à leur rapprochement, sont un présage de l'encastelure, soit que *leur flexibilité* résulte de la nature de l'ongle, etc., etc. »

Il n'y a donc rien encore qui se rattache à l'élasticité. C'est sans cesse *de la flexibilité.*

Bourgelat nous procure l'occasion d'offrir aux sectateurs de Perrier une preuve qui milite peu en faveur de leur système. Page 121 : « Nous voyons encore que le trop d'élévation de ces parties non resserrées (des talons), mais assez larges et ayant assez de consistance pour demeurer ouvertes, donne ordinairement lieu à la faiblesse du *pied en pince*, et que, dans tous les cas, elle ajoute encore beaucoup au défaut qui naît des articulations trop courtes, de la direction trop droite des membres, et du vice des chevaux bouletés, arqués ou brassicourts. Aussi est-on étonné avec raison que, dans la commune pratique, *les pieds les mieux conformés* sont traités de manière qu'on *ménage une hauteur excessive en talons,* bien loin de les abattre dans *une proportion relative à la situation du genou, du boulet et de la couronne,* ce qui, joint au violent travail, hâte bientôt et précipite la ruine des chevaux. »

Vous l'entendez : *hâte et précipite la ruine des chevaux!...* C'est Bourgelat qui, bien avant nous, condamnait le système trop exclusif de Perrier. Il est bien entendu qu'il n'a voulu parler que *des pieds les mieux conformés.* Tous les patriciens savaient pertinemment que la ferrure que Perrier a fait revivre, et a cherché à généraliser, était rationnelle dans certains cas, et sur des pieds particulièrement construits. Les aplombs donnés par Bourgelat sont certainement le meilleur guide en pareil cas et sont loin de donner gain de cause, et dans toutes les circonstances, aux partisans de la *méthode contentive!* (1).

Pour en revenir à Bourgelat, rien ne rappelle, dans l'examen qu'il fait des talons, de la sole et de la fourchette, rien ne rappelle, pensons-nous, *l'élasticité*.

« La sole, dit-il, doit nécessairement avoir assez de force et de solidité pour résister, sans dommage et sans douleur, à la dureté et à l'aspérité des corps sur lesquels l'animal marche... » Et de la fourchette, il dit : « Toute fourchette trop ou trop peu nourrie, annonce toujours un pied défectueux. » — Eh! voilà tout...

Nulle part enfin, il n'est fait mention de cette propriété que Clark a désignée sous le nom d'élasticité...

Il est probable que si Bourgelat eût découvert les propriétés de l'ongle, telles que, plus tard, elles ont été dévoilées par Clark ; il se serait empressé de nous en faire part avec les développements que lui eûssent suggérés et son génie et son style entraînant. Sans doute, avec un tel esprit d'investigation, il devait avoir comme un soupçon de l'existence de ce don naturel du pied (2); puisque, sans le secours de documents antérieurs, il avait senti tout ce qu'il y avait d'incomplet, relativement au support du poids du corps et à l'anéantissement définitif des réactions extrêmes; aussi, c'est ce qui l'aura porté à invoquer la direction remarquable des rayons articulaires, et notamment l'obliquité du paturon.

Pour mieux être édifié, nous allons laisser parler Bourgelat lui-même, afin de n'atténuer en rien sa

---

(1) Cette citation de Bourgelat pourrait faire croire que nous avons eu recours au *cercle vicieux* ; c'est, qu'en effet, nous avons saisi avec empressement l'occasion de démontrer que Bourgelat partageait aussi, et bien avant nous tous, l'opinion contraire au système Perrier; à propos des pieds les mieux conformés, s'entend !!!

(2) (Page 136, *Essai sur la ferrure*). Il termine l'étude du pied, en faisant observer que toutes les parties qu'il venait d'envisager faisaient, par leur correspondance et leur concours, du pied de l'animal, un organe parfait.

pensée par une analyse qui pourrait la rendre incomplétement, ou sous un jour qui ne serait pas sien.

Page 137 : « Il paraîtrait d'abord, que l'animal
devrait ressentir une douleur aiguë, conséquemment
à ce seul point (le poids du corps sur le pied), sur les
parties molles et inférieures, qui semblent exposées à
une très-forte compression, et qui se trouvent placées
entre l'os et la sole solide : J'observe, en effet, que cet
os, ayant contre ces mêmes parties, non-seulement
tout l'avantage du poids absolu de l'animal, mais
encore l'avantage mécanique résultant de la forme
qu'il a d'un coin, posé sur un plan incliné, on croirait que la pince doit en souffrir, d'autant plus vivement, que la tendance naturelle de l'os est de descendre contre elle, et qu'on dirait que ce coin, chassé
en apparence par cette même masse, doit être enfoncé
dans cet instant, comme pour écarter avec son bord
inférieur les parois du sabot, tant inférieurement
qu'antérieurement. Je remarque, d'un autre côté,
que, lorsque la direction de la jambe est plus appro-
chée de la verticale, la sole et les talons étant chargés
et partageant le poids, devraient aussi en souffrir
considérablement ; mais la nature a sûrement mis en
usage des moyens capables de détourner les effets
d'une pression funeste qui aurait évidemment dérangé toutes ses vues, et qui eût fait, par l'exception
la plus bizarre, d'un des plus utiles animaux, le plus
incomplet de ses ouvrages.

« 1° Elle n'a placé *l'os du pied dans la direction de la
jambe : dès l'articulation du paturon, il est une obliquité*
qui continue jusqu'à ce même os articulé, avec celui
de la couronne, de manière que le lieu de l'articulation est totalement en arrière : or, *de telles directions*
doivent diminuer nécessairement et en grande partie
l'énormité du fardeau dont la pince semblerait devoir
être accablée ;

« 2° Ce même os porte, par l'éminence qui est à
sa partie antérieure et supérieure, ainsi que par la
ligne saillante qui règne autour de cette même partie,

sur l'espèce de biseau que nous avons observé à la partie antérieure et supérieure de l'ongle, et qui se trouve occupé par le bourrelet dont nous avons parlé; il y rencontre, par conséquent, un soutien qui s'oppose à ce qu'il soit déterminé plus loin et assez profondément pour offenser les portions molles contre lesquelles la masse pourrait le chasser;

« 3° Non-seulement, les feuillets qui, d'une part, sont à la surface intérieure du sabot, depuis ce même biseau jusqu'à la commissure de la sole solide, et qui, de l'autre, règne autour de l'os du pied, depuis le bourrelet jusqu'à son bord inférieur, était nécessaire, ainsi que la sole molle, pour assurer l'union de l'ongle avec l'os, union qui aurait été impossible, si ces deux parties se fussent trouvées nues l'une et l'autre; mais leur engrènement est encore une des voies que nous présumons avoir été choisies par la nature, pour parer à l'oppression totale des portions inférieures. Il suffirait, en effet, de la juxtà-position de ces feuillets, réciproquement reçus dans les sillons résultant de leurs intervalles, pour suspendre, en quelque façon, l'os du pied dans la capacité du sabot, et pour résister à un poids immense.

En théoricien habile, Bourgelat, a parfaitement compris et exposé les moyens qui doivent préserver les parties organisées, renfermées dans l'ongle, des pressions trop violentes de l'effort impulsif.

Proportions.

Que dirons-nous des proportions assignées au pied? C'est à se demander, si c'est bien Bourgelat qui a eu cette idée impossible!!! (1)

Un exemple suffira pour faire comprendre le côté ridicule de ces proportions indéfinies et imaginaires.

---

(1) Un vétérinaire et médecin disait, dans son ouvrage *Sur la conformation du cheval* : « Nous avons démontré que les proportions de Bourgelat étaient fondées sur des théories erronées, nous avons vu qu'elles étaient contraires, pour la plupart, aux bonnes conditions d'organisation mécanique du cheval. (Richard, p. 331.)

On suppose un cheval, d'ailleurs, bien conformé, de la taille d'un mètre 63 centimètres ; l'assiette ou la partie de l'ongle des extrémités antérieures qui portera sur le sol aura 12 centimètres dans sa plus grande largeur, et :

Aura, 112 millimèt. dans le cheval de 27 cent.
  110   *id.*   22   *id.*
  100   *id.*   17   *id.*
  106 ou à peu de chose près   11   *id.*
   10 millimèt. dans le cheval de 6   *id.*
   82   *id.*   4 pieds, etc.

Cette même assiette aura 14 centimètres dans sa plus grande longueur, à partir d'une ligne, qui, appuyée sur l'un et l'autre talons, transverserait le vide de la bifurcation de la fourchette.

Elle aura, pour la même raison et les mêmes principes de Bourgelat :

134 millimètres dans le cheval de 27 centimètres.
132   *id.*   22   *id.*
125   *id.*   17   *id.*
118   *id.*   11   *id.*
118 à peu de chose près, dans ce-
       lui de 6   *id.*
110 millimètres dans le cheval de 4 pieds.

Il assigne des proportions non moins précises et aussi variées à la couronne, soit 4 pouces d'un côté à l'autre, au plus saillant, et une même distance de sa partie antérieure à la partie la plus saillante du talon :

104 millimètres dans le cheval de 27 centimètres.
102   *id.*   22   *id.*
 98   *id.*   17   *id.*
 90   *id.*   11   *id.* , et
ainsi de suite. . .

La hauteur verticale du sabot n'a pas échappé à sa scrupuleuse investigation, mesurée du milieu de la partie antérieure et la plus élevée de la couronne jusqu'au sol, et de la même façon en talon.

Il va sans dire que *ces mesures géométrales*, ne se rapportent pas absolument au sabot des extrémités postérieures, et qu'il recommence une nouvelle énumération. Ce travail ne comporte pas moins de neuf pages. . .

A la vue de l'énumération fastidieuse des proportions de Bourgelat, il nous revient à l'esprit le *quousque* de l'exorde brusque et rapide de Cicéron ! ! ! Encore n'a-t-il parlé fort heureusement que des proportions, en général, et relatives à la taille des animaux !... S'il eût réfléchi qu'il devait aussi exister des *proportions relatives à la conformation et au service* (1); il n'aurait pas manqué de nous rédiger un volume *ex-professo* sur cette matière inépuisable.

Bourgelat, appliquant son système géométral aux fers eux-mêmes, est tombé dans la même exagération, non-seulement pour le fer ordinaire, mais encore pour la ferrure pathologique et orthopédique.

Pour faire agréer ses proportions, il commence par dire que l'ouvrier doit être plutôt artiste qu'artisan ; que de l'exacte régularité de l'ouvrage dépendent absolument la justesse de l'assiette du fer sur le sol, celle de l'assiette du pied sur le fer, ainsi que celle de l'aplomb et de la direction des membres de l'animal. Que le premier principe, dans cette opération, est de forger le fer pour l'ongle, et non d'ajuster et de couper l'ongle pour le fer. Il est évident que toutes ces idées sont parfaitement justes; mais, voyons les applications qu'il en fait.

---

(1) En effet, l'assiette du pied du cheval de manége ne saurait être la même que celle du cheval de trait. Le pied du cheval d'artillerie ou du train ne saurait, en ne tenant compte que de la taille, comme l'a fait Bourgelat, ne saurait, dis-je, avoir la même assiette que l'animal de course ; de même celles des chevaux de carrosses, de selle, de hâlage, etc...... L'assiette doit donc être en rapport, non-seulement avec la taille, mais surtout avec la conformation particulière de chaque cheval et son service spécial.

1° *Fer ordinaire pour les pieds antérieurs.*

Bourgelat prend la pince pour terme de comparaison et dit :

« Ce fer doit être tel, que sa longueur totale soit quatre fois la longueur de la pince, mesurée de sa rive antérieure, entre les deux premières étampures, à sa rive postérieure à la voûte.

« La largeur du fer, ou distance de la rive externe de l'une et l'autre branche, est de trois fois et demie cette longueur, mesure prise entre les deux premières étampures des talons. L'extrémité des éponges offrira la moitié de la longueur de la pince. Les éponges auront la moitié de la longueur de la pince. Ainsi de la pince aux éponges, le fer perd la moitié de la largeur de la pince.

« Un quart de longueur de la pince fixe l'épaisseur qui doit régner dans toute l'étendue du fer (1). »

Les éponges auront une fois et demie la longueur de la pince *à partir de la dernière étampure.*

Comme Bourgelat lui-même l'indique, il n'avait pas la moindre notion de l'élasticité ; sans quoi il n'aurait pas donné une semblable longueur à l'éponge. Nous savons, en effet, que plus les clous sont rapprochés de la pince, et plus l'élasticité est favorisée. Donc, il n'est pas logique de fixer, telle longueur, plutôt que telle autre, à l'éponge du fer.

« La moitié de la longueur de la pince, plus l'épaisseur du fer, sera la juste mesure du centre d'une étampure au centre d'une autre ; et c'est ainsi que les étampures seront toutes composées, etc., etc..... »

Bourgelat continue : « Eu égard à l'ajusture, la pince doit se relever en bateau dès les secondes étampures en talons, de deux fois l'épaisseur du fer, à compter du sol à sa rive supérieure en cet endroit ; il faut donc que, dès ce même lieu, les éponges perdent terre, du côté des talons, de la moitié de son

---

(1) Cette recommandation est parfaitement juste ; il est fâcheux qu'elle ne soit pas plus généralement suivie.

épaisseur réelle ; et, dès lors, la convexité de la partie inférieure du fer sera d'une fois et demie son épaisseur. »

On conçoit tout ce qu'il y a de vicieux dans ce mode d'ajuster en bateau, elle nuit à la solidité de l'appui, fausse les aplombs et détermine de l'instabilité dans les allures qu'elle ralentit (1).

Suivons Bourgelat, et voyons qu'elles sont les proportions qu'il détermine pour le fer ordinaire du pied postérieur :

« Ce fer répond, comme le précédent, par sa longueur, à 4 fois la longueur de la pince, et par sa partie la plus large, qui se rencontre au droit de la deuxième étampure en talons, à 3 fois et demie cette même mesure.

« Le tiers de la longueur de la pince donne l'épaisseur que doit avoir cette partie, ainsi que la largeur des éponges, tant de la branche de dedans que la branche de dehors.

« Le tiers de la largeur de la branche donne l'épaisseur de cette même branche.

« Le tiers de la largeur de l'éponge fixe également l'épaisseur du fer dans le même lieu ; ainsi le tiers de la largeur du fer, dans quelques portions de son étendue que cette mesure puisse être prise, indiquera toujours l'épaisseur que ce même fer doit avoir dans le lieu mesuré.

« Quand aux crampons, etc., etc.....

« Les étampures seront compassées de manière qu'elles diviseront le fer en 9 parties parfaitement égales : la première sera aussi distante de l'extrémité de l'éponge que la deuxième le sera de la première ; la troisième de la deuxième et ainsi de suite jusqu'à la dernière : on est néanmoins généralement dans l'usage de les placer, au nombre de 4, très-près les unes

---

(1) A la page 32 de son *Essai sur la ferrure*, Bourgelat indique, comme, en frappant du ferretier à plat entre les deux rives de la face supérieure, on arrive à lui donner une concavité d'autant plus grande qu'on enlève davantage la main des tenailles et qu'on frappe à faux.

des autres, dans le milieu de chaque branche, et de ne point étamper en pince. »

Si on agissait comme il vient d'être dit, on comprend facilement qu'au moyen de ce surcroît d'étampures, placées aussi bien en pince qu'en talons ; on gênerait d'abord le mouvement de latéralité que Bourgelat méconnaissait complétement, on se ménagerait ensuite des difficultés d'exécution, qui d'ailleurs n'auraient aucun résultat louable. Bourgelat, lui-même, convient qu'en laissant la pince du fer de derrière libre, on est sauvé du danger d'atteindre et d'offenser le vif au moment où l'on fixe et où l'on attache le fer. Cette considération seule aurait dû arrêter ce grand théoricien, mais non ; il veut qu'un artiste adroit, qui connaît le tissu de la partie sur laquelle il opère, ne puisse être arrêté, ni par les difficultés ni par la crainte !

Il prétend que, selon sa méthode, la distribution des étampures étant égale dans toute l'étendue du fer qui garnit la paroi, cette dernière résistera avec bien plus de succès à l'action pénétrante des lames et à leur tiraillement. Si Bourgelat avait fait un essai comparatif des deux méthodes, il eût certainement remarqué que la sienne était inférieure, que les clous qu'il plaçait à la pince des fers postérieurs, seraient bien plutôt arrachés et que ceux des talons gêneraient l'élasticité (1). Quoi qu'il en soit, ce qu'il y a de plus incompréhensible dans sa méthode, c'est l'exagération de l'ajusture, lui qui ignorait l'existence des mouvements des différentes pièces podales, lui, qui comme Lafosse, n'avait connaissance que de la flexibilité du pied. Qu'un zélé partisan de Clark, par exemple, voulant complaire à ce savant, en exagérant ses idées, ait commis une pareille erreur, soit : car il lui était permis de croire à un abaissement tellement marqué de la sole, qu'il fût nécessaire de creuser la face supé-

---

(1) En ménageant cet espace en pince, il est facile de lever le pinçon, si utile dans les fers de derrière.

rieure du fer, afin de prévenir une pression, un choc
violent. En pareil cas, cette ajusture outrée eût été en
rapport avec l'exagération même du mécanisme unguéal. Clark, de son côté, a été si loin à propos de la
démonstration théorique de l'élasticité, qu'il n'a pu
trouver une ferrure appropriée, tellement il lui répu-
gnait de froisser *cette propriété inestimable*. Tel ce célèbre sculpteur qui devint éperdûment épris du produit de son ciseau !! Pygmalion, de mythologique
mémoire !!

Relativement aux proportions de Bourgelat, nous
serions de son avis, si les rapports du volume du pied
avec la taille du cheval étaient, dans tous les cas, en
relation directe et constante. Mais, quand on réfléchit
que, toutes choses égales d'ailleurs, il n'y a pas deux
chevaux qui aient les pieds semblables, quant à la
largeur et à la longueur de l'assiette, à la forme et à
la direction, il devient impossible, irrationnel, d'a-
dopter le système géométral et les leçons d'arpentage
organique du célèbre maître.

En maréchalerie, il faut se rappeler que tous les
vétérinaires qui ont cherché à soumettre les pieds et
les fers à des mensurations rigoureuses ont été dans
le faux, et n'étaient que des théoriciens aux idées spécieuses. Jamais, en effet, ils n'ont pu comprendre que
le coup d'œil était le meilleur de tous les guides.
Chabert, M. Crépin, et la plupart des praticiens les
plus compétents sur la matière, repoussent avec raison
ces théories erronées. C'est avec le coup d'œil que
l'ouvrier arrive le plus facilement à exécuter ce que
Bourgelat recommande si formellement : « Le fer pour
le pied ! » Au reste, Bourgelat, dans son *Essai sur la
ferrure*, a presque toujours des idées théoriques irré-
futables, mais dès qu'il s'agit de les appliquer, il est
très-souvent à côté de la vérité.

N'est-ce pas le podomètre, avec accompagnement
de dessins, de registres, qui ont coulé complétement
la ferrure à froid et à domicile ?

Toutes ces théories spéculatives nous rappellent

jusqu'à un certain point tous les systèmes qui ont été évoqués à propos des races, de leur amélioration, etc. — Les théoriciens ont fait disparaître une partie de nos plus belles races ; les théoriciens voudraient encore dégrader le pied de notre cheval de cavalerie.

Suivons Bourgelat lorsqu'il parle de l'action de ferrer, page 94. Nous le retrouvons tel que nous l'avons dépeint au début, ingénieux observateur et maître persuasif.

Il veut, qu'avant de ferrer, l'ouvrier examine attentivement le pied du cheval, mais surtout étudie l'action de ses membres, au pas et au trot, et observe enfin ses aplombs. — Avouons-le, il n'y a pas quatre maréchaux sur cent qui aient jamais mis en pratique les sages avis de Bourgelat. C'est cependant là le seul moyen de rectifier les défauts qui peuvent vicier les allures des jeunes chevaux, et ceux encore qui peuvent exister dans la direction des colonnes. Les détails pratiques de la ferrure étant par leur nature en dehors de cette question, nous passons outre, et nous assistons à l'opération qui consiste à retrancher l'excédant de l'ongle. Il remarque que *la surface plantaire doit être uniformément parée,* ce dont l'ouvrier s'assure en laissant poser le pied à terre.

Un des défauts les plus fréquents, dit-il, dans l'action de parer, vient du plus de difficulté que l'on a dans le maniement du boutoir, quand il est question de retrancher du quartier de dehors du pied du montoir, et du quartier du dedans du pied hors du montoir ; aussi, ajoute-t-il, voit-on fréquemment ces quartiers plus hauts que les autres, et rencontre-t-on par cette raison un nombre infini de pieds de travers.

Le pied est paré : un fer légèrement chauffé doit être présenté sur la surface plantaire. Bourgelat ignorait que le fer chauffé au rouge obscur devait favoriser la pénétration d'une plus grande quantité de calorique dans l'ongle. Néanmoins, il recommandait d'enlever la portion de l'ongle sur laquelle la chaleur du fer avait été imprimée. En cela, il était de l'avis d'un

grand nombre de praticiens distingués, de Bouley jeune notamment, qui a repoussé l'idée contraire mise en avant par M. Delafond. « Je ne comprends pas, disait
« Bouley jeune (1), que lorsqu'on enlève du sabot ce
« que les maréchaux appellent vulgairement *la cha-*
« *leur*, c'est-à-dire le morceau de corne torréfiée par
« le contact du fer chaud, cela n'empêche pas le calo-
« rique de pénétrer ; en théorie comme en pratique,
« cela ne me paraît pas juste : en théorie, puisque
« cette corne torréfiée doit être devenue mauvais con-
« ducteur du calorique, s'opposer à son rayonnement
« en dehors du pied, et conséquemment le concen-
« trer en dedans ; puisque aussi cette corne qui vient
« de subir le contact du fer chaud est imprégnée
« d'une certaine dose de calorique, et qu'en l'enlevant
« par couches plus ou moins épaisses, on isole du
« pied la quantité de chaleur que renfermaient les
« lambeaux de corne que l'on détache. Quand à la
« pratique, elle dément en tous points la théorie de
« M. Delafond. »

M. Delafond assure, au contraire, que c'est une erreur de croire, qu'en séparant promptement avec le boutoir la partie de corne carbonisée par le fer, on prévienne la brûlure des parties vivantes contenues dans l'épaisseur de la corne, ou qui lui sont sous-jacentes. Que la brûlure des villo-papilles et de la superficie du tissu réticulaire, ne dépend pas seule-ment de la quantité de calorique introduite dans la corne, mais aussi et surtout de la quantité de la vola-tilisation prompte des fluides contenus dans ces villo-papilles et les canaux cornés qui les logent. *En temps et lieu*, nous dirons ce que nous pensons de ces deux manières de voir.

Bourgelat veut que le fer porte bien partout, sans en excepter les talons, car s'il vacillait, il rendrait in-certaine la marche de l'animal ; les lames des clous seraient bientôt ébranlées, et une boiterie pourrait en

____

(1) *Recueil de méd. vétér.*, année 1845, p. 1017.

être la conséquence. Quant aux conseils relatifs à la manière de brocher et de river les clous, ils sont excellents et laissent peu à désirer.

Raisons et moyens d'opérer dans la ferrure, considération faite seulement du pied.

Dans la quatrième partie de ce mémoire, nous avons déjà exposé la théorie de Bourgelat, relativement à la croissance de la corne ; il admet que *la partie vive* est la seule dans laquelle s'exécute la nutrition et l'accroissement ; que, successivement chassée, elle devient *partie moyenne*, et enfin *partie morte*.

Bien qu'il eût méconnu l'action complexe *de la kératogène*, si bien démontrée par MM. Girard fils, Renault et H. Bouley, il n'en est pas moins vrai, qu'il a émis des idées parfaitement justes concernant l'accroissement de l'ongle. Voici ce qu'il en dit : (page 158) « La partie vive doit pousser vers l'extrémité du pied la partie moyenne et la partie morte ensemble, à mesure qu'elle y est déterminée elle-même par les chocs qu'elle éprouve, et par celle à laquelle elle cède insensiblement qu'elle occupait ; donc, selon le degré de résistance de la part des parties qu'elle doit chasser, l'ouvrage de l'accroissement sera plus ou moins pénible ; donc, plus leur étendue et plus leur volume seront considérables, plus l'obstacle sera difficile à surmonter, attendu qu'elles contrebalanceront davantage la force impulsive des liqueurs reçues par la partie supérieure ; donc, moins les retranchements à faire à l'ongle par l'action de parer seront fréquents, moins l'ongle croîtra et moins l'accroissement sera prompt ; donc, plus ils seront réitérés, plus cet accroissement sera diligent et sensible. C'est sur ces grands principes qu'il serait superflu d'étendre ici que l'artiste doit étayer son raisonnement et sa pratique. Par eux, et en s'y conformant, il parviendra facilement à se rendre maître de la forme de tous les pieds, même les plus défectueux ; il en dirigera l'accroissement, il le hâtera ou le retardera à son gré : il répartira la nourriture à sa volonté et selon le besoin sur les diverses parties ; il la détournera des unes, il la forcera à refluer sur les autres ; et comme il n'agira jamais que d'après les vues et les conseils de la nature, il sera certain d'entretenir ou de réparer avec succès une partie d'autant plus essentielle, que l'animal le plus précieux peut cesser bientôt de l'être, pour peu qu'elle ait reçu quelque atteinte. »

Bourgelat aurait été complétement dans le vrai, s'il eût ajouté le mode d'action des pressions reçues par la paroi, et transmises aux organes sécréteurs. De l'ignorance de ce phénomène, il en est résulté qu'il est arrivé fatalement à augmenter les défauts qu'il voulait corriger. Nous avons déjà cité un exemple de cette fâcheuse application à propos de la ferrure du pied à talons bas (page 171). Manière de parer : « 1° Parez le pied à l'ordinaire, sans toucher à la fourchette, toujours trop volumineuse en pareil cas ; 2° abattez le peu de talons que vous rencontrerez ; 3° relevez le fer en pince.... »

Il n'avait pas compris qu'à l'aide de ce moyen, il augmenterait la somme des pressions, fausserait les aplombs, et entraverait au contraire l'accroissement de ces parties oppressées.

Pour la ferrure du pied naturellement beau, bien proportionné, dans lequel la nourriture est distribuée avec une juste égalité à toutes les parties qui le composent, dit Bourgelat, tout l'effet des retranchements à faire, avec le boutoir doit se borner à en diminuer le volume et l'étendue, sans rien changer à sa configuration, et en le laissant subsister absolument dans le même état.

Voyons quelle application il fait de ces principes si justes : Il enlève le superflu de l'ongle en laissant de quoi brocher ; il pare uniment et également, ayant néanmoins attention à ce que *les talons et la pince puissent répondre à l'ajusture.*

Bourgelat ne suit pas son principe : Faites le fer

pour l'ongle et ne coupez pas l'ongle pour le fer! En effet, il recommande de parer de telle manière, que les talons et la pince puissent répondre à son ajusture en bateau.... Nouvelle erreur du grand maitre! Son fer est aussi vicieux que sa manière de parer, puisque son ajusture fait qu'il détermine l'appui de l'animal sur le centre seul de l'assiette du pied.

Ce qu'il y a de singulier, c'est qu'à côté de ces erreurs pratiques, se retrouvent des idées d'une justesse remarquable ; ainsi, plus loin, il observe que si le fer n'avait pas partout une égale épaisseur, la véritable assiette du pied serait faussée.

Devant, dans ce travail, nous borner à l'étude de la ferrure ordinaire, il nous serait permis sans doute d'arrêter là notre analyse du système du fondateur des écoles vétérinaires ; mais, nous voulons encore choisir un exemple pour démontrer combien il est dans l'erreur lorsqu'il s'agit d'appliquer ses principes souvent si justes.

Veut-il parer un pied trop long en pince : (p. 163.)

Il laisse d'abord à la pince toute sa force, parce qu'il prétend que c'est à raison de cette même force et de l'obstacle que cette partie opposera à l'influx des liqueurs sur elle, que ces mêmes liqueurs seront déterminées vers les autres portions du pied ;

2° Il coupe, comme il l'exprime, assez de quartier et abat les talons pour y appeler le fluide et en favoriser le cours....

Bourgelat n'a pas remarqué que, dans cette circonstance, il reporte l'effort impulsif sur les talons pour deux motifs, le premier, en abattant des talons déjà trop bas, le deuxième en allongeant le bras de levier de la puissance. Donc, loin de déterminer les liqueurs, comme il le suppose, vers les talons, il contrarie, au contraire, leur accroissement par la plus grande somme des pressions qu'ils ont à supporter.

Voyons le fer qu'il conseille pour le même pied :
Fer ordinaire, relevé en pince, affermi par un pinçon.

Il croit que la contrainte qui résultera pour la portion antérieure de l'ongle, de ces deux dernières conditions, ajoutant encore à la force qu'on aura laissé subsister en elle, la nourriture sera certainement disposée à être renvoyée sur les parties coupées et abattues, et que la pince reviendra peu à peu à la juste proportion dont elle est éloignée. Par malheur, Bourgelat a oublié que sa ferrure devait reporter l'appui et les pressions sur les talons, et qu'il devait précisément obtenir un résultat tout opposé à celui qu'il annonçait.

Enfin un dernier exemple pris au hasard :

Pieds dont les talons sont trop hauts, mais cependant trop ouverts pour que l'encastelure soit à craindre.

Manière de parer le pied, d'après Bourgelat : « 1° Ne touchez point aux talons, à moins qu'ils ne soient si excessivement élevés que vous n'y soyez obligé ; 2° Diminuez la pince de tout ce qu'il vous sera permis d'en enlever. »

En procédant de la sorte, il est facile de comprendre qu'on fait exactement le contraire de ce qui doit être fait, pour les raisons exposées précédemment ; car, en reportant l'effort impulsif sur la pince, on arrive à exagérer démesurément le défaut qu'on cherche à faire disparaître. C'est un des défauts de ceux qui veulent faire quelques applications du système Perrier ; voulant soulager les tendons fléchisseurs, ils tombent dans le défaut opposé. Il est facile de concevoir qu'avec de tels principes, on cherche à nier l'écartement des talons, puisque on agit dans le sens du resserrement de ces parties. Les pieds traités à l'aide de ce système, ressemblent bien à ceux du mulet chez lequel, on le sait, il n'existe point d'élasticité ; d'ailleurs, en faussant l'appui de l'ongle sur le sol, on tiraille douloureusement les ligaments, et on rend les chevaux droits sur leur devant, huchés, arqués ; on rend enfin les allures incertaines et raccourcies.

Bourgelat ne s'est occupé que de la résistance de la

corne, déjà formée, demi-vive et morte, sur l'action sécrétoire; il n'a pas eu la moindre idée de l'action des pressions transmises par la paroi aux organes sé-créteurs. Aussi son ouvrage est un assemblage d'aper-çus lumineux, d'observations judicieuses et d'applica-tions à la fois fausses et impossibles.

Comme ce savant est parfois peu conséquent avec ses principes! ainsi (p. 184) : il observe qu'une posi-tion étant fausse, l'artiste la rendant encore plus pé-nible, il invite l'animal à en chercher une opposée, qui peut le rappeler à la justesse de l'aplomb ; mais il n'a garde de prétendre que ce principe, en lui-même très-vrai, fût applicable partout; *que l'exa-gération d'un défaut déjà exclusif accablerait de plus en plus la nature déjà trop opprimée*, et tel serait par, exem-ple, dans un cheval arqué, rampin etc., l'effet de la plus grande hauteur des talons et de l'abréviation de de la longueur de la pince ! ! !

Et plus loin (p. 185), il semble condamner ce qu'il vient d'énoncer à l'instant, prétendant qu'on peut rap-peler, par la ferrure, une partie faiblement dévoyée, en augmentant le défaut, et en soumettant par consé-quent l'animal à une sensation plus laborieuse.

Bracy Clark.

Incerta basis, instabile œdificium! telle est l'épigraphe choisie par B. Clark, et, partant de là, il déplore amè-rement l'ignorance des ouvriers appelés à agir sur un organe aussi parfait que le pied, sans la moindre con-naissance d'anatomie physiologique, et qui amène graduellement sa destruction. Le *tenderness* est l'idée fixe qui l'a occupé, préoccupé, poursuivi, et qui l'a poussé à rechercher la cause de ce mal dont personne ne veut convenir.

Après avoir étudié sérieusement le sabot, il prouve que ce n'est pas une simple boîte de corne, mais bien

une machine possédant des propriétés remarquables
d'élasticité, à laquelle le fer oppose des effets des-
tructifs.

Pour étayer son opinion, il dit que les mors durs
et déchirants, dont on se sert pour entretenir l'attention du cheval et le détourner de la douleur que les
pieds éprouvent, que les fouets et éperons dont on
fait usage pour l'empêcher de s'abattre, ces moyens
seraient inutiles, si l'animal avait un libre usage de
ses pieds.

Tout en rendant justice à ce savant, dans maintes
circonstances, mais surtout à l'égard de la priorité à
la découverte de l'élasticité, nous éprouvons de la difficulté à nous ranger complétement de son avis. Selon nous, il a énormément exagéré les effets pernicieux
de la ferrure, et, dans tous les cas, bon nombre de reproches, mérités à l'époque où il écrivait, n'ont plus
aujourd'hui raison d'être. Ce qui n'empêche pas certains stationnaires de répéter les mêmes plaintes ;
comme si la maréchalerie était restée *immobile* depuis
cinquante ans.

Nous partageons volontiers la manière de voir de
M. Rey, lorsqu'il observe qu'on exagère les mauvais
effets de la ferrure (1), et cela parce qu'on ne tient pas
assez compte de l'usure du cheval, résultant toujours
d'un service plus pénible que son existence à l'état
sauvage. Pour nous qui, pendant notre long séjour en
Afrique, avons été à même de comparer sur une très-
grande quantité de pieds ferrés ou non ferrés; nous
estimons que le tableau sombre de Clark est d'une
exagération toute systématique et analogue à celle de
son élasticité, en tant que cela s'adresse aux chevaux
de notre pays. Il faut le dire, les innovateurs conser-

---

(1) M. Bouley jeune disait, en 1845, qu'il pouvait faire voir des
chevaux qui étaient ferrés depuis plus de quinze ans par le procédé
usuel, et qui avaient encore des pieds modèles......
    Quel est le régiment de cavalerie qui ne possède pas des animaux
de 16, 17 et 18 ans? Et cependant, depuis l'âge de quatre ans, ils
n'ont pas toujours été très-bien ferrés......

vent rarement une sage réserve, un juste milieu ; c'est constamment avec une admiration vive et passionnée qu'ils offrent leurs produits, et trop souvent les superfétations de leur imagination créatrice..... Voyez avec quelle joie indicicible Clark cherche l'épanouissement des talons ! Il ose à peine présenter à la paroi une lame métallique ; il lui faut un fer à charnière, et encore cela ne lui suffit pas, tant il a frayeur de contrarier la marche de ses rouages merveilleux !

Perrier en podophile tenace, se voit aussitôt dans l'obligation, de créer une paire de forces, à l'effet de borner la latéralité. Ce même praticien, profitant de l'occasion, imagine que ces mêmes forces seraient bien capables de guérir quelques-unes des plus graves maladies du cheval.....

M. Riquet ne voit partout que le rayonnement du calorique, désordres pathologiques sérieux, résultant de l'application du fer chaud. A l'en croire, sans la podométrie, nos races continueraient à dégénérer, la longévité des animaux s'affaiblirait insensiblement, les pieds seraient dégradés de plus en plus, et le moral, enfin, du pauvre cheval de cavalerie serait complétement affecté par suite de la brutalité des ferrures à chaud.

Que voulez-vous ? Ainsi sont faits à peu près tous les innovateurs systématiques..... (1).

---

(1) Bracy-Clark doit certainement une large page de remerciements à M. H. Bouley qui, mieux que personne, a su lui rendre justice envers et contre tous, et n'a pas craint d'adopter franchement tout ce qui paraissait admissible de sa théorie, tout ce qui était enfin confirmé par l'expérience. Néanmoins, ce professeur a dû faire la part de ce qui revenait seulement à Clark, en faisant remarquer l'exagération qu'il montre, lorsqu'il avance que l'élasticité du pied est si évidente, qu'elle ne saurait être mieux comparée qu'à la souplesse des branches flexibles de l'osier ; idée fausse, qui est une de celles qui ont exercé l'influence la plus fâcheuse sur la pratique de la ferrure. A l'appui de son opinion, M. H. Bouley cite le fer à charnière simple et multiple, les différents fers à patente de Coleman, la méthode vicieuse d'amincir les barres ; ces étais, comme le dit Moorcroft, qui s'opposent, à la manière d'arcs-boutants, à ce que les côtés du pied ne se rapprochent pas trop l'un de l'autre ; puis l'amincissement exagéré des branches de la sole, et enfin l'usage désastreux : *d'ouvrir les talons.*

Nous ne dirons rien de notre Lafosse de 1756 ; lui, au moins, avait préconisé une ferrure qui devait laisser supposer qu'il avait un pressentiment de cette élasticité, dont Clark revendique la découverte avec au moins autant de chaleur qu'il en a mis pour la démonstration de l'élasticité elle-même. Le savant Anglais, fier de l'importance de sa découverte, proclame : qu'elle doit être à la physiologie du pied, ce qu'a été à l'astronomie le principe de gravitation. Cependant, dans l'introduction de la 2ᵉ édition de son livre, p. 14, il reconnaît que Lafosse a fait faire à l'art un grand pas au delà de cette misérable théorie, en soutenant, d'après la structure et les fonctions du pied anatomiquement considéré, que cette sensibilité provenait de ce que le pied était trop élevé de terre par la ferrure, et par conséquent, la fourchette éloignée du point d'appui, situation que semble exiger le pied dans son état de nature.

Il est certain que ces premières données ont dû singulièrement aider Clark et lui faire voir ce qu'il y avait de bon dans ce système. Lafosse voulait, en effet, que la fourchette vînt trouver le sol, et il faut bien admettre, qu'il ne pouvait supposer ce mouvement possible, sans l'écartement des talons. Lafosse n'a pas donné de théorie à cet égard, mais il a prêché d'exemple en adoptant une ferrure qui favorise admirablement l'élasticité. Notre hippiâtre français appelait cela *de la flexibilité ;* il n'en est pas moins vrai que c'était le premier pas pour arriver à la découverte de l'élasticité.

B. Clark, depuis l'adoption assez générale de sa théorie élastique, a répété, en parlant de Lafosse : « Que ce dernier était le point de départ des abominables pratiques de ferrure qui ont été préconisées. En attendant, les chevaux marchent avec la ferrure Lafosse et, dans quelques cas pathologiques, on obtient, même de son emploi, des résultats très-satisfaisants ; tandis que Clark n'a pu trouver et s'arrêter à une ferrure convenable. Turner et Miles sont-ils arrivés

11.

à des résultats satisfaisants? D'après nos essais, nous
doutons fort que leur ferrure unilatérale puisse tenir
sur nos routes ferrées et le pavé de nos villes. En sorte
que la théorie de la latéralité attend encore sa ferrure.

B. Clark, avons-nous dit, a exagéré les effets désastreux de la ferrure ; les chevaux ferrés par les Arabes
eux-mêmes, ne sont pas plus tarés, pas moins robustes,
pas moins vifs et vivent tout aussi longtemps que
ceux qui ne l'ont jamais été ; et Dieu sait ! si la ferrure
arabe est raisonnée et habilement pratiquée... Nous
avons vu, maintes fois, sur nos marchés d'Afrique, des
jeunes chevaux entièrement tarés, et qui jamais
n'avaient été ferrés. Les chevaux non ferrés ne courent
pas plus vite que ceux qui portent des fers. Dans les
courses et les fantasias, les premiers arrivés ne sont
pas toujours ceux qui ont les sabots vierges de ferrure.
Quant *aux éperons*, *fouets* et *mors de bride,* tout le
monde a pu se rendre compte de l'exagération de tous
ces objets à l'usage du cavalier arabe, et destinés indistinctement à tous les animaux.

Le vétérinaire anglais a dit, bien avant Perrier, que
les chevaux marchaient mieux avec des fers à éponges
ou à talons épars (page 16), avec cette différence dans
les résultats à obtenir, c'est que le premier veut favoriser *l'écartement des talons* et, le deuxième, *leur contention*. Lequel des deux a raison ?

Si cette question pouvait se résoudre physiquement, comme s'il s'agissait de dynamique, et que ces
deux écrivains eussent des armes égales, le résultat
serait *l'immobilité*, c'est-à-dire qu'il n'y aurait ni écartement des talons, ni contention de ces mêmes parties.
Mais, en pareil cas, il faut, de toute nécessité, qu'un
système l'emporte sur l'autre ; alors, que doit-il se
passer ?

Perrier est-il plus fort ; nous allons avoir la mesure
exacte de l'étendue de la force contentive, et cela à
l'aide de la différence provenant de l'inégalité de forces
opposées. Si la théorie de Clark, au contraire, l'em-

porte, nous aurons, à l'aide des mêmes moyens, la mesure du mouvement latéral de la paroi.

B. Clark termine son Introduction par ce vieil adage anglais : *Point de pied, point de cheval !* Et nous sommes bien de son avis.

Dans sa première partie, qui est son chef-d'œuvre, il aborde la question principale, celle pour ainsi dire qui forme la base de la théorie : la propriété d'élasticité dans les pieds des animaux. Il traite cette question au point de vue de l'anatomie et de la physiologie, avec une supériorité incontestable. « C'est elle, dit-il, qui met le pied en rapport avec les différents degrés de poids et de pression de l'animal et qui, par le changement de forme qu'elle permet à cette partie, l'accomode à l'état d'action ou de repos. C'est elle, enfin, qui garantit le pied de la fatigue et des injures auxquelles une trop grande solidité l'exposerait, qui préserve aussi le corps des contre-coups et des réactions trop dures et qui sert à le pousser en avant avec plus de rapidité, lorsque le pied, en revenant sur lui-même, reprend sa forme ordinaire. »

Après avoir établi des comparaisons fort justes, il termine ses considérations préliminaires en assurant que cette élasticité, si indispensable, existe dans le pied du cheval, quoique peut-être à un degré moindre que dans tout autre animal, ce qui ne doit pas étonner, comme il le dit ; « Si l'on fait attention que chez lui se trouve accompli un des problèmes les plus difficiles de la mécanique, c'est-à-dire un poids énorme mu avec un degré extraordinaire de vitesse. Dans le dessein de surmonter cette difficulté, un degré remarquable de solidité fut départi au pied au moyen d'un sabot d'une seule pièce, afin que rien de l'élan ne fut perdu. C'est cette solidité du pied qui a été cause que l'élasticité dont il jouit n'a point été aperçue, et qui a conduit à traiter son pied comme une pièce de bois solide. »

Il nous semble que ce dernier reproche ne peut être adressé à Lafosse. En pareil cas, Clark se montre un peu sévère, en rayant d'un trait de plume les

belles tentatives de Lafosse pour favoriser, dans tous
les cas, la flexibilité du pied. Certes, si la ferrure de
l'hippiâtre français était susceptible d'une application
plus générale, nulle autre n'aurait mieux su conserver
aux talons les propriétés tant vantées par Clark lui-
même. Déclarons-le une fois pour toutes : Bracy-Clark
a été peu reconnaissant envers ses devanciers (1)!
Personne n'a la prétention de lui revendiquer le mérite
de sa démonstration si ingénieuse de l'élasticité, du
moins en France ; mais cela ne constitue pas le principe unique auquel il faille se rattacher, lorsqu'il s'agit
de l'adoption du meilleur système de ferrure. Nous
savons aujourd'hui que l'étude de la *kératogénèse*, telle
qu'elle a été exposée par MM. Renault et H. Bouley,
ainsi que celle des aplombs, sont au moins d'une importance aussi considérable.

Si Bourgelat après avoir, le premier, fait l'heureuse
application des aplombs à la ferrure, en s'aidant de la
théorie des leviers, si Bourgelat, dis-je, avait été initié
aux secrets de la sécrétion kératogène; si, d'un autre
côté, il eût entrevu cette propriété unguéale dont Clark
a doté la maréchalerie, son essai sur la ferrure n'eût
rien laissé à désirer. C'est pour ne pas avoir été instruit
de ces phénomènes organiques qu'il a été si fatalement
conduit à faire de fausses applications. Nous ignorons
si Clark, dans sa dernière édition, a étudié la ferrure
sous ces deux derniers points de vue; toujours est-il
que son système, tel qu'il l'expose, est incomplet et ne
saurait produire de résultats fructueux. Perrier aussi,

---

(1) *Bibliothèque vétérinaire*, 1831, p. 427. Moorcroft dit que le creux
qui existe à la face supérieure du fer détermine la contraction du
pied; que le pied du poulain est ovale; que c'est sans doute là la ferrure qui est le mieux adaptée à la fonction du pied...; que les pieds
ferrés depuis un temps considérable, s'allongent de la pince aux talons,
deviennent plus étroits d'un côté à l'autre ; mais jamais plus courts et
plus longs... On observe encore, dans les pieds contractés, que les
quartiers sont plus droits, la sole plus creuse et les talons plus rapprochés que dans l'état normal..... Et plus loin : tandis que la contraction s'opère dans le sabot, les parties sensibles souffrent plus ou
moins de cette compression qui se manifeste bientôt par une boiterie.
Moorcroft écrivait cela dix ans avant Clark.

adoptant un point de départ analogue à celui de Bourgelat, a fort bien exposé l'action du levier phalangien sur les tendons, d'après la forme et la direction de l'assiette du pied, seulement sa théorie sur l'élasticité est fausse dans tous les points et est démentie par l'expérimentation.

Pour donner une analyse fidèle de l'élasticité de **B. Clark**, nous allons emprunter à **M. H. Bouley** la traduction qu'il a faite de l'édition inédite en France.

« Après les avoir considérées isolément, nous les examinerons ensuite réunies, afin de démontrer qu'elles forment, par leur assemblage, non-seulement une boîte cornée destinée à protéger le pied, comme on l'a considéré jusqu'à présent, mais encore une magnifique machine possédant de remarquables propriétés, et le pouvoir presque indéfini de céder sous le poids, faculté aussi indispensable que celle de défendre et de protéger les parties.

« La propriété d'élasticité existe surtout dans les parties postérieures de l'ongle sur lesquelles le poids est rejeté en vertu de l'inclinaison de la surface articulaire de la troisième phalange et dont il détermine la dilatation et l'expansion en arrière. Là sont réunies toutes les conditions de l'élasticité. D'abord le sabot est comme fendu dans cette partie par le repli, en dedans de sa cavité, des extrémités convergentes de la paroi ; disposition méconnue par les anciens écrivains qui n'ont eu aucune idée de la grande simplicité et de la puissance de ces arrangements mécaniques d'une seule pièce, si dignes d'exciter notre admiration pour le suprême architecte qui les a conçus.

« Ces parties ainsi infléchies où les barres forment, en dedans de l'échancrure de la sole, une sorte de muraille intérieure qui, par sa projection hardie, protége la sole ou la fourchette contre la pression du terrain qu'elles ne doivent pas supporter.

« Elles sont inclinées en bas et en dehors, afin que toute pression exercée sur elles par le sol, les force à s'ouvrir et à s'écarter de la fourchette ; qu'elles suivent ainsi la dilatation générale de la muraille et des quartiers, et qu'elles préviennent de cette manière la compression trop forte et la contusion des parties sensibles.

« Enfin, on peut admettre, sans trop d'invraisemblance, que lorsque le jeune animal est dans une très forte action, et qu'il s'élance en avant avec une vélocité presque égale à celle de l'oiseau qui vole, ces parties postérieures de la muraille du sabot cèdent sous l'impression de son poids, *aussi librement que les faibles branches de l'osier fléchissent sous le vent ;* et que, par leur retour soudain à leur position première, elles contribuent à ajouter à la rapidité du mouvement qui l'anime. »

Tel est l'usage que B. Clark assigne aux barres.

Voici ce qu'il dit de la fourchette :

« A première vue, on 'serait porté à croire qu'elle correspond au coussin central du pied des animaux digités ; mais cette manière de voir n'est pas correcte, puisque le coussinet de la patte du chien et du chat est destiné à s'imprimer tout d'abord sur le sol, et à servir de point d'appui au corps dans les mouvements impulsifs, tandis qu'il n'en est pas de même de la fourchette du cheval ; et, en effet, un animal d'un tel poids et destiné à se mouvoir avec une si grande légéreté, ne pouvait pas défendre des parties molles pour sa première impulsion. Le peu de résistance du point d'appui aurait certainement paralysé, sinon complétement détruit, les effets de la contraction musculaire. Il était donc nécessaire qu'il y eût des points de support plus solides, et cette condition est parfaitement remplie par la résistance et l'étendue de surface que présente le sabot.

« La masse triangulaire de la fourchette fait l'office d'une clef de voûte élastique au sommet d'une arche, élastique elle-même, communiquant, dans quelques cas, les mouvements à cette arche, et la suivant dans tous ceux qu'elle subit. Sa base, en raison de sa largeur et de sa masse, est la partie qui possède le plus d'aptitude à se mouvoir, de concert avec les barres ; mais, vers le centre du pied, elle devient moins mobile, parce qu'il y a là moins de causes qui déterminent le mouvement.

« La partie inférieure du pied s'adapte, par sa conformation, aux différents terrains sur lesquels elle doit poser. Lorsque le cheval progresse sur un terrain sûr, tel que le rocher et le pavé, c'est le bord inférieur de la muraille seule qui porte; corps dur contre corps dur. Mais, si le sol est plus mou et pour ainsi dire brisé, tel que le sable ou le gravier, la muraille s'enfonce un peu et de nouvelles parties servent à l'appui, c'est le bord externe de la sole et les barres. Enfin, sur un sol très-mou, comme celui d'une prairie ou d'un champ labouré, la muraille s'enfonce plus profondément, le bord externe de la sole et les barres pénètrent aussi, et un troisième ordre de parties concourt à l'appui, savoir : le coussin et la fourchette d'abord, et sa base ensuite; ainsi, parties molles sont opposées à parties molles, et aucun dommage ne peut être produit.

« Il est contraire aux saines idées de mécanique de croire que ce corps qui constitue une sorte d'arche creuse renversée, formée d'une corne qui a presque la consistance du caoutchouc, soit susceptible d'exercer sur les parties adjacentes, d'une nature bien plus résistante, une pression suffisante pour en déterminer l'écartement. Admettre une pareille idée est tout aussi absurde que de croire qu'il est possible de fendre un bloc de bois avec un coin de pâte. Si l'on place sur une table unie le relief en plâtre d'un pied qui n'a jamais été ferré, et qui a usé naturellement; en le faisant poser par sa face plantaire, on voit que les branches de la fourchette demeurent élevées d'environ 3/8 de pouce au-dessus du bord meilleur de la paroi, qui seule porte sur la table. Au point où la fourchette embrasse les angles d'inflexion, l'élévation est de plus d'un demi-pouce.

« Cette position retirée de la fourchette, dans la cavité de la face plantaire, conduit forcément à cette conclusion qu'elle n'a jamais été destinée à supporter ce degré considérable de pression que quelques-uns ont admis....

« Elle ne porte à terre qu'au moment où l'action du poids et de l'effort est le plus énergique, alors que les côtés du pied sont épanouis transversalement, jusqu'à la dernière limite qu'ils peuvent atteindre.

« Il est donc clair que la fourchette n'est pas un coin qui force le pied, mais que son usage, dans le vide des inflexions, est de permettre au sabot de s'adapter aux différents degrés de pressions et des efforts qu'il doit supporter.

« Ce n'est que dans les terres molles qu'elle sert à l'appui, de concert avec les autres parties, ou encore pendant les exercices violents où elle vient, par intervalle, supporter une partie du poids.

« La sole représente une voûte interrompue dans son centre et dont le vide est rempli par la masse élastique de la fourchette, disposition qui lui ôte la force de résistance d'une voûte ordinaire, et lui permet de céder sous la pression, de concert avec les barres qui lui sont étroitement associées. Lorsque cette voûte, rendue flexible par ce mécanisme, s'affaisse sous le poids qu'elle supporte, elle tend à l'étaler par sa circonférence et à repousser ainsi le bord de la paroi dans lequel elle est inscrite. C'est ainsi que toutes les parties du sabot combinent leurs actions pour produire le mouvement général d'élasticité du pied.

« Telle est, dit M. H. Bouley, essentiellement la conception de B. Clark, sur l'élasticité, considérée comme le produit du mécanisme de la boîte cornée. Nous avons voulu l'exposer avec détail, afin de démontrer que la plus grande partie des idées qui circulent aujourd'hui sur ce point de physiologie, remontent à B. Clarck, comme à leur source, et lui appartiennent en propre. »

Sans doute, il serait injuste de ne pas accorder à B. Clark ce qui lui appartient réellement; mais il faut bien admettre que, pour arriver à sa découverte, il a

été aidé par les idées éparses çà et là dans les ouvrages
de ses devanciers. Nous avons déjà fait part de notre
manière de voir, en rappelant ce qu'avaient dit Lafosse
et Moorcroft (1). Il y a loin, nous le savons, de ces
quelques idées, à la démonstration de Clark; néanmoins, notre Lafosse a été plus heureux que lui,
comme application. Nous le demandons! est-il bien
possible d'amoindrir l'idée de Lafosse et de la réduire
à cette seule flexibilité inhérente à la corne? Pourquoi et surtout aurait-il ainsi éloigné les étampures
des talons? Pourquoi aurait-il accordé à ces parties
une aussi grande liberté d'action. Est-il bien logique
d'admettre la flexibilité des talons, telle que Lafosse
la comprenait, sans supposer un instant un écartement
des talons? Ce sont là des questions que nous soumet-
tons à l'appréciation des observateurs sérieux. — Il
ne manque à Lafosse que la *démonstration* : Clarck
pèche par *l'application*. — Auquel des deux accorder la
préférence?

B. Clark est un savant théoricien, mais Lafosse est
un praticien consommé. Perrier, lui aussi a adopté les
mêmes principes fondamentaux que Bourgelat, mais
avec des applications différentes; ce qui n'empêche
pas le fondateur des écoles d'avoir tout le mérite de la
découverte et non Perrier. On pourrait, ce me semble,
établir cette proportion entre ces quatre écrivains :
« Bracy-Clarck est à Lafosse :: Perrier est à Bourgelat. »

Bien entendu qu'il s'agit ici des doctrines seulement, et non de la clarté et de la richesse du style...

Bracy-Clark a démontré comme quoi la fourchette
ne devait pas subir la pression du sol au premier
temps de l'appui. Plus élevée que le bord plantaire de
la paroi, elle ne peut se mettre en contact avec le terrain que lorsque le sabot s'est écarté sous la pression

(1) Spooner et Girard lui ont contesté cette découverte. Bouley
jeune pense également que Lafosse, le premier, avait parlé de l'élasticité, et que Clark n'avait donné, pour ainsi dire, que la démonstration fondamentale de l'idée émise par l'hippiàtre français.

et que la sole et les barres, en s'affaissant, en ont produit l'abaissement. »

Ainsi, dit M. H. Bouley, il existe une différence fondamentale entre ces deux systèmes, à l'égard des usages de la fourchette. Il est vrai que la théorie de Clark est ingénieuse et entraînante, et ce n'est pas la moindre de ses qualités ; mais, d'un autre côté, on entrevoit constamment le complément d'une idée fixe et systématique, venant se traduire nettement dans l'enchaînement méthodique des phénomènes élastiques du pied.

Clark, avant tout, ne veut pas qu'on compare la fourchette au coussin central du pied des animaux digités, attendu que la patte du chien et du chat qu'il a déjà citée cependant, pour démontrer l'existence de l'élasticité, chez ces animaux domestiques, a un coussinet qui est destiné à s'imprimer tout d'abord sur le sol, et à servir de point d'appui au corps dans les mouvements impulsifs, tandis qu'il n'en est pas de même de la fourchette du cheval. Il voudrait encore bien moins, nous le supposons, qu'on vînt à comparer cette même fourchette au coussinet cartilagineux placé sous les deux ongles du chameau ; il observerait que cet animal est destiné à progresser sur des terrains sablonneux. Cependant le chameau et le dromadaire ont un poids énorme, sont toujours très-chargés, ce qui n'empêche pas certains dromadaires coureurs, de parcourir 25 et 30 lieues dans une journée, et à des allures réclamant une grande légèreté. Et cependant le peu de résistance du point d'appui ne paralyse pas, ne détruit aucunement les effets de la contraction musculaire. Mais ce n'est pas là le point que nous voulons attaquer, c'est une simple remarque faite *currente calamo*. Voici notre objection : B. Clark, allons-nous remarquer, est trop exclusif, lorsqu'il admet ces trois nuances, ces trois temps bien séparés dans le poser. Nous estimons qu'elles peuvent être observées, ces trois nuances, sur certains pieds, mais non sur tous indistinctement. On s'aperçoit que *l'auteur de l'élasti-*

cité a surtout étudié le cheval anglais au pied creux,
à la paroi verticale, aux talons en général serrés, à la
fourchette retirée dans la concavité de la surface plantaire, comme il le dit lui-même, car ses observations
sont en tous points applicables aux pieds des animaux
de son pays : 1° Ainsi, sur les rochers et le pavé, le bord
inférieur de la muraille porte seul ; 2° si le sol est
mou, et comme brisé, la paroi s'enfonce *un peu*, en
même temps que les barres et le bord externe de la
sole viennent lui prêter assistance, enfin si le sol est
très-mou, il va de soi que la muraille doit s'enfoncer
encore, qu'à leur tour, barres et bord externe de la
sole pénètrent plus avant, et que le coussin, d'abord,
ensuite la base de la fourchette viennent opérer
le mouvement que Lafosse leur avait fait exécuter, d'après Clark, beaucoup trop tôt. Comme on
le voit, tout ceci est parfaitement méthodique ; par
malheur, cette succession bien graduée des mouvements de la fourchette n'est pas toujours conforme
avec les faits ; témoin ce qu'on peut voir sur la plupart des pieds du centre et du nord de la France, alors
que le sabot a les talons bas et une fourchette volumineuse. Nous allons plus loin, et nous assurons n'avoir
pas observé dans tous les cas, ce qu'a annoncé Clark.
Il nous permettra bien de ne pas être entièrement de
son avis ; car, nous aussi, avons cherché à prendre la
nature sur le fait. Voici ce que nous avons observé sur
des milliers de pieds, vierges de ferrure, de nos chevaux africains ; c'est que rarement la fourchette se
comporte comme l'indique le vétérinaire d'outre-
Manche. Nos observations ont été faites sur des chevaux kabyles, ceux du centre, et les animaux qui
bordent le Sahara algérien.

La fourchette n'est qu'exceptionnellement élevée de
3/80 de pouce au-dessus du bord inférieur de la paroi,
même sur le cheval des montagnes, très-souvent elle
est au niveau de la paroi, et use en même temps que
le bord inférieur de l'ongle ; ce dont il est facile de se
convaincre en examinant la surface plane qu'elle offre.

Nous croyons donc que la théorie de Clark n'a de véritable application que pour les pieds anglais (1). Bien
que nous ne partagions pas ses idées théoriques, nous
n'acceptons pas pour cela l'épithète un peu verte qu'il
lance, dans son admiration élastique, à l'adresse de
ceux qui se permettent de contrôler sa merveilleuse
découverte...... Dans tous les cas, nous trouvons sa
comparaison uu peu pâle, lorsqu'il assimile les talons,
ces parties essentiellement flexibles, d'après lui, qui
vont jusqu'à plier, comme une tige d'osier, sous le
vent...... à un bloc de bois! Et la fourchette... à un
coin de pâte... fourchette qu'il considère lui-même
comme une espèce de clef de voûte élastique, placée
au sommet d'un arche élastique, à qui elle commu-
nique parfois des mouvements...... En vérité, Clark
n'a pas été heureux dans sa comparaison.

Quant à sa ferrure, il est à peu près inutile de s'en
occuper. Que peut-on dire, en effet, de son fer plus
ou moins articulé, espèce de podomètre plus plaisant
qu'utile.

Système Turner et Milles.

Nous venons de reproduire à l'instant, que B. Clark,
comme il l'avoue lui-même, en dépit de tous ses
efforts, et, ils ont été considérables, malgré sa patience, ses nombreuses observations, et surtout les
sacrifices pécuniaires énormes qu'il a faits, n'a jamais pu obtenir de résultats pratiques satisfaisants.
Néanmoins, il paraît qu'à Londres, ses idées et sa
théorie sur l'élasticité, un peu libre du pied, ont
trouvé de l'écho.

Plusieurs vétérinaires, après avoir vainement cher-

---

(1) Que se passe-t-il lorsqu'un cheval porte un fer à planche, pendant des mois entiers, et qu'il favorise la cure de quelques maladies
du pied? Cependant la fourchette, dans ce cas, porte en même temps
que la paroi, et sans que jamais l'élasticité ait eu à se plaindre à l'aide
d'une boîterie.

ché pendant longtemps, ont enfin trouvé la solution du problème anglais, c'est-à-dire une ferrure capable de ménager et de conserver, cette tant vantée propriété unguéale.

Beaucoup ont pensé, que l'application d'une semblable théorie, était chose au moins aussi difficile que la démonstration de la quadrature du cercle; mais, point : Il paraîtrait qu'une certaine ferrure, *dite unilatérale,* viendrait désormais couronner tant d'efforts et permettre à Clark de se reposer de ses longues fatigues.

Turner, vétérinaire de Londres, est l'inventeur de cette ferrure, qui n'est pas nouvelle, puisqu'elle date de 1832.

M. Miles, riche gentleman, s'est constitué le parrain de ce système, qui a pour base l'élasticité de B. Clark, dans sa plus large extension. Bien que cette ferrure n'ait pas le moindre cachet de la nouveauté, puisqu'en France, elle est pratiquée et représentée depuis longtemps par la ferrure dite à la turque; il n'en appartient pas moins au sieur Miles, d'avoir cherché à généraliser sa pratique, tout en diminuant le nombre de clous destinés à fixer le fer au sabot.

Les Anglais, il faut le dire en passant, ont besoin, de s'emparer de nos inventions, de les faire prévaloir à leur profit : Nous sommes les chats, et eux les singes ! L'emploi de la vapeur, l'éclairage au gaz, témoignent assez en faveur de notre reproche... Je trouve qu'ils n'agissent pas autrement à propos de la ferrure. Lafosse, après avoir fait leurs délices, après avoir été l'élu du collége de Londres, après avoir été enfin très à la mode chez nos voisins d'outre-Manche; est tout à coup délaissé, comme il était facile de s'y attendre, et à peine conserve-t-on un bon souvenir des services rendus. B. Clark, l'homme à la théorie élastique par excellence, va jusqu'à dire : que son système est absurde, et qu'il est le point de départ de toutes les abominables pratiques de ferrure qu'on a préconisées.

On ne peut, certes, pas en dire autant de ce savant

écrivain, qui n'a jamais pu trouver une ferrure applicable...

Quant à la ferrure unilatérale ; je suis persuadé que Turner n'a jamais rien dit qui puisse faire supposer, pressentir, que son invention, n'était que notre ferrure à la turque ressuscitée ! ! !

Dans tous les cas, qu'il nous soit permis de répéter aux partisans de la ferrure Miles : qu'il ne suffit pas d'être galant avec cette très-aimable élasticité en admirant son épanouissement exagéré ; qu'il faut savoir, et surtout appliquer les aplombs, tels qu'ils ont été enseignés par l'illustre Bourgelat, à la ferrure, tout en tenant compte des lois qui président à la pousse et à la conservation de l'ongle.

Voici brièvement, en quoi consiste ce système, d'autant mieux goûté et apprécié en Angleterre qu'il a été prôné et patroné par un homme riche qui a eu le mérite immense d'avoir produit, en cinq ans, la 7ᵉ édition de son œuvre ! Il y a tant de bons ouvrages scientifiques qui n'ont jamais pu débiter complétement une seule édition ! ! ! C'est encore le cas de rappeler ces deux vers de Voltaire :

> Coutumes, opinion, reines de notre sort,
> Vous réglez des mortels et la vie et la mort.

M. Miles, admet tout d'abord, que la théorie de B. Clark est acceptée par tout le monde sans contestation et sans controverse. Observons, que M. Miles, en véritable amateur, a compté sans son hôte ; il n'a probablement pas lu l'ouvrage de Perrier, et n'est pas bien fixé sur l'opinion des vétérinaires français, qui sont loin d'accepter, sans restriction, son élasticité inestimable.

Ce gentilhomme assure qu'il y a une différence d'un seizième de pouce entre l'écartement de la région de la pince, et de deux seizièmes dans celle des talons, en faveur du pied, lorsqu'il supporte le poids du corps ; différence facile à constater en faisant lever le pied.

Tous les praticiens savent à quoi s'en tenir sur cette exagération.

Il nous dit aussi que l'épaisseur de la paroi étant de moins en moins prononcée jusqu'en talons, il est clair que les parties les plus minces ne peuvent être rivées à une barre inflexible. Il aurait dû insister seulement sur cette particularité, à propos des pieds antérieurs : car il est reconnu que cette pratique a peu d'inconvénients sur les pieds postérieurs, qui jouissent d'une élasticité très-obscure.

M. Miles ne cherche pas à démontrer quels sont les usages de la fourchette ; c'était, ce nous semble, un point très-important à éclaircir : il se contente de constater les effets pernicieux d'une mauvaise ferrure sur la forme et le développement de cette partie de la boîte cornée. Il n'apprend rien de nouveau : Lafosse avait dit toutes ces choses-là depuis longtemps, et avait cherché, à l'aide de sa ferrure, à faciliter les mouvements de la fourchette. Quant à la forme de l'os du pied, dans la région de la pince, c'était encore parfaitement démontré, moins son interprétation physiologique, qui est loin d'être vraie.

Comme ce livre n'a rien d'original, n'est, à vrai dire, qu'un assemblage de matériaux divers coordonnés par un homme non praticien, nous serons concis à l'endroit de son analyse.

Le principal but de cet écrivain est de chercher à populariser notre ferrure à la turque, en Angleterre.

Suivons-le aussi rapidement que possible.

« Le pied n'est pas circulaire, la courbe externe est plus saillante que l'interne, qui se rapproche davantage de la ligne droite. L'ouvrier n'enlève généralement pas assez de corne dans l'action de parer. M. Miles n'admet pas de règle fixe pour cette opération.

« L'ongle doit être abattu et aminci de manière que la corne morte soit enlevée et que la sole cède sous le doigt. » Ce gentilhomme n'est pas très-avancé, lorsqu'il ajoute que la sole doit être amincie au niveau des arcs-boutants, siége ordinaire des bleimes.

« Il ne faut pas toucher à la fourchette, elle se dessécherait et ne formerait plus un coussin épais, arrondi et élastique. Il ne faut pas qu'un fer soit trop léger, il pourrait se gaucher plus facilement, presser inégalement la sole et faire effort sur les clous.

« Le fer doit être suffisamment couvert et replié en talons. Le pied ne doit pas recevoir sa forme du fer.»

En parlant de la garniture, M. Miles dit que c'est un préjugé de croire que l'écartement des branches du fer en talons favorise l'élasticité du pied. D'après lui, la forme du fer n'influe en rien sur la forme du pied, car le sabot étant élastique s'épanouit sous l'effort de la pression, précisément au même degré, qu'il repose sur le fer le plus écarté possible ou le plus resserré. M. Miles admet la dilatation de la paroi en talons; eh bien ! nous le demandons : Est-il possible d'accepter cette élasticité sans approuver la garniture du fer ? Si le fer est juste en talons, si la paroi est au niveau de la lame métallique, que deviendra la portion de paroi débordant pendant la dilatation latérale ? Sur quelle base pourra-t-elle prendre un point d'appui ? C'est donc une idée tout à fait fausse de croire que la garniture soit inutile. Sans doute, c'est la situation des clous sur le fer qui détermine la forme du pied ; mais c'est justement en raison de cette forme, que vous désirez favoriser, qu'il est urgent d'adopter la garniture. Croire à l'écartement des talons et proscrire la garniture, c'est un contre-sens !

M. Miles ajoute « qu'à supposer que le fer soit resserré, le pied s'épanouira en dehors de sa circonférence, s'il n'est pas arrêté dans son mouvement d'expansion par la situation des clous.

Mais, nous le répétons, sur quelle base s'épanouira-t-il ? La paroi, en débordant et ne pouvant trouver de point d'appui, flottera incertaine dans l'espace... Puis il n'a pas réfléchi qu'il détruisait de la sorte la multiplicité des points d'appui, et rendait ce dernier d'autant plus instable.

Nous ne prétendons pas dire qu'il faille une garniture exagérée, comme j'ai eu occasion d'en admirer sur quelques mauvaises imitations de Perrier, car alors il n'y a plus opportunité, mais inconvénient véritable, qui, du reste, est de peu de durée, le fer étant promptement arraché ; toujours est-il qu'il est important de ménager cette garniture dans de justes limites. A ce propos, il nous revient à l'esprit une coutume des plus incroyables, de la part de quelques disciples de Perrier, c'est l'exagération de cette même garniture, et cela... pour permettre aux talons de rentrer et d'obéir à cette inexorable contentive !! Quelle originalité !! !! !! Revenons à la ferrure Miles : « Le fer doit être assez épais pour ne pas fléchir sous le poids, et assez couvert pour protéger le pied. Couverture et épaisseur, doivent être les mêmes de la pince aux talons. Les éponges ne seront pas plus épaisses sans quoi le poids est reporté sur la pince, ce qui l'expose à butter. La pince du fer doit être légèrement relevée. Le fer sera assez long pour recouvrir les arcs-boutants et leur offrir un point d'appui. Il faut que l'ajusture existe tout autour du fer jusqu'aux arcs-boutants...

« Les dangers de la ferrure à chaud sont imaginaires. Le fer devant porter exactement partout, c'est au moyen de la ferrure à chaud qu'on y arrive plus sûrement.

« La ferrure ne doit durer que deux ou trois semaines... Les clous placés en talons déterminent la contraction du pied et la maladie naviculaire. Ils doivent être placés sur le quartier externe et en pince, de manière à laisser au quartier interne toute la liberté de se dilater. Avec cinq clous pour les pieds de devant et sept pour les pieds de derrière, les fers sont suffisamment solides. »

D'après les essais que nous avons tentés en Afrique, sur une assez grande échelle, nous croyons que la ferrure unilatérale, surtout lorsqu'elle est pratiquée à froid, offre plus d'inconvénients que d'avantages réels, alors que les animaux doivent voyager sur des terrains rocailleux, inégaux et accidentés. Les fers maintenus à l'aide de cinq clous sont promptement arrachés et rendent les pieds dérobés. Lorsqu'on place 7 clous, ils sont tellement rapprochés qu'ils gênent très-souvent et déterminent des boiteries qui ne disparaissent qu'avec une autre ferrure. Nous estimons que cette ferrure unilatérale aurait peu de succès sur le pavé de nos villes et de nos routes. A moins d'essais nombreux, elle ne saurait être adoptée dans notre cavalerie.

Système Perrier.

Perrier, à la p. 1re, dit : qu'il cherche surtout à se rendre intelligible aux amateurs et à ceux qui élèvent les chevaux... Pourquoi pas aux vétérinaires ?

Ce praticien, dans toutes ses descriptions, n'a qu'un but, c'est de vouloir amener sans à-coup, et graduellement, à faire adopter ses idées théoriques. A propos de l'épaisseur de la paroi (p. 5), il dit : « L'épaisseur de la paroi, mesurée circulairement depuis le centre de la pince jusqu'au point antérieur de chaque quartier est à peu près la même ; mais elle diminue insensiblement de là jusqu'au principe des talons, *et augmente de nouveau jusqu'à leur bout.* » On le voit déjà donner un renfort utile pour sa théorie, à cette dernière partie des talons qui est un des éléments de la force contentive.

« L'angle d'inflexion, qui est l'extrême bout du talon, jouit d'un degré de compacité supérieur à celui de toutes les autres parties de l'ongle. Les arcs-boutants ont été considérés avec raison comme pouvant s'opposer à la concentration des talons ; mais on n'a pas indiqué avec précision d'où leur venait cette faculté. »

En parlant de la sole, il développe insensiblement ses idées :

« Si l'on considère collectivement la face supérieure ou interne de la sole avec la fourchette, elle présente trois éminences : une centrale et deux latérales ; ces dernières ont la forme de mamelons, sont *inclinées de dehors en dedans, et portent à leur bout une petite arête.* »

Le bord interne de la sole est l'arc de la sole, parce qu'il a, dit-il, la forme et les propriétés d'un arc dont le centre répond à la pointe de la fourchette. La sole est une voûte cintrée dans tous les sens ; son centre longitudinal doit surtout fixer l'attention. Il partage l'avis de B. Clark, qui considère la sole comme une voûte ouverte au delà de son centre, et la fourchette comme servant de clef à la portion ouverte de la voûte. Il ne pouvait faire autrement pour expliquer sa force dilatante antérieure ! !

La fourchette n'est qu'en apparence bifurquée dans son milieu ; ce n'est qu'un pli, d'autant plus profond que les pieds sont plus resserrés. Il note que le sommet de l'arête de la fourchette est infiniment plus épais et plus robuste que les parois de ce même pli. Cela ne doit pas étonner, puisque le sommet résulte de l'application des deux parois. Perrier regarde ce sommet comme le pivot sur lequel s'exécutent les divers mouvements de ses branches.

« L'éminence qu'il présente du côté de la fourchette de chair ne se rencontre pas dans le pied du poulain qui vient de naître. » C'est ce que Clark avait déjà dit : « Cette éminence existe peu ou point dans le pied dont la largeur n'est pas altérée ; elle se dessine dès que le pied commence à se resserrer en talons, et s'allonge à mesure que ce resserrement augmente ; on la trouve d'autant plus recourbée en crochet, que la pince était plus longue, le cheval plus long-jointé ou le pied rétréci depuis plus longtemps ; métamorphoses dues à la mauvaise distribution de l'appui, *aux efforts concentriques des agents contentifs du sabot*, au rapprochement extrême du pli de la fourchette.

Ce premier chapitre n'offre absolument rien d'intéressant et d'original.

CHAPITRE DEUXIÈME. — *Forme naturelle du sabot du cheval.*

Sans rien contester de la forme reconnue par Bourgelat et Clark, il remarque qu'à son point de vue le pied est légèrement conique. Nous adoptons volontiers cette forme reconnue par Perrier, afin de la lui rappeler en temps et lieu.

La paroi des talons est inclinée de dehors en dedans, plus rapprochée du centre du pied à son bord inférieur, qu'elle ne l'est à un pouce au-dessus, et cela d'après lui, pour permettre au poids d'imprimer aux talons une action concentrique d'autant plus forte qu'il est plus pesant. (Tout cela est bien enchaîné ; il ne manque, par malheur, qu'un complément très-utile : la vérité !)

Comme on le voit, Perrier a déjà admis *sa force contentive*, sans chercher à prouver en vertu de quoi elle existe ; il suit aveuglément sa route, sans guide, comme l'enfant qui court à l'aventure. Certes, si Perrier eût fait la moindre expérience, il aurait bientôt reconnu son erreur. *Une force contentive !!!* (1).

Il continue : « Dans le poser et aux allures lentes, la pince et les mamelles arrivent les premiers à terre, et, comme le pied s'élargit graduellement de la pince aux quartiers, son pourtour extérieur rencontre de la résistance de la part du terrain. » Cette nouvelle proposition est complétement fausse. Il n'y a que Perrier qui ait imaginé une force dilatante à cette région du pied. Expérimentalement, il est impossible de démontrer son existence.

« Dans l'appui, son rétrécissement, tant du côté de

______

(1) M. H. Bouley disait, en parlant de cette fiction : « Je n'insisterai pas sur ce qu'il y a d'impropre dans l'application du mot *force* aux conditions essentiellement mécaniques qui pourraient être la cause de ce double mouvement, à supposer qu'il existe. La propriété contentive du sabot est inhérente à lui-même ; elle résulte tout à la fois des qualités de sa substance, de l'intime union de ses différentes parties composantes et des conditions mêmes de sa structure, qui font qu'il tend d'autant plus à revenir sur lui-même, que l'effort dilatateur intérieur est plus puissant. La force contentive du sabot n'est donc pas autre chose que l'élasticité qui résulte de sa forme même. »

la pince que du côté des talons, enclave tous les corps
emboîtés dans la sole. 3° Dans l'arrêt, le poids de
l'animal est presque tout entier sur les talons, qui,
moins élevés que les quartiers, présentent le plus
grand obstacle au passage des corps qu'a logés le
creux de la sole. Enfin, *comme il y a de même moins
d'évasement depuis les quartiers jusqu'au centre de la
pince*, il y a une nouvelle résistance de la part du terrain dès l'instant où le poids se rapproche de la pince
dans l'action du lever. » Toutes ces conditions, qui
n'existent que dans le cerveau de Perrier, « donnent
à la marche le plus grand degré de fermeté. » S'il avait
pu communiquer l'assurance avec laquelle il émet ces
idées, à la marche elle-même, certes elle eût été solide et ferme...

Il était si facile à Perrier, cependant, de faire des
expériences avant de bâtir une théorie aussi fausse
qu'obscure.

Perrier vient de dire : « Dans l'arrêt, le poids de
l'animal est presque tout entier sur les talons
qui, etc., etc. (p. 14). » Si Perrier avait relu attentivement ce qu'il venait d'écrire, il aurait reconnu qu'en raison de ce moindre évasement des
talons et de l'obstacle plus grand qu'ils présen-
taient, comme il le dit, il devait naturellement admettre que le mouvement latéral des talons était une
nécessité, une conséquence des conditions organiques
qu'il reconnaissait, et que le mouvement contentif
n'était pas admissible : « On a cru que la configura-
« tion de la face inférieure du pied n'avait pas la pro-
« priété de concourir à l'affermissement de la mar-
« che, etc., etc. » (P. 15.)

Où Perrier a-t-il lu ce qu'il rapporte ? Il est facile de
s'en convaincre en rappelant ce que Lafosse et Clark
ont écrit. Cette idée dominait tellement Lafosse, qu'il
cherchait à faire prévaloir son fer à croissant et son
crampon de corne. Clark, à ce propos, reconnaissait
trois périodes dans l'affaissement de la face inférieure
du pied : 1° poser du bord inférieur de la paroi : 2° pa-

roi et la sole ; 3° coussinet de la fourchette et sa base
ensuite. Comme Perrier a une manière à lui d'expliquer ce phénomène, il est certain que les auteurs
n'ont pu narrer comme lui. Clark même a remarqué,
très-judicieusement, que son élasticité favorisait le
mouvement impulsif de l'animal, par le retour du pied
à sa forme première, après la distension.

Il ne pouvait faire d'exclusion pour les parties qui
contribuent à la configuration de la face inférieure du
pied : les barres en se redressant, les talons en revenant à leur position première, la sole en reprenant sa
voussure normale, et la fourchette, enfin, regagnant
sa place habituelle, ne sont-ils pas des moyens suffi-
sants pour assurer l'affermissement de la marche ?

Quant au creux du pied, Perrier cherche à nous démontrer que, plus l'ongle a de profondeur, et plus il
est ferme (P. 15).

En raisonnant dans son sens, le pied encastelé réu-
nirait alors les meilleures conditions d'appui ! Tout le
monde sait parfaitement que le pied plat glisse plus
facilement, et jamais personne, que nous sachions,
n'a cherché à prouver le contraire. Nous l'avons dit, il
faut se renfermer dans de justes proportions, lorsqu'il
s'agit d'invoquer la belle conformation. Lorsqu'on
veut faire prévaloir son système, c'est à l'aide de solides arguments, et non en prêtant aux autres des pen-
sées qui ne sont pas les leurs. Perrier s'évertue à nous
démontrer l'avantage du pied creux sur un sol humide ;
mais il aurait bien pu le suivre ailleurs que dans la
prairie, sur nos routes ferrées par exemple, sur le pavé
de nos villes, au milieu des chemins rocailleux, etc. Perrier aurait dû se rappeler que la nature n'avait rien fabriqué d'imparfait, et que cette mère prévoyante a donné
au cheval destiné à vivre dans l'humidité et les maré-
cages, non pas des pieds creux, comme il l'indique,
mais bien des pieds plats, faibles de talons, et à four-
chettes très-développées. Est-ce le but de la nature
qui se traduit dans une semblable conformation ; ou,
ne serait-ce que le résultat du séjour des pieds au mi-

lieu de semblables terrains ? Nous laissons à de plus habiles que nous le soin de résoudre cette question de physiologie comparée.

Cet écrivain cite la conformation des pieds du cheval libre, soit : nous le suivrons sur ce terrain, qui est un peu le nôtre, puisque nous avons été à même, pendant des années, de recueillir les meilleurs renseignements à cet égard. Il nous donne un modèle du pied vierge, que nous sommes loin de reconnaître avec sa description ; c'est, en effet, un pied de convention créé pour son, système, à moins, cependant, qu'en pareil cas ce soit. comme en peinture , une affection des organes de la vision ! ! L'un voit de la couleur où l'autre n'entrevoit qu'un ton obscur ; le premier découvre du rouge, du bleu, là où un second n'aperçoit que grisaille.

Perrier exige qu'une ligne partant de la pince et se rendant au milieu des talons partage la face inférieure de l'ongle en deux parties parfaitement égales : l'interne et l'externe. Nous pouvons assurer que cette conformation ne se fait pas voir deux fois sur cent. Sur un pied vierge de ferrure, toujours on remarque le côté interne plus faible de paroi et plus rentré ; le quartier externe est, dans tous les cas, plus incliné de dedans en dehors (1). Prendre cette disposition naturelle pour une défectuosité, comme le fait Perrier, c'est vouloir se mettre à côté de la vérité. D'après lui, *les talons sont hauts*... Pas dans tous les cas ; et, comme nous l'avons déjà fait remarquer, cela dépend des zones différentes au milieu desquelles les animaux ont été placés. Ainsi, en Afrique, le cheval montagnard, kabyle, des Aurès, du Hodna, etc., n'a pas le même ongle que l'animal né et élevé dans le centre ; celui des Abd-el-Nour, des Amniers, a un tout autre pied que celui du Sahara algérien. Et, sans aller si loin, est-ce que

---

(1) Si Perrier avait réfléchi, il se serait rappelé que cette différence entre les côtés externes et internes existait non-seulement dans le pied, mais sur les surfaces articulaires du paturon et de la couronne.

le poulain de Tarbes a les talons faits comme ceux du
normand? Le cheval belge et hollandais, celui des
bords du Rhin, ont-ils les pieds construits comme
ceux du Limousin, de la Camargue et ceux de la Cer-
dagne française? N'en est-il pas de même de la sole
et de la fourchette? Néanmoins tous ces chevaux marchent, n'éprouvent aucune souffrance tant qu'ils
restent chez eux. Ce sont là des beautés relatives en
rapport avec les influences climatériques et la nature
variée du sol !..

CHAPITRE TROISIÈME, p. 17. — *De l'aplomb naturel
du sabot.*

« Perrier donne le nom d'aplomb naturel du sabot
à cette disposition qui lui assure la distribution du
poids de la machine, dans l'endroit précis où la direction naturelle des os et des articulations des membres
doit la départir, disposition qu'il retire de l'harmonie
qui existe entre son accroissement et son usure, de la
convenance des surfaces que présente au sol son pourtour inférieur... »

Perrier, à l'aide de cette définition, nous instruit-il
davantage que Bourgelat? Evidemment non! Dans le
chapitre troisième, il n'y a que des divisions fictives
qu'il est inutile de rappeler, et qui se rapportent aux
principes émis si clairement par Bourgelat. Soyons de
bonne foi, le levier inférieur est-il autre chose que
celui qui a été démontré si clairement, si éloquem-
ment par Bourgelat? Perrier ne s'est même pas donné
la peine de nous en donner une description exacte, et
de nous indiquer à quel genre il voulait le rapporter;
il l'a choisi tout préparé par les fondateurs des écoles, et
il nous l'offre à deviner sous forme énigmatique, comme
tant d'autres propositions plus ou moins ténébreuses.

Pour démontrer combien peu il y a d'originalité
dans les aplombs de Perrier, nous allons mettre en
regard ses idées avec celles de Bourgelat; la comparaison fera le reste (voir à la page suivante). Dans
tous les cas, il serait permis à celui qui ne connaît ni

l'un ni l'autre, de supposer que Perrier le premier a cherché à préluder sur la théorie des leviers, et que Bourgelat n'est arrivé qu'après lui pour perfectionner sa découverte, et la rendre d'une manière plus claire et plus scientifique !

Aplombs de Bourgelat, p. 152.

« Soit à présent, dit Bourgelat,
« le sabot de l'animal envisagé
« comme l'extrémité d'un levier
« résultant des os du paturon et
« de la couronne; le point d'appui
« sera sous le canon (*fig*. B et A),
« dans la direction de l'axe de
« cette partie; le bras accordé à
« la résistance se trouvera dans la
« portion du paturon dépassant en arrière cette ligne
« de direction, ainsi que dans les os sésamoïdes, A,
« R; celui de la puissance enfin, aura toute la lon-
« gueur restante du paturon, toute celle de la cou-
« ronne et du pied jusqu'à la pince A, P. »

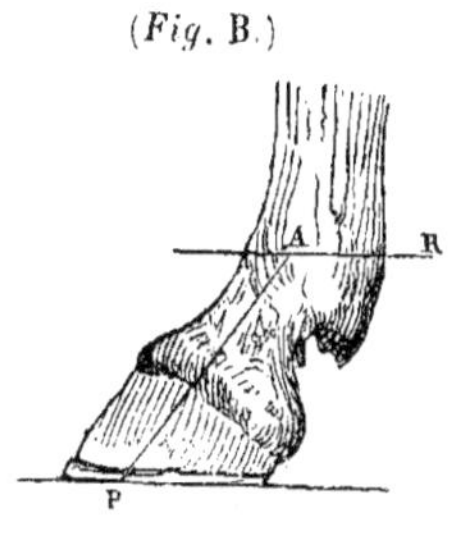

« Ce que nous entendons par puissance ne peut être autre chose que la réaction du sol contre le poids de l'animal; et nous supposons ici les articulations du pied avec la couronne, et de la couronne avec le paturon, dans le moment d'inflexibilité que produirait la tension du tendon. Dans cet état, et lors de station du cheval, il est évident que le poids de la machine sollicitera sans cesse la diminution de l'ongle, qui a lieu au boulet, entre l'avant du canon et le dessus du paturon, et que la seule force qui pourra s'opposer à ce que cet angle soit de plus en plus resserré n'agira que par le tendon aidé du bras terminé par les sésamoïdes.

« Si le bras de la puissance se trouve exagéré contre nature, comme dans les chevaux long-jointés, par exemple, ce même tendon sera distendu par une force bien plus considérable, puisque l'excès de ce bras sur celui de la résistance sera plus grand, et *vice versâ* dans les chevaux court-jointés. »

Voilà le levier que Perrier a emprunté à Bourgelat, et que, sans plus de façon, il a désigné sous le nom impropre de *bras de levier inférieur !* (1).

Bourgelat complète ainsi sa pensée : « Le premier de ces cas aura lieu encore par l'exagération en longueur de l'assiette du pied, si l'excès de cette longueur réside dans la pince seulement. Si la pince et les talons ont une part égale, la puissance n'aura ni plus ni moins d'avantage sur la résistance que dans l'état naturel ; et si le prolongement n'est qu'en talons, le bras de la puissance se trouvant raccourci, elle aura moins d'empire sur la résistance ; car dans cette hypothèse, il faut toujours rapporter le point de la puissance au centre de l'assiette. Or, dans la première supposition, il s'éloigne du point d'appui ; dans la deuxième, il restera au même lieu ; et dans la troisième, il s'en rapproche. Plus encore le pied sera court, moins, par la même raison, la puissance aura d'énergie. »

Aplombs de Perrier, p. 20.

Influence de l'aplomb du sabot sur celui des membres.

« On sait que les os du paturon, de la couronne et
« du pied, mus par les mêmes agents et articulés par
« charnière, ne sont susceptibles que d'extension et
« de flexion ; que le premier de ces mouvements se
« fait en avant, et le deuxième en arrière ; que l'angle
« que forme le boulet est maintenu par de forts liga-
« ments et par les tendons fléchisseurs du pied. Or,
« vu l'obliquité du paturon, toute la portion du mem-
« bre qui se trouve comprise entre le boulet et la pince
« fait fonction de bras de levier, et plus ce bras de

---

(1) Perrier ne se montre, dans ce cas, pas plus physicien qu'il ne s'est montré anatomiste !

Comment veut-on qu'il fasse de la saine physiologie, surtout ignorant la kératogénèse ?

« levier acquiert d'inclinaison, d'étendue, plus l'action
« que lui imprime le poids du cheval a de force pour
« opérer l'allongement des ligaments et des tendons.
« Je donnerai à ce bras de levier le nom de *bras de
« levier inférieur*.

« Tant que le pied est à l'état d'aplomb naturel, les
« puissances de mouvement, comme celle de support,
« ne sont qu'à leur degré d'allongement passif pen-
« dant le repos. Dans la marche, lors même de la
« chute violente des pieds sur le sol, ainsi qu'il arrive
« dans les mouvements les plus énergiques et les plus
« rapides, elles ne souffrent pas non plus, car il y a
« un raport immédiat entre l'étendue de leur élasticité
« et le degré d'extension naturelle possible du paturon
« et de la couronne. Mais il n'en est plus de même,
« lorsque l'accroissement de la corne en mamelles et
« en pince, ou son affaissement en talons vient aug-
« menter l'inclinaison du paturon. Alors leur élasticité
« est en partie dépensée dans le repos le plus absolu,
« au lieu d'être réservée tout entière pour les mou-
« vements, et elles sont exposées à se trouver fré-
« quemment tiraillées ou distendues dans la marche.

« Le bras de levier inférieur partage les modifica-
« tions infinies qu'éprouve l'aplomb du sabot ; son
« excès d'inclinaison réagit souvent avec tant de force
« sur les ligaments suspenseurs et les tendons du
« poulain domestique, dès l'âge le plus tendre, qu'il
« consacre leur allongement outré, et cimente une
« défectuosité dans l'aplomb de ses membres ; défec-
« tuosité qui, sans être naturelle, n'en a pas moins
« jusqu'ici été considérée comme telle, parce qu'elle
« s'est opérée sans maladie bien reconnue. Si ce
« changement n'a lieu qu'après l'accomplissement
« définitif de l'aplomb, il a toujours des suites funestes.
« Plus heureux que lui, le cheval libre trouve dans sa
« vie nomade les moyens d'user successivement sa
« corne et de perpétuer ainsi l'inclinaison naturelle
« de ce bras de levier : ses membres en acquièrent
« une conformation si robuste, qu'il les conserve sans

« tares jusqu'à sa plus grande vieillesse, et qu'il pos-
« sède une agilité et une fermeté d'allures admirables.
« Telle est l'observation de tous les naturalistes et de
« tous les voyageurs. » Perrier, au lieu de s'en rapporter aux voyageurs, aurait bien mieux fait d'indiquer
la source où il a puisé, et de citer plus souvent le nom
de Bourgelat ! Il aurait dû se rappeler ce vieux dicton :

Il faut rendre à César ce qui appartient à César!

Après avoir déterminé l'influence de l'aplomb du
sabot sur celui des membres, et afin de donner plus de
force à ses propositions, Perrier nous fait une comparaison des plus malheureuses : «Si, dit-il, nous voulons
jeter les yeux sur les quadrupèdes domestiques dont
le pied n'est pas de corne, nous voyons le chien avoir
toujours de beaux aplombs, à l'exception cependant
de celui qui est tenu à l'attache et dont l'attitude devient cause mécanique dégénérante (p. 22). Ses membres bravent, sans s'altérer, les plus rudes travaux, les
fatigues de la chasse. » Mais Perrier oublie que le
chien de chasse est constamment attaché, que c'est
une des conditions essentielles de son existence, afin
d'être frais et dispos le jour des grandes épreuves.
Donc, sa citation porte à faux, puisque cet animal qu'il
cite rentre dans la catégorie du chien à l'attache, dont
l'attitude devient cause mécanique dégénérante. Quant
aux chiens qu'il a vus dans Paris, attelés à de petites
voitures, vieillis dans les services bien au-dessus de
leur force, ils rentrent forcément dans la loi commune
des animaux soumis à la domesticité et aux exigences
de leur maître; s'ils travaillent trop, la face plantaire
de leurs pieds s'use plus que s'ils étaient abandonnés
à eux-mêmes, et les aplombs ont d'autant à en souffrir,
si l'on peut distinguer des aplombs dans cette race in-
nombrable d'espèces différentes. Cette réfutation, d'apparence futile, nous la saisissons, pour prouver que ce
praticien n'est pas toujours conséquent avec lui-même.

Accompagnons Perrier (p. 23). « Le poids du cavalier ou de tout autre fardeau, ajouté à celui du cheval,

augmentera l'inclinaison du bras de levier inférieur, dont la force s'accroîtra encore par la longueur qu'acquerra la corne; et les tendons fléchisseurs du pied, aussi bien que les ligaments suspenseurs du boulet, sur lesquels ce levier agira avec une énergie progressive jusqu'au renouvellement de la ferrure, vont se trouver en butte à de trop grands allongements. »

Nous ne voyons là rien de nouveau; c'est tout simplement une des applications de la théorie de Bourgelat (*voir le tableau comparatif précédent*). Comme beaucoup d'autres, cet écrivain, en signalant cet inconvénient, ne tient pas compte de l'usure des clous et du fer pendant six semaines, temps moyen entre une première et une deuxième ferrure. Supposons, par exemple, pour mieux rendre notre pensée, que le pied se soit allongé, pendant ce laps de temps, de trois lignes (chiffre fictif), c'est-à-dire dans l'intervalle d'une ferrure à l'autre, quel sera l'allongement du bras de levier de la puissance, si on tient compte de la disparition complète de la tête du clou et de l'usure d'une partie de l'épaisseur du fer? Si l'on ferrait tous les trois ou quatre mois, l'inconvénient pourrait être réel; mais, dans nos régiments de cavalerie, cela est inadmissible.

CHAPITRE VI°.

Le vœu de Perrier a été réalisé, et aujourd'hui des praticiens, désireux de découvrir tous les secrets de la nature, sont parvenus à nous faire connaître, d'une manière assez parfaite, la kératogénèse. Nous l'avons indiqué précédemment, MM. Girard fils, Renault et H. Bouley, ont rempli ce vide. Perrier regardait cette lacune comme étant de peu de conséquence. Nous sommes loin de partager sa manière de voir, et nous sommes assuré que, sans cette connaissance, on court le risque de commettre les plus grandes erreurs en maréchalerie. Quoi qu'il en soit, il avoue modestement qu'il n'a pas la prétention de faire un traité de physiologie des différents ordres de tissus renfermés dans le sabot; il se voit obligé d'emprunter assez largement aux ouvrages de Bourgelat, Girard et Clark. Pour notre compte, nous croyons que, pour faire de la bonne physiologie, il faut, avant tout, être habile anatomiste; et il faut bien l'avouer, ce n'est par là que brille ce praticien tenace.

Après l'exposé de ses matières, prises un peu partout, il conclut qu'il est dans la nature de la sole charnue (p. 140) d'être comprimée, et que, si la compression peut être très-forte, elle est amoindrie par l'uniformité de l'étendue de surface qui l'opère; et il en est de même, ajoute-t-il, pour la chair cannelée.

Pour démontrer que la sole n'a presque rien à supporter, Perrier dit « Nous voyons dans la dessolure que les feuillets peuvent suffire au soutien de la machine, puisque, quelques jours après cette opération, la sole, si mince encore, n'en résiste pas moins sans se briser. Nous renvoyons à la réfutation que nous avons faite de cette objection spécieuse de Perrier et d'Anker (1). » Avant d'émettre cette idée, Perrier remarquait que, dans diverses opérations chirurgicales, toute solution d'une partie de la sole de corne, qui met à nu le tissu réticulaire, exige une compression méthodique pour en prévenir l'exubérance.

---

(1) Un écrivain, Anglais d'origine, M. Anker, s'armant d'un argument spécieux, prétend que la sole peut être complétement enlevée sans que pour cela la position de l'os du pied soit changée. Il a remarqué que, si l'on remplit l'excavation formée par la sole avec de la terre glaise ramollie, cette masse ne sera pas déplacée pendant le poser du pied, ce qui prouverait que la sole ne s'abaisse pas sensiblement par le poids du corps, qu'elle reporte vers son point d'union à la paroi. N'est-ce pas avoir recours à ce sophisme : *Non causa pro causâ*, que l'exposition d'une semblable proposition? Comment M. Anker peut-il supposer qu'il y ait un épanouissement, nous voulons dire un abaissement de la sole dans une pareille circonstance? La douleur, l'instinct du patient ne l'obligent-ils pas à fuir, à éviter un mouvement pénible, plutôt en favorisant la rétraction de la boîte cornée que son épanouissement? En vain forcerait-on l'homme lui-même, qui aurait un clou enfoncé sous la plante du pied à poser franchement sur cette extrémité, tout en se chargeant de sa part de soutien de la masse impulsive! On ne parviendrait à le contraindre à affronter cette douleur qu'à l'aide de moyens violents et encore plus douloureux. Est-ce à dire, parce que l'animal fuit la douleur, l'évite par tous les moyens qui sont en son pouvoir, qu'il n'y ait pas affaissement de la sole, dans de certaines limites, s'entend?

CHAPITRE VIIe, P. 42.

Dans la définition de l'élasticité, Perrier ne dit pas un seul mot, n'offre pas une idée qui lui appartiennent en propre. Bourgelat et B. Clark ont peu laissé à désirer sous ce double rapport; le premier à propos de la direction angulaire des jointures; le second, en considérant le sabot, non-seulement sous le rapport de l'élasticité inhérente à tous les corps, mais encore en démontrant la disposition et l'engencement admirables de cette machine cornée. Je ne cite que les auteurs qui ont écrit avant Perrier, afin que l'on ne m'accuse point de partialité.

Il observe que la paroi doit son élasticité à sa disposition en arc; que la sole doit la sienne à l'ouverture de sa voûte, etc., etc.

Bracy-Clark n'avait-il pas fait toutes ces remarques avant lui?

C'est le poids, dit-il, qui met l'élasticité en jeu, elle cesse et reparaît avec lui...... Qui a jamais contesté cette vérité?

« Personne n'ignore aujourd'hui que l'abandon du « poids du cheval sur les pieds décide leur écarte- « ment; mais la manière dont cet écartement s'opère « n'a pas encore été bien expliquée. »

Comme on vient de le lire, ce n'est pas pour Perrier une question de principe; il admet l'écartement du pied. Mais où se passe cette dilatation? Tel est le problème qu'il est arrivé à résoudre. Il avoue que pendant longtemps il a adopté les idées de B. Clark, mais quelques difficultés le firent réfléchir, et lui parurent insurmontables; il dût donc recourir à une autre théorie pour expliquer l'encastelure. A cette époque, il fut même jusqu'à croire que la dilatation du sabot n'était due qu'à l'impulsion du poids sur la paroi dont l'élan entraînait les branches de la sole!! Que, dans cette hypothèse, la sole n'était mue qu'horizontalement, et que sa voûte n'était pas abaissée par le poids! Singulière théorie, en vérité, dont il aurait dû ne pas faire l'aveu!! Admettre, comme lui disait B. Clark, l'écartement d'une voûte, sans son abaissement...... c'était quelque chose de phénoménal !

Perrier ne se considérant pas comme vaincu (p. 47), de se retrancher, à la manière de quelques méridionaux, derrière ce raisonnement spécieux : « S'il est vrai que le poids ne décide l'écartement de la sole *qu'en abaissant la voûte*, il n'est pas moins incontestable qu'il en opère le resserrement et l'éloigne de la terre. » Quelle logique!! Dans le premier cas, en effet, le poids est la cause de l'écartement, tandis que le resserrement qu'implore Perrier n'est que l'effet de la cause. C'est toujours le *non causa pro causâ*...

Des moyens contentifs du sabot, p. 49.

La violente impulsion du poids dans les mouvements fougueux eût été capable, suppose Perrier, de produire un si grand écartement du sabot, que son intimité avec les parties vives aurait pu quelquefois se trouver compromise. Sur quels faits sont basées ses craintes? Il n'en dit mot. Quelles sont les expériences qu'il a tentées pour nous éclairer? Il reste muet (1)... Cette théorie, à lui, qui le mène fatalement de déductions en déductions, n'est qu'un rêve qu'il poursuit jusqu'au bout, sans que le cauchemar de l'expérimentation vienne un moment le troubler, le réveiller...

Il observe que tout est établi pour favoriser l'élasticité avec dilatation, mais que rien n'a été négligé non plus pour en prévenir l'excès : car, à mesure que le danger grandit, le remède devient de plus en plus efficace... *textuel!* Quand Perrier a-t-il jamais remarqué ce danger qu'il semble redouter, et où voit-il la nécessité d'un remède? Il oublie, nous le répétons en-

---

(1) En fait d'écartellement des talons, on n'a pu observer, jusqu'à ce jour, que le resserrement des talons !

Pourquoi Perrier avait-il besoin d'inventer sa force contentive, puisqu'il dit que le désengrénement des parties organisées d'avec la corne est impossible. Voir, à la p. 42 de son livre : « A propos de l'arrachement du sabot, Perrier dit que l'événement est impossible. »

core, que la nature a tout prévu, et qu'on ne trouve à se plaindre d'elle que lorsqu'on méconnaît ses intentions. « C'était au bout de l'arc du sabot que l'écarte-
« ment paraissait devoir être le plus extrème, et c'est
« là que résident les agents qui doivent le borner. »

Et, sans s'inquiéter que l'expérience démontre le contraire, il continu : « Ainsi, soit que les pieds arrivent à terre en dépassant la ligne verticale de l'aplomb, soit que les boulets présentent l'angle le plus aigu, le poids principal arrivant sur les parties postérieures de l'ongle, lui imprime un mouvement concentrique qui en maîtrise la dilatation (1).

Perrier, continuant son rêve, expose que, c'est à la face interne de l'angle d'inflexion de la paroi, depuis son bord supérieur qui joint la peau jusqu'au point qui se confond avec l'extrème bout des branches de la sole, que le poids opère avec plus de force la concentration du sabot. Le contour de la partie inférieure de la paroi des talons leur donne aussi la propriété de se rapprocher, en raison de l'accroissement du fardeau qu'ils supportent. Il en est de même du bout des branches de la sole et de la portion de la base à la fourchette postérieure au centre de son pli, toutes les fois qu'elle est partiellement refoulée par le sol. Voilà, répète-t-il les quatre barrières destinées à restreindre l'écartement de l'ongle. Au lieu de faire l'analyse du mouvement des parties postérieures pendant l'appui, il semblerait que Perrier eût pris à tâche d'en faire la synthèse. Et, comme le dit M. H. Bouley, « la conception sur l'élasticité, que renferme l'ouvrage de Perrier, est presque en tous points le contre-pied de celle de Bracy-Clark.

Perrier, dans sa dernière phrase, a dit : « Les quatre barrières destinées à restreindre et... » évidemment, si on s'attachait à la lettre, sa phrase n'impliquerait

---

(1) Il est important de noter que les forces *dilatante et contentive* ne tombent point sous le sens ; ce sont évidemment des suppositions, des manières de concevoir, d'expliquer les phénomènes de l'élasticité ; elles ne sauraient exister dans la réalité, et cependant, il semble que Perrier ne doute pas de leur existence. »

pas le non-écartement des talons, mais seulement
leur moindre dilatation ; il semble dire, en effet, que
la contentive, en sentinelle vigilante, n'est postée là
que pour *modérer, restreindre* (c'est son mot), *la latéralité*. Mais telle n'a pas été sa pensée, comme nous
allons bientôt le voir.

Sans nous indiquer comment on peut mesurer l'é-
tendue de sa force contentive, il se résume en disant,
qu'elle est telle, qu'elle surmonte toujours la force dilatante. C'était la condition de conservation d'existence ! C'est à se demander si Perrier n'a pas étudié
la nature à l'envers (1) !

Avant de le suivre dans ses hallucinations de mécanique rétrograde, rappelons que l'expérience prouve
nettement l'écartement des talons, dans de certaines
limites s'entend ; nous invoquons, en pareil cas, les
belles expériences de Reeve, celles de M. H. Bouley, et
nous renvoyons aussi à nos preuves multiples de l'élasticité (deuxième partie de notre mémoire). Ne voulant
pas faire une analyse complète de l'ouvrage de Perrier,
il nous sera permis d'aborder seulement les propositions qui servent de base à cette création imaginaire.

Mécanisme des mouvements du sabot.

« 1° Nous avons vu que la paroi était pourvue de
« toutes les conditions de résistance au poids, et que
« la sole ne paraissait devoir le supporter que jus-
« qu'au degré de compression possible, sans offense
« de la sole charnue par l'os ; 2° que les feuillets peu
« élastiques dans leur direction perpendiculaire, le
« sont davantage dans leur largeur, ainsi que d'un côté
« à l'autre... » Nous allons nous servir des propres
armes de Perrier pour lui prouver qu'il n'est pas conséquent avec lui-même. A la page 40, il écrit : « Si on
scie un pied verticalement dans son milieu en pince,

---

(1) La théorie Perrier nous rappelle la forme systématique de l'ancienne physiologie : les esprits animaux et vitaux, les facultés de Ga-
lien, le principe moteur et générateur d'Aristote, l'archée, le principe,
la force, les propriétés vitales, etc.

en y comprenant les os de la couronne et du paturon,
et que l'on appuie fortement avec la main sur celui-ci,
on voit l'os du pied descendre et se rapprocher de la
sole, ce qui prouve que si les feuillets de chair résis-
tent, *ceux de corne ont un degré d'élasticité qui permet à
cet os une certaine pression sur la sole charnue.* »

Voyons comment il se rend compte des mouvements
successifs de dilatation et de contention : « Dans le
« poser, aux allures lentes, le poids principal est
« sur les parties antérieures de l'ongle ; il abaisse la
« portion de la sole dont la voûte est pleine, d'où dé-
« rive au même instant l'écartement de ses branches. »
« La dilatation des branches de la sole pourrait ici être
portée à l'extrême, *puisque les bouts en sont peu contenus par les talons de l'os*, si les feuillets de la pince et
des mamelles, plus particulièrement exercés dans leur
direction perpendiculaire, *ne mettaient, par leur résistance*, des bornes à la descente du poids. » Nous répétons, à cet égard, ce que nous avons dit tout à l'heure,
lorsque nous avons fait usage *de l'argument personnel*.. Perrier, en outre, a répété une erreur anatomique que, du reste, il a puisée dans la citation de
Bourgelat (page 33 de Perrier). Les talons de l'os, ne
sont que les éminences rétrorsales, et ne se prolongent
pas jusque dans les angles d'inflexion. M. H. Bouley
observe que ce sont les cartilages latéraux, au milieu
desquels les éminences rétrorsales sont englobées, qui
remplissent de leurs bulbes l'intérieur des angles d'inflexion et s'appuient sur le bout des branches de la
sole. Il n'est pas possible, dit encore ce savant professeur, que ces parties flexibles et élastiques pressent
avec assez de force, de haut en bas et de dehors en
dedans, la surface inclinée des bouts de la sole pour
en opérer la concentration.

« Dans l'appui et toutes les fois que le poids *tombe
« aplomb sur le centre des quartiers*, indépendamment
« de l'action qu'il avait imprimée à la portion anté-
« rieure de la sole,.. » Quand, et comment ? « il pèse
« sur le centre de son arc et commande le plus grand

« écartement. » Ainsi, c'est juste au centre des quartiers que se trouve l'extrème frontière de l'élargissement, ni plus, ni moins ! Alors, dit Perrier, le danger n'est plus à craindre, parce que les talons de l'os, plus adaptés aux bouts de la sole, présentent aux excès de sa dilatation les plus grandes entraves !

« Cette direction du poids exerce les feuillets des quartiers d'un côté à l'autre, dans leur sens le plus « élastique, et affaisse légèrement les branches de la « sole, en faisant céder son cintre longitudinal. » Si cette dilatation de la pince au centre des quartiers existe réellement, il faut avouer que la ferrure ne lui permet guère de prendre ses ébats, puisque c'est précisément là que sont groupés tous les clous; Lafosse et Clark ont été plus conséquents avec leur théorie, l'un sur la flexibilité, l'autre sur l'élasticité de l'ongle, lorsqu'ils ont recommandé d'éloigner les étampures le plus possible des talons. S'il était permis de plaisanter à propos d'une chose aussi sérieuse, je serais tenté de demander : pourquoi Perrier, après avoir renversé la théorie, ne suivrait pas la même marche dans la pratique, c'est-à-dire pourquoi il ne placerait pas les éponges en pince, et *vice versâ* !! Au moins, la dilatante n'aurait rien à dire...

Lorsque les pressions ont dépassé le centre des quartiers, cette même force, qui tout à l'heure présidait à la dilatation, devient tout à coup force contentive. Laissons parler Perrier, afin de ne pas atténuer sa pensée par une analyse, assez difficile du reste, qui pourrait la rendre incomplétement, ou sous un jour qui ne serait pas sien. Attention ! c'est le temps le plus essentiel de sa théorie, mais bien aussi le plus difficile à saisir : « Dans l'arrêt, dans toute action où les pieds n'arrivent à terre qu'en dépassant la ligne verticale de l'aplomb ; dans les allures rapides, et toutes les fois que le corps est incliné en arrière (1) ou que les bou-

______

(1) Nous ne croyons pas que Perrier, dans les allures rapides, ait jamais pu voir le corps incliné en arrière.

lets font un angle très-aigu, le poids est appelé sur les parties postérieures de l'ongle vers l'angle d'inflexion que décrit la paroi pour former les arcs-boutants. L'étendue de la paroi postérieure au centre des quartiers est tirée de devant en arrière, et d'autant plus en bas que le fardeau s'approche davantage de l'extrême bout des talons ; l'action contentive qui lui est imprimée, ainsi qu'aux deux côtés du biseau, est alors si forte qu'il est présumable que les cartilages latéraux n'ont d'autre usage que de l'amortir. Les bouts de la sole, pressés en raison de l'élan qu'a reçu la paroi, sont eux-mêmes abaissés et concentrés. Cet abaissement des bouts de la sole resserre l'ouverture de sa bifurcation et augmente, pendant sa durée, la convexité de son cintre longitudinal, rapproche ainsi de l'os toute l'étendue de sa face supérieure, en éloignant d'autant sa face externe de la terre ; enfin, le contour inférieur des talons, violemment exercé, les rapproche du centre du pied, et vient compléter l'action contentive. » Ouf! c'est fini...

« Des nuances intimes varient la distribution du poids ; mais on peut établir, comme règle générale, qu'il écarte le sabot depuis la pince jusqu'au centre des quartiers où s'opère la plus grande dilatation ; qu'il le contient de là jusqu'au bout des talons, mais que l'action contentive, débutant au point précis où les quartiers commencent postérieurement à se rétrécir, n'atteint son plus grand degré de force qu'aux extrêmes bouts de l'arc. »

Tâchons de prouver que nous avons cherché à débrouiller cet amas confus de mouvements et de propositions hypothétiques, afin qu'on ne nous accuse pas de critiquer une chose que nous aurions pu ne pas comprendre. Voici donc comment j'ai interprêté cette partie de l'acte contentif : La force de concentration succède avec une rapidité que peut rendre seulement l'imagination à la force dilatante qui s'est arrêtée juste aux limites de sa sphère d'expansion ; c'est surtout dans les allures vives alors que les boulets font un angle très-aigu, que le poids exerce son action sur les parties postérieures de l'angle, vers l'angle d'inflexion.

La paroi, postérieure au centre des quartiers, est d'autant plus tirée en arrière, que le fardeau est plus près des talons, et tellement, que les cartilages latéraux sont postés là pour amortir le terrible choc qui en serait résulté !

A quoi bon chercher à éviter un écartement compromettant, pour imaginer une force compressive au moins aussi redoutable ?

Les bouts de la sole, pressés en raison directe du poids, sont également abaissés et obéissent au mouvement de concentration ; il en résulte un resserrement de l'ouverture de la sole produisant un mouvement opposé à l'affaissement de la voûte. Cette voussure plus forte de la sole se passe surtout dans le centre longitudinal, et a pour effet de la rapprocher de l'os, tout en l'éloignant de la terre. Puis enfin, le contour des talons, en se rapprochant du centre podal, complète l'action de la plus belle illusion d'optique, qu'un penseur enthousiaste ait jamais pu caresser !..

Toutes ces suppositions, ces hypothèses, ces raisonnements spécieux, ne sont nullement sanctionnés par l'expérimentation. Nous avons cru devoir les offrir tels quels, afin de prouver sur quelle base instable s'appuient les principes de Perrier.

Nous déclarons donc que cette théorie spéculative est détruite par le raisonnement, et est en opposition complète avec l'expérimentation.

M. H. Bouley observe à ce propos : « N'est-il pas contraire aux lois de la mécanique animale, telles qu'elles peuvent être établies d'après l'étude comparée des êtres, de supposer que les bases des colonnes de support deviennent d'autant plus dures, résistantes et inflexibles, que les actions qu'elles supportent nécessiteraient en elles des conditions plus développées de souplesse et d'élasticité ? Cette concentration du sabot sous le poids du corps, cette rigidité plus grande que, par ce seul fait, il doit fatalement acquérir, ne sont-elles pas contradictoires avec tout cet ensemble de dispositions, si ingénieusement combinées dans la construction des colonnes des membres pour amortir les réactions du terrain ? »

Nous sommes profondément surpris qu'on veuille nous faire adopter des idées théoriques aussi fausses, et qu'on les prenne comme point de départ des applications en maréchalerie. Nous sommes non moins surpris qu'un défenseur, d'ailleurs de bonne foi, de ce système, ait cherché à le faire revivre ; comme Horace, qui peint les écrivains de son temps qui se plaignaient que leurs travaux ne brillent pas comme ils devraient le faire, ce défenseur semble dire aussi :

> Cum lamentamur non apparere labores
> Nostros.....

Maintenant, après avoir suivi attentivement Perrier, qu'il nous soit permis, à notre tour, de lui offrir quelques objections.

Comment se fait-il, qu'au moment où la force dilatante agit, les talons restent impassibles? Il faudrait supposer qu'ils ne fissent plus partie des mêmes branches de l'arc Perrier. Admettre la dilatation de la paroi, là où se trouvent réunies toutes les conditions contraires à la manifestation de cette propriété, est chose paradoxale d'abord, et impossible après mûr examen ! Comment se fait-il, d'un autre côté, que la sole qui ne forme qu'une seule et même pièce, puisse s'abaisser en avant et pas au delà du centre des quartiers? Quelle est la loi qui préside à ce phénomène ? Anatomiquement, physiologiquement et mécaniquement parlant, cela est de toute impossibilité...

Pourquoi, sous l'influence des pressions, l'abaissement de la sole depuis la pince jusqu'au centre des quartiers a-t-il lieu, et est-il suivi de la dilatation? Pourquoi, et sous la même pression, un effet contraire serait-il obtenu en talons? Nulle expérience n'a jamais pu prouver de semblables assertions...

Donc cete double force n'est qu'une fiction.

Perrier nous dit, page 40, qu'en appuyant fortement avec la main sur l'os du paturon, scié dans la longueur comme le reste des phalanges, on voit descendre l'os du pied et se rapprocher de la sole. Il nous laissera supposer que, sous la pression immense du poids du corps, cette action doive être bien autrement manifeste ; mais plus loin, page 53, il observe qu'il suffit que l'ajusture soit éloignée de la sole de l'épaisseur *d'un cheveu*, pour lui épargner tout frottement. Ce n'est pas la première fois que nous prenons Perrier en désaccord avec ses principes...

Passons au deuxième temps de son élasticité, alors que les branches de la sole se voussent en contre-haut, qu'il y a contention en un mot. Que devient la *sole antérieure?* Dans l'ordre des choses, elle devrait reprendre sa place première. Mais exécute-t-elle ce retrait avant ou après que la partie postérieure se soit rétractée et se soit rapprochée du centre podal ? Ce double mouvement d'une même voûte est chose incompréhensible... A moins, cependant, que la sole antérieure reste dans le *statu quo!!!* Dans ce cas, la sole éprouverait dans son milieu un mouvement de demi-torsion...

Nous avons entendu dire à quelques partisans novices de ce système que tous les phénomènes relatés scrupuleusement par Perrier étaient difficiles à saisir ; qu'ils réclamaient de longues méditations... Nous les croyons d'autant plus facilement, nous qui, depuis 1845, avons tenté de nombreux essais, et lu, nombre de fois, l'ouvrage de ce praticien sans jamais avoir eu la satisfaction de trouver tout ce qu'il renfermait de précieux et de réellement praticable...

Les arguments que nous venons de présenter successivement doivent nous amener à admettre *que la sole ne peut exécuter ces deux mouvements en sens inverse*, et que nous ne saurions accepter, sans qu'on se soit donné la peine de nous le prouver.

Or, en présence de faits aussi contradictoires, **nous**

nous croyons en droit de présenter ce dilemne aux partisans de l'élasticité rétrograde.

La sole, voûte cornée, est, ou immobile ou susceptible d'abaissement!

Si l'on a recours à la première proposition, il faut admettre que l'immutabilité de la sole est une nécessité, et que l'inflexibilité dont elle est douée était nécessaire pour opposer un obstacle insurmontable à l'action de l'effort impulsif. Perrier, en pareil cas, ne saurait avoir gain de cause, puisqu'il croit à une dilatation antérieure...

Si l'on s'adresse à la deuxième proposition, on tombe inévitablement dans le sens de Clark, on est de l'avis de la majeure partie des praticiens observateurs, et, alors on suppose, on établit que cette voûte peut s'affaisser très-légèrement dans toute son étendue, afin de supporter et d'éteindre les dernières pressions de ce même effort impulsif; affaissement devant inévitablement déterminer *une dilatation générale* des branches de l'arc, cette dernière étant d'autant plus sensible qu'elle est étudiée plus près des talons. Donc, la théorie Perrier repose sur des arguments spécieux et est un affreux contre-sens qui choque le raisonnement et est en opposition flagrante avec l'expérimentation (1).

J'ai entendu dire à un adversaire du système Perrier que, s'il devait y avoir un resserrement des talons, lors de l'appui, le resserrement pathologique ne devrait que peu influer sur l'exécution du mouvement

---

(1) Pour ne pas donner trop d'étendue à cette analyse, nous avons passé sous silence les usages qu'il reconnaît à la fourchette; qu'il nous suffise de dire que, d'après lui, « la fourchette doit moelleusement résister aux mouvements de la sole, sans toutefois les contraindre; elle amortit les secousses *concentrantes.* » On le devine, Perrier a su parfaitement accommoder à sa théorie les divers mouvements qu'il crée au fur et à mesure des besoins. Tantôt la fourchette est *un agent déterminant,* tantôt *un agent permettant* l'élasticité. *Que de forces et d'agents* pour arriver à faire rentrer les talons!!! Comment Perrier aurait-il expliqué le développement de la fourchette, s'il eût reconnu les résultats de la ferrure aidée du dilatateur? D'après sa théorie, n'ayant plus d'usage, elle aurait dû s'atrophier!!!.....

normal, puisqu'il serait, pour ainsi dire, l'exagération
de la qualité!! Après tout, les partisans de Clark ont-
ils jamais été épouvantés d'un mouvement exagéré
de la latéralité. A-t-on jamais étudié et décrit une
maladie résultant de l'excès d'épanouissement latéral.
Il n'y a que B. Clark qui ait su relater un pareil pro-
dige, et cela pour mieux faire apprécier cette propriété découverte par lui.

On se plaint, en général, des jointures plates et peu
larges; inutile de dire le pourquoi. Mais s'est-on jamais récrié contre des abouts articulaires exagérés
normalement? Ne sont-ce pas là des indices de vigueur
et d'étendue de mouvement? Ne sont-ils pas, ces ren-
flements osseux, des espèces de poulies de renvoi qui
font que les puissances musculaires s'insèrent plus
perpendiculairement sur leur bras de levier.

Si la contraction avait dû avoir lieu vers les talons,
l'induction physiologique eût été prise en flagrant délit d'imprévoyance!! Nous avoir ainsi laissé dans l'i-
gnorance de ce phénomène de mécanique animale...,
et cela, pendant un temps aussi prolongé!!

Après avoir combattu le système Perrier par la logique, nous renvoyons à nos cinquième et sixième
séries expérimentales de notre mémoire, pour le convaincre par des faits.

Nous allons dire maintenant quelle est la manière
de voir de Perrier, lorsqu'il s'agit de juger un ouvrage
dont les principes sont en opposition avec ses forces
favorites, page 62.

« Le succès de la ferrure à croissant fut attribué au
« contact de la fourchette avec le sol, et de là le prin-
« cipe que son refoulement écartait les talons. On
« prit l'effet pour la cause; on crut que le pied ne s'é-
« tait ouvert que parce que la fourchette était devenue
« plus grosse, tandis que la fourchette n'était deve-
« nue plus grosse que parce que le pied s'était ou-
« vert. »

Ce praticien nous permettra d'abord de lui dire
qu'il a mal lu ou mal interprêté les idées de Lafosse.

Aucun observateur sérieux n'a jamais compris que, si Lafosse cherchait à faire poser la fourchette la première, c'était pour obtenir un écartement des talons au moyen de son refoulement. C'est prêter à cet hippiâtre des idées théoriques qui ne sont pas siennes, et en tirer, comme à dessein, des inductions fausses. C'est ce qu'on appelle de la mauvaise foi littéraire. Tous les vétérinaires savent que B. Clark, le premier, a parlé de l'élasticité, et que le premier aussi, il a prouvé son existence. Dans l'analyse que nous avons faite de la méthode de Lafosse, nous avons prouvé, à l'aide de citations textuelles, qu'il n'avait jamais eu connaissance que *de cette flexibilité inhérente à la substance cornée*. Nous avons même cité la meilleure preuve à l'appui de cette assertion, en rappelant le modèle de fer sans clous qu'il avait proposé, et qui était maintenu sur la paroi au moyen d'une succession de pinçons dont le pourtour de sa rive externe était garni. Il n'est pas possible de donner une preuve plus puissante. Lafosse était d'ailleurs trop bon logicien pour confondre ainsi *l'effet* avec *la cause*, comme cela est arrivé parfois à Perrier.

Mais poursuivons : « La fourchette est vigoureuse toutes les fois que le pied jouit de son écartement naturel ; elle se rétrécit et s'appauvrit dès qu'il est en butte à l'élasticité contre nature. »

Cet effet était connu avant Perrier et apprécié par Clark lui-même, mais probablement pas dans le même sens. C'est presque à se demander si cet écrivain se rappelle bien ce qu'il a écrit relativement à l'écartement naturel...

En effet, il ne croit à l'écartement que depuis la pince jusqu'au centre des quartiers, écartement produit par sa force dilatante. Eh bien ! nous le demandons : quelle influence ce mouvement antérieur peut-il avoir sur la vigueur de la fourchette ? On ne pourrait lui faire l'affront de supposer qu'involontairement il a voulu parler de l'écartement tel que nous le comprenons. Elle se rétrécit, à n'en pas douter, lorsque le pied, au lieu de céder latéralement, obéit à une force qui a la plus grande analogie avec *sa contentive*.

« Si le pied est inégal, elle est bonne du côté du « quartier ouvert, maigre et petite du côté du quar- « tier resserré. »

Si le pied est inégal, il est tout naturel que le côté qui ne s'élargit pas, entraîne fatalement le resserrement. C'est, du reste, là la véritable théorie de l'encastelure, n'en déplaise aux partisans de la force contentive. Selon nous, c'est une preuve nouvelle indiquant, que plus les talons obéissent à un mouvement opposé à celui de Perrier, et plus la fourchette acquiert de volume et de vigueur.

« Les talons libérés des éponges du fer, et n'éprouvant plus d'entraves dans leurs mouvements, prennent un accroissement plus grand, et au lieu de s'user, ils atteignent avec le temps une élévation qui dirige le poids vers le centre des quartiers et lui permet de rétablir l'écartement, etc., etc.. »

Non-seulement les talons n'ont plus les mouvements bornés, mais encore la pression du fer ne vient pas entraver la sécrétion cornée, avantage qui n'a pu être apprécié par ce praticien, qui ne possédait à cet égard que les connaissances incomplètes de Bourgelat, sur la kératogénèse. Quant à ce qui suit, nous avons vu que Lafosse l'avait écrit avant Perrier.

Dans tous les cas, si les éponges ne bornent plus les mouvements dans la ferrure Lafosse, on ne saurait en dire autant de la ferrure à éponges épaisses...

« C'est dommage, poursuit Perrier, que Lafosse ait cru devoir laisser au maréchal le choix de diminuer la hauteur des talons. Cette seule condescendance a dû donner du discrédit à sa ferrure, car l'aplomb du pied en est faussé, vu la présence du fer en pince et sa soustraction en talons ; le bras de levier inférieur en est plus incliné, et l'accroissement des mamelles et de la pince, pendant la durée de la ferrure, prépare aux ligaments suspenseurs des articles et aux tendons fléchisseurs du pied de pénibles travaux. »

Ces reproches ne sont pas mérités et, dans aucun cas, Lafosse n'a laissé au maréchal le choix de diminuer la hauteur des talons. N'en est-il pas de même dans tous les systèmes, y compris celui de Perrier? Est-ce une raison de critiquer une méthode, parce qu'il y a des ouvriers maladroits!..

Le livre de Perrier contient deux cents pages destinées à l'exposition des principes de la méthode, ou plutôt du système qui fait l'objet de cette analyse; nous venons d'offrir la critique des soixante-neuf premières feuilles; c'est donc à peu près le tiers de notre tâche. Il nous serait facile, en nous servant des matériaux que nous avons rassemblés dans le silence depuis près de quinze ans, d'indiquer *in extenso*, les inconvénients et les quelques avantages qu'offre ce système; mais ce travail nous éloignerait du but que nous nous proposons en rédigeant ce mémoire. Nous devons, en effet, nous borner à faire connaître les principaux systèmes de ferrure ordinaire qui ont été conseillés, et dire auquel il convient d'accorder la préférence...

L'analyse critique de la première partie de la doctrine que nous venons d'exposer n'a d'autre but que de dévoiler les erreurs qui ont présidé à son édification, et non de chercher à jeter du discrédit sur le travail sérieusement, péniblement élucubré par ce praticien persévérant et observateur. Nous sommes à la recherche de la vérité? pourquoi, si nous avions pu la rencontrer dans son ouvrage, ne l'aurions-nous pas acceptée avec reconnaissance. Nous le répétons? tel est l'esprit de système que, presque toujours, il aveugle les meilleurs esprits, et qu'il les détourne trop souvent du but louable vers lequel ils dirigeaient leurs efforts!..

En relatant les dissidences qui existaient en thérapeutique, Moiroud disait : « Mais, tels sont en thérapeutique l'incertitude et le peu d'unité des spéculations de l'esprit de système, que presque toujours, à côté d'une doctrine, présentée comme étayée sur des faits, s'élèvent d'autres doctrines souvent en opposition avec la première, et pour lesquelles cependant l'expérience est également invoquée. C'est là le tableau que nous présente en ce moment le monde médical dans plusieurs parties de l'Europe, notamment en Italie, où la théorie du contre-stimulisme dicte des formules qui sont en opposition directe avec celle de l'homœopathie ! »

Avant de parler des quelques heureuses applications du système qui nous occupe, à propos des aplombs adaptés à la maréchalerie; qu'il nous soit encore permis de donner cours à nos dernières lignes amères, sur d'autres erreurs dont il est fatalement entaché.

Et d'abord, Perrier n'admet pas la manière dont B. Clark et les praticiens les plus sérieux expliquent le développement de l'encastelure. Mais lui, est-il bien arrivé à nous en donner une explication satisfaisante ! Tranchons nettement la question, et disons sincèrement que, non !... C'est que Perrier, pas plus que ses disciples, n'ont jamais supposé qu'ils faisaient purement et simplement des applications homœopathiques. Ce n'est pas une plaisanterie que nous voulons proposer, mais bien une vérité que nous allons développer en peu de mots; nos arguments, nous en sommes certain, militeront victorieusement en faveur de cette thèse, qui peut sembler excentrique et ridicule. Oui ! Hanemann n'aurait jamais cru que quelques vétérinaires eussent pu faire l'application de sa doctrine à la maréchalerie... *Similia similibus curantur.*

En effet, Perrier admet *une force contentive* dans les parties postérieures de l'ongle; tous ses efforts sont dirigés, dans l'application pratique notamment, de manière à favoriser le plus possible cette force, et cela, afin de prévenir, de guérir même plusieurs affections, au nombre desquelles se trouve *l'encastelure*, cette rétraction anormale des talons, cette force contentive prise dans ses dernières limites, si nous pouvons nous exprimer ainsi... En d'autres termes, une

force de rétraction est appelée à combattre un effet de
la rétraction! Tous les praticiens savent qu'Hanemann,
adoptant sans réserve les inductions déduites de quelques faits analogues ou à peu près semblables, admet,
comme principe thérapeutique, que les remèdes, pour
être réellement efficaces, doivent produire dans l'économie des individus sains des affections identiques
quant à l'exposition des symptômes.

Perrier, pour combattre l'encastelure, ne s'est-il pas
ménagé sa force contentive?

Nous prouver le contraire, nous paraît chose impossible...

Que les partisans du système *méditent* bien à leur aise
cette proposition, qui jusqu'ici leur était inconnue ! !

Tel n'était vraisemblablement pas le but que Perrier
se proposait d'atteindre ; toujours est-il qu'il y est arrivé à son insu.

Reprenons notre analyse, interrompue par cette trop
longue digression. Page 66, il dit : « L'ingénieuse invention du fer de B. Clark tient à l'idée de ne pas
contraindre l'élasticité du sabot, qui ne peut s'écarter
ni revenir sur lui-même avec le fer ordinaire et les
lames de clous qui le fixent. Sans contredit, les mouvements du sabot sont diminués, gênés par la résistance du fer et des lames des clous, mais ils ne peuvent
jamais être annulés par eux. Ainsi que je l'ai dit, le
mot d'*élasticité* manque ici d'exactitude. Ne voir que
l'écartement de l'ongle et son retour sur lui-même,
c'est ne regarder qu'un côté de la médaille et en négliger le revers, où se trouvent les *agents qui le concen-
trent* (1).

Avant tout, observons que Perrier a restreint, inno-

____

(1) Cet auteur observe qu'on sait bien que c'est le poids qui écarte
l'ongle, mais qu'on ne savait pas que c'est aussi le poids qui le
resserre.

Ce praticien a dit vrai : « Il n'y a pas un seul vétérinaire qui ignore
que le poids ne soit la cause de l'écartement du pied. Quant à son
resserrement pendant l'action, il n'est jamais venu à l'idée de plusieurs, que nous sachions, qu'il était le résultat de ce même poids. L'expérience dément formellement cette dernière proposition.

cemment sans doute, la valeur intrinsèque du mot
élasticité, telle que B. Clark, M. H. Bouley et tant
d'autres l'admettent ; car l'idée qu'ils rattachent à cette
propriété ne doit pas seulement se borner à démontrer
l'écartement de l'ongle et son retour sur lui-même,
mais s'étend bien au delà. Ce praticien, disons-le, ne
s'est pas bien rendu compte de ce qu'on doit entendre
par l'élasticité. Cette propriété serait incomplète, si
elle ne se traduisait qu'à l'aide de ces deux mouvements ; elle serait tout à fait insuffisante pour fournir
l'explication de ce phénomène multiple dans les actions
successives, bien que coopérant au même résultat,
c'est-à-dire l'extinction des réactions, des pressions
de l'effort impulsif sur le sol. Quoi de plus explicite
que ce passage de M. H. Bouley, que déjà nous avons
rappelé une fois : « Ce n'est donc pas dans le sabot,
considéré comme appareil mécanique, que réside la
plus grande puissance élastique de l'extrémité du
membre, mais bien dans les parties que le sabot renferme, *dans la cutidure, dans les membranes d'enveloppes
de la phalange*, et *surtout* et PRINCIPALEMENT *dans les
prolongements cartilagineux et dans le coussinet plantaire.* » (Pag. 242.)

Perrier, faute de profondes connaissances d'anatomie physiologique, a entièrement méconnu l'importance de ces idées théoriques d'une valeur considérable.
Son système pèche par la base ; c'est de la physiologie
ancienne, non guidée par l'expérience : les mots *agents*,
forces, sont les seuls moyens imaginaires qui lui servent d'arguments. M. H. Bouley dit à ce propos :
« M. Perrier affirme que les choses se passent ainsi,
qu'elles ne peuvent se passer autrement ; mais nulle
part il n'en donne la démonstration expérimentale.
Or, en pareille matière, des assertions pures et sim-
ples, quelle que soit l'autorité de l'homme qui les
émet, ne sont pas suffisantes. »

C'est fort bien de se retrancher derrière son mérite ;
mais encore doit-on prouver expérimentalement ce
qu'on a cru découvrir ! !

Nous revenons à notre analyse. Page 66, Perrier, tout en convenant que le fer et les clous gênent, diminuent les mouvements du sabot, pense que ces derniers ne peuvent être complétement annulés.

Pour être d'accord avec ces idées dilatantes, il devait admettre, quand même, cette hérésie; sans quoi, la partie antérieure de son mécanisme podal eût été condamnée au repos le plus absolu.

Les partisans de ce système, pendant le cours de nos tentatives expérimentales, nous ont souvent engagé *à la méditation*, c'est leur dada favori!!... Mais, c'est à bout de patientes réflexions et d'une observation longue et impartiale, que nous sommes arrivé à combattre mot pour mot, phrases pour phrases, faits pour faits, la majeure partie des nombreuses propositions renfermées dans l'œuvre de Perrier. A première lecture, il est impossible de suivre cet écrivain, chacun a pu s'en convaincre; non pas qu'il soit trop scientifique, mais il a besoin d'être lu et relu pour être bien compris. Eh bien! c'est après une étude pénible qu'on s'aperçoit de la faiblesse de ses arguments, souvent de leur inutilité. C'est probablement ce qui aura engagé bon nombre de vétérinaires à ne pas le déchiffrer jusqu'au bout, et faire croire à plusieurs autres qu'il possédait des idées vraies et méconnues.

Nous ne disons rien de ceux qui ont critiqué sans lire et sans étudier! Enfin, il ne nous reste qu'à louer ceux qui ont fait ressortir quelques bonnes applications.

Ayant démontré suffisamment la fausseté du principe, on nous accordera de ne pas attaquer successivement les détails qui lui servent de corollaires, puisqu'ils pèchent par la base. Ne serait-ce pas poursuivre des ombres?

Un dernier coup d'œil sur le côté miraculeux. Nous serons sobres de réflexions. Un homme d'esprit, praticien aussi modeste que savant, rappelant certains passages de l'ouvrage en question, disait (1): «M. Perrier

_____

(1) *Recueil de méd. vétér.*, année 1851, p. 231.

n'a donné nulle part une plus forte preuve de l'exagération de ses idées, à l'endroit de l'efficacité du mode
de ferrure qu'il a adopté, que lorsqu'il a dit qu'on
pourrait arriver à guérir, en l'appliquant, des pneumonites, des pleurésies et jusqu'au tétanos. En lisant
dans son ouvrage le récit de faits aussi miraculeux,
je me suis rappelé involontairement ce mot si spi-
rituel de Fontenelle, à propos d'un fait extraordinaire dont on lui affirmait la vérité : « Si vous l'avez
vu, je le crois; mais je l'aurais vu, que je ne le
croirais pas. »

« J'en dis autant à M. Perrier : Je crois ce que vous
affirmez; mais j'aurais été témoin de ce que vous dites
avoir vu, que j'aurais peine à y croire. »

Des conséquences qui peuvent résulter pour l'économie ani-
male du dérangement de l'aplomb du sabot. (P. 201.)

« La plupart des amateurs et des propriétaires de
chevaux à qui on dirait : Tel cheval n'a dû sa maladie
qu'au dérangement de l'aplomb de ses pieds, se révol-
teraient à l'idée qu'une cause, en apparence aussi
inoffensive, fût capable d'apporter le trouble dans l'é-
conomie animale. »

J'avoue qu'une semblable manière de voir est chose
prodigieuse !......

« En tous lieux et dans tous les temps, l'envie poursuit l'invention ! »

Je n'ose croire à la jalousie qu'aurait pu susciter
une semblable invention contre Perrier : personne
autre, que je sache, n'envie le mérite d'une pareille
découverte...

« Je m'étais aperçu plusieurs fois, sur la fin de quelques maladies, que la douleur des tendons fléchisseurs
du pied, de leur gaîne, des ligaments suspenseurs du
boulet, retardaient la convalescence. J'examinai les
pieds, je crus nécessaire d'en réparer l'aplomb, et le
mieux-être rapide qui suivit cette seule opération me
donna lieu de présumer que si je ne venais pas d'en-

lever la principale cause du mal, c'en était une assez puissante pour le prolonger. »

Je serais tenté de croire que Perrier a confondu cet état, qu'il attribue au dérangement de l'aplomb, sur la fin de quelques maladies, avec l'existence de synovites articulaires ou tendineuses, qui coïncident si souvent avec les pleuro-pneumonites, mais surtout les pleurites. Si Perrier a cherché à établir la comparaison sur une grande échelle, il a dû voir qu'il s'écartait de la vérité. Dans tous les cas, puisqu'il assure qu'au moyen de sa ferrure on rétablit l'aplomb du cheval, et qu'on lui procure un grand soulagement, je ne vois pas pourquoi il ôtait les fers à ses malades...... En Afrique, j'avais pris l'habitude de faire déferrer presque tous les malades, notamment les jeunes animaux reçus depuis peu, soit afin de me rendre compte des effets merveilleux consignés dans le livre de Perrier, soit encore pour rendre momentanément plus de liberté aux pieds nouvellement emprisonnés par le fer ; eh bien ! je puis affirmer que ceux qui n'avaient plus de fer ne guérissaient pas plus tôt, avaient des convalescences tout aussi longues, et succombaient aussi promptement que ceux qui avaient conservé leur chaussure métallique..... Au bout de deux ans, temps pendant lequel durèrent mes observations, et cela sur plus de 600 malades, je me vis forcé de faire cesser cette méthode, qui offrait une foule d'inconvénients, comme il est facile de le prévoir. C'était d'abord une perte énorme pour les maréchaux, perte à laquelle venait s'adjoindre encore le découragement suscité par la podométrique, et qui, bientôt, les excitaient à quitter le régiment. Tous ces systèmes, toutes ces prétendues découvertes font le plus grand tort aux corps de cavalerie, en les privant de leurs meilleurs ouvriers.

Lorsque l'on déferre les animaux malades, on ne peut les promener suffisamment ; les pieds sont, en effet, bientôt détériorés et douloureux : quelques-uns même ne peuvent être promenés, tant le contact du sol impressionne péniblement leurs pieds endoloris. Autre inconvénient : c'est qu'il est toujours fort difficile de réparer les brèches faites au bord plantaire de la paroi.

Perrier assure que, lorsque l'altération de l'aplomb des membres est due au rejet de l'appui sur les deux talons, l'animal est habituellement dans un état valétudinaire qui énerve le moral, et si faible, qu'il sue au moindre travail : il est disposé aux affections catarrhales et chroniques!!! (*Textuel,* p. 209.)

Et plus loin : « Les Anglais mettent leurs malades nu-pieds, sur une bonne litière où ils sont en liberté. Faisons des vœux, ajoute-t-il, pour que cet exemple soit imité chez nous, dans nos régiments de cavalerie, où, quel que soit le cas qui amène un cheval à l'infirmerie, il soit expressément ordonné de le déferrer en y entrant!!!!» En vérité, c'est pis que la médecine Leroy! D'autres fois, c'est une espèce d'Hippocrate qui rendrait le service des vétérinaires à peu près inutile..... Après tout, Boerhaave, le plus grand génie des temps modernes, disait nettement qu'il serait plus avantageux qu'il n'y eût jamais eu de médecins dans le monde...

Il va sans dire que cet écrivain croit que les chevaux de remonte feraient plus facilement leur noviciat s'ils étaient deferrés : les gourmes, les bronchites, et tous les maux qui les assiégent n'auraient plus la moindre prise sur leur organisation réconfortée à l'aide de ce baume podal!! (P. 212.)

L'exemple qu'il emprunte à Clark n'est pas très-heureusement choisi. On comprend parfaitement l'atrophie des muscles de l'épaule lorsque le membre est condamné au repos ; de là le *resserrement* qu'il invoque, et qui est le phénomène le plus naturel le mieux expliqué par la physiologie. Perrier aurait dû se rappeler ce qu'avait remarqué B. Clark au sujet des animaux déferrés qu'ils avaient placés dans une prairie...

Il cite la ferrure des marchands normands qui conduisent des chevaux à Paris. Tous les vétérinaires savent que, pour leur donner plus de taille, ils sont plutôt ferrés d'après son système. Ce n'est pas, à coup sûr, le tiraillement des fléchisseurs qui les rend malades !

Avant de nous indiquer les cures qu'il a faites au moyen de sa ferrure méthodique (page 215), Perrier avoue que *les occasions* de bien s'assurer si la première, la principale, l'unique cause de telle ou telle maladie est le dérangement de l'aplomb, *sont infiniment rares*. Ce qui équivaut à ce vieux dicton populaire : *Supposez que je n'aie rien dit ! !*

1re OBSERVATION. — Le vétérinaire Desplas a cru reconnaître, sur un cheval, des prédispositions à la pousse; il y a toux fréquente et un mouvement anormal de la respiration. Divers moyens plus ou moins énergiques n'obtiennent aucun succès ; la tête est penchée sous la mangeoire après une simple promenade en main. Pendant un an, c'est en vain que le foin est supprimé. Un jour, Perrier est frappé de l'étroitesse des pieds et de leur abaissement en talon ; aussitôt de rétablir l'aplomb du sabot, qui fut suivi de l'état le plus prospère accompagné de gaîté, d'appétit et de vigueur. Trois mois suffisent pour chasser cette toux!..

Dans cette circonstance, ce praticien a eu le temps moral pour obtenir un bon résultat.

2e OBSERVATION. — En 1821, la jument d'un brigadier de gendarmerie est sujette à des crampes; on la croit éreintée ; elle est chancelante, Perrier la soutient par la queue pour l'aider à sortir de l'écurie. D'abord de croire à une paralysie de l'arrière-main ; *le pouls est à l'état normal*, cependant rien ne fait croire à un effort de reins. Perrier s'éloigne à dix pas ; il découvre un dérangement dans l'aplomb des pieds de derrière ; il y a rejet de l'appui sur les deux talons; la bête est amenée à la forge, il fabrique lui-même deux fers à éponges épaisses qu'il fait attacher par le maréchal. *La jument retourne à l'écurie sans être soutenue. Le lendemain elle était guérie ! !* C'est prodigieux !

3e OBSERVATION. — En 1821, il châtre un cheval at-

teint de crampe à un membre postérieur. A peine
guéri de la castration, la crampe reparaît ; c'est l'inégalité du pied qui la détermine. Perrier propose sa
ferrure ; on refuse, et un mois se passe en vaines tentatives. *Quelque incompréhensible* que me paraisse votre
moyen, lui dit, un certain jour, le propriétaire, essayez
la guérison... Aussitôt dit, de forger un fer égal dans
toute son étendue, excepté à l'éponge du dedans. *Deux
jours après, la crampe avait disparu!!...* Plus tard, ce
même cheval, ferré par un ignorant, redevint boiteux ;
il examine derechef, il marche avec peine, tombe
après avoir fait soixante pas ; pendant dix minutes il
reste les membres roidis, et insensible, malgré une
grêle de coups de cravache et de rène de bridon, enfin,
soutenu, il se lève avec effort. *Le même jour, la ferrure
avait fait disparaître le mal!!*

Insensiblement Perrier nous habitue au merveilleux!

4e OBSERVATION. — En 1824, un cheval est atteint de
tétanos, par suite d'un arrêt de la transpiration cutanée.
Les saignées, les dérivatifs sont sans effet. Au bout de
douze jours, il y a engorgement et douleur des boulets antérieurs. Les pieds sont *d'une inégalité outrée*, ils
sont déferrés, nivelés ; *le lendemain, il était en pleine
convalescence, et dix jours après il fut remis au travail!!*

5e OBSERVATION.—En 1824, le cheval de M. Puteaux
vient de faire trois lieues malgré des coliques. Le matin il avait été ferré des pieds de derrière ; il a fatigué
pendant la journée ; arrivé aux portes de Paris, une
sueur abondante couvre son corps ; on le conduit en
main ; il meurt à quatre heures du matin... Le mésen-
tère et toute la masse intestinale étaient injectés rouge
brun. Les sabots de derrière sont enlevés : l'inflammation est manifeste dans le tissu réticulaire, et toutes
les porosités de la sole sont injectées de sang (couleur
brun très-foncé) dans la profondeur d'une ligne !!...

6e OBSERVATION. — C'est un cas de tétanos essentiel,
qu'il traite sans résultat pendant quinze jours. Un matin, Perrier voit les boulets engorgés et douloureux ;
un pied est levé, il est tout de travers. Les deux sabots

sont nivelés. L'appétit revient le lendemain, et au bout de huit jours, la guérison est complète ! !

7° OBSERVATION.—C'est une récidive annuelle du cas précédent. Déjà il y a trismus et roideur légère de l'encolure ; les pieds sont déferrés et nivelés. Le soir, le mieux est marqué, et quatre jours après, la cure est complète !!!

8° OBSERVATION. — Une péripneumonie grave met une bête entre la vie et la mort. Le quinzième jour, la corne des mamelles et de la pince est retranchée. Le cheval entre en convalescence le quatrième jour. Il va sans dire qu'on fut étonné du moyen et qu'on permit à ce pracien de faire la contre-épreuve. Aussitôt d'abattre les talons, et le soir même l'appétit avait disparu ; le cheval ne s'était pas couché, il avait une fièvre intense de réaction. Le lendemain, le pouls donnait soixante-dix pulsations à la minute, il y avait toux pénible et fréquente ; les artères battaient avec force le long des canons... Perrier applique de vieux fers ayant des crampons de vingt lignes de hauteur. Le soir, il y a du mieux, on a fait avorter la rechute, et le jour suivant il n'y a plus le moindre signe de maladie.

9° OBSERVATION. — Une jument pinçarde qui avait eu les talons abattus, comme cela se fait à Paris, et dont le pied portait un fer pinçard depuis quelques jours, meurt le surlendemain de la visite faite par Perrier.

A l'ouverture des gaînes tendineuses, il découvre des cellules (analogues à celles des mouches à miel) remplies de pus, et, de chaque côté des boulets, des foyers purulents de deux pouces et demi de longueur !!

De tout quoi il conclut que le pied joue un rôle important par les sympathies qu'il réveille dans le système musculaire, le système nerveux... Il aurait pu ajouter, et dans son système !!

Comment voulait-on qu'avec des idées aussi prodigieuses, Perrier adoptât le mécanisme élastique du sabot, tel qu'il est démontré par l'expérimentation ? Serait-il jamais arrivé à de semblables résultats ? Aurait-il pu jamais obtenir des guérisons aussi miracu-

leuses ? Voilà, cependant, où conduit l'esprit de système ! ! !

Avant d'aborder une des applications heureuses de
Perrier, exposons encore quelques observations critiques s'adressant au chapitres 8 et 9 de son livre.
Page 69, il répète une des erreurs de Bourgelat, en
faisant allusion à la sécrétion kératogène, à propos du
poser. « Les pertes de la corne ont été prévues pour
l'usure de la pince et des mamelles qui arrivent les
premières dans le poser, puisque c'est de toutes les
parties de l'ongle *celle où il y a le plus d'accroissement*,
où le plus grand nombre de fibres qui compose la paroi se dirige pour offrir une masse de force . » C'est là
une erreur profonde, en ce qui concerne la première
proposition, et qui a dû mettre ce praticien bien souvent à côté de la verité, lui faire adopter de fausses interprétations. Les belles expériences de M. Renault, si
bien reproduites dans l'ouvrage de M. H. Bouley, in-
firment, en tous points, la valeur de cette assertion.
Nous allons donner, à dessein, à cette question vitale
de nôtre sujet un assez grand développement, afin d'être
aussi concis que possible, dans notre septième et dernière partie, et dans le but aussi de n'avoir plus de
discussions à soutenir, de comparaisons à établir, de
critique à lancer.

M. H. Bouley, à qui nous allons emprunter notre
démonstration, dit (page 287): « La force sécrétoire
qui préside à l'accroissement indiscontinu de l'ongle,
pendant toute la durée de la vie, est-elle douée d'une
égale activité dans tous les points de l'appareil kératogène ? Ou bien n'y a-t-il pas des régions où son action, plus considérable que dans d'autres, déterminera
une pousse plus rapide de la corne ?

« C'est là une question d'une importance principale pour la pratique de l'art. »

En général, on admet que les talons croissent avec
plus de rapidité que la pince. Cette opinion, qui n'est
pas absolument dénuée de fondement, a été beaucoup
exagérée par suite d'une illusion d'observation facile

à comprendre. L'élévation des talons étant toujours inférieure à celle de la pince dans les conditions normales, on conçoit qu'un accroissement égal de l'une et de l'autre région soit plus frappante dans la première que dans la deuxième, puisque, relativement à leurs dimensions respectives, la quantité surajoutée par la croissance représente, en fait, une fraction plus considérable dans le premier cas que dans le deuxième. Soit, par exemple, 10 la hauteur du talon et 15 celle de la pince, si, par le fait d'un accroissement égal, une quantité comme 1 s'est ajoutée à l'un et à l'autre, cette addition, qui représentera 1/10 de la hauteur totale du talon, sera plus sensible dans cette région qu'en pince, où elle ne constituera que 1/15. Et successivement, avec les progrès de l'avalure, ce résultat deviendra plus frappant, en sorte que le rapport de hauteur des talons à la pince, que nous supposons être primitivement :: 10 : 15, devra nécessairement devenir à la longue, sous l'influence d'une pousse parfaitement égale, comme 15 est à 20 ; :: 20 : 25 ; :: 25 : 30, etc... Ou plus simplement :: 3 : 4 ; :: 4 : 5 ; :: 5 : 6, etc. C'est-à-dire, en d'autres termes, que la différence entre les talons et la pince, qui, dans le principe, était de 1/3, se réduira successivement à 1/4, 1/5, 1/6, etc. Différence de moins en moins sensible, qui peut faire croire facilement, à première vue, que la pousse des talons a été beaucoup plus rapide que celle de la pince ; tandis qu'en fait l'une et l'autre région se sont accrues d'une quantité parfaitement égale.

« On peut se convaincre de cette égalité d'action de la force de l'avalure, en imprimant une marque sur différents points du sabot à une égale distance de son origine ; on verra, avec le progrès de la pousse, cette marque s'éloigner du bourrelet, d'une longueur parfaitement égale sur tous ces points à la fois. »

Voici donc ce qui se passe *à l'état physiologique*, qui seul doit nous occuper dans notre mémoire.

Quant à la deuxième proposition de Perrier, elle est exacte ; il suffisait d'un plus grand nombre de fibres

cornées, en pince et en mamelles, pour s'opposer à
une usure plus grande. Si cela n'existait pas , voyons
à quels calculs cette différence dans la sécrétion conduirait le maréchal dans l'action de parer le pied.

Page 77, Perrier dit encore : « L'expérience confirme l'allongement rapide de la corne en mamelles et
en pince. Personne n'ignore que, si un mois après la
ferrure, on la renouvelle avec les mêmes fers, les
étampures en branches ou en éponges sont de beaucoup postérieures au lieu où précédemment on avait
implanté les clous. »

Toujours il caresse la même erreur : l'allongement
rapide de la pince et des mamelles !! S'il eût connu les
lois qui président à la sécrétion cornée, il aurait évité
cette erreur. Perrier n'a envigé la ferrure qu'au point
de vue des aplombs, tout en empruntant le mauvais
côté des connaissances de Bourgelat sur l'accroissement de la corne, et adoptant des forces imaginaires
pour prouver son élasticité.

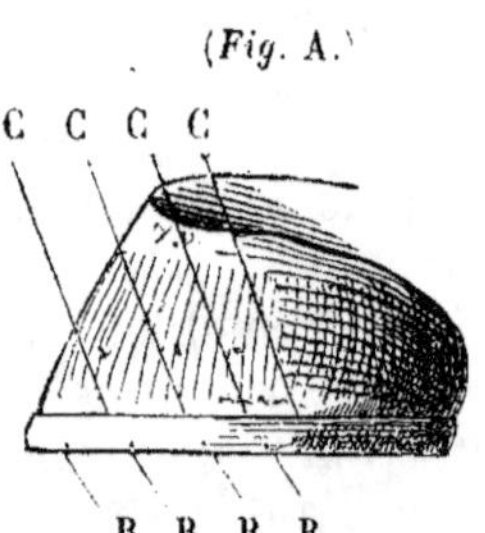

Une figure (A) va nous aider à
démontrer la fausseté de cette
dernière proposition sur l'allongement plus rapide. Soit B,B,B,B,
la place des étampures de la
première ferrure, et c, c, c, c
celle des étampures de la deuxième ferrure ; cet allongement ne
prouve pas que la corne ait une
croissance plus rapide en pince
et en mamelles, mais simplement un allongement du
bras de levier de la puissance par suite d'une descente
égale de la corne, en pince comme en talons. Quant à la
place différente occupée par les étampures, rien n'est
aussi facile à comprendre ; le fer s'adaptant sur une
surface moins large dans la deuxième ferrure c, c, c, c,
il en résulte forcément que les étampures B, B, B, B de
l'ancienne ferrure seront bien plus en avant.

Page 80. « L'allongement que prend le pied dans
le cheval qui est ferré est moins à redouter pour les

tendons fléchisseurs du pied, les ligaments suspenseurs, etc., sur un sol moelleux où la pince et les mamelles s'enfoncent dans l'action du poser (ce qui raccourcit d'autant le bras de levier inférieur); mais le sol qui résiste les expose à de fréquents efforts, etc. »

Quel paradoxe!.. Est-ce que l'enfoncement du sabot dans un sol moelleux est susceptible de raccourcir d'autant le bras de levier inférieur? Ce dernier n'est-il pas toujours le même, que le pied soit dans le sable, dans la terre, au milieu de la boue? aucune puissance, dans ce cas, ne peut lui enlever son étendue réelle... D'après ce système, plus le pied serait enfoncé, plus le bras de levier inférieur serait raccourci... Quel singulier raisonnement!.. (1)

Dire que les percussions sont atténuées, modérées, sur un terrain mou; que les ébranlements, au contraire, les efforts sont plus à craindre sur le pavé, d'accord; mais, quant à la diminution du bras de levier inférieur, c'est une idée à placer dans la même balance que *l'élasticité latente* du système Perrier...

CHAPITRE QUINZE. — Du dérangement
d'aplomb du pied.

« Il y a dérangement de l'aplomb naturel du pied
« lorsque le principal poids qu'il porte n'est pas dis-
« tribué dans le repos, et pendant la durée de l'appui
« simple, sur le centre des quartiers, s'il s'agit des
« pieds de devant, et sur celui du sabot, si c'est de
« ceux de derrière. Ce dérangement comprend :
« 1° *l'état d'impulsion*; 2° et ceux où l'appui est dirigé
« sur l'un ou sur les deux talons. »

1° *État d'impulsion*. D'après lui, ce dérangement d'aplomb est d'autant plus grand que le fardeau s'ap-

---

(1) Si Perrier avait fait quelques lieues dans le sable, il aurait bientôt remarqué, par la fatigue des boulets et des tendons de sa monture, que le bras de levier de la puissance n'était pas amoindri, bien que la pince et les mamelles fussent enfoncées, et au delà, dans ce sol moelleux.

proche davantage de la pince. Le pied est à l'état de perte réelle d'aplomb, lorsqu'il ne prend son point d'appui que sur le bord seul de la paroi. Les cas d'attitude impulsive sont principalement déterminés par une ferrure irrationnelle... Perrier n'a presque rien dit de ce dérangement d'aplomb, renvoyant les développements que ce sujet comporte à la deuxième partie inédite de son ouvrage. Il n'a sans doute pas voulu faire le procès de son système trop exclusif de ferrure, qui modifie l'aplomb régulier du pied, quoi qu'il en dise, par suite de *l'état d'impulsion* qu'il vient d'indiquer, et dans lequel il place fatalement le pied (1).

En effet, la ferrure à éponges épaisses, et la monomanie d'abattre à fond la pince et les mamelles sur un pied, d'ailleurs bien conformé, ayant de beaux aplombs, obligent l'ouvrier *à favoriser quand même l'attitude impulsive des pieds antérieurs, en leur donnant les aplombs des pieds postérieurs.* Au moyen *de cette attitude, le poids est reporté sur les colonnes osseuses et sur les parties antérieures seulement ; il n'y a plus de répartition régulière de l'effort impulsif sur le pied ; les talons antérieurs s'écartent moins, n'étant plus sollicités par le poids qu'ils devraient normalement supporter, leurs fonctions enfin se rapprochent de celles des pieds postérieurs, de celles de l'ongle du mulet, et les resserrements en sont une conséquence inévitable.* C'est sans doute ce qui aura fait imaginer à Perrier son *élasticité latente,* qu'il aurait mieux fait d'appeler *contre-élasticité postérieure !..*

Nous sommes donc loin, très-loin, de partager l'opinion de Perrier, qui suppose que c'est par une mise en action trop forte de sa force contentive que les resserrements des talons ont lieu. Nous avons la

---

(1) Notre critique n'a nullement pour but de jeter du discrédit sur les connaissances pratiques de ce vétérinaire, qui avait une bonne réputation dans le *Manuel de la ferrure,* mais de dévoiler les erreurs théoriques qui entachent son livre. Et, comme le dit B. Clark, on peut être très-bon ouvrier maçon sans avoir la moindre connaissance en architecture.

conviction, au contraire, que l'absence d'appui normal sur les talons, par suite de ce déversement Perrier, sur la pince et sur les mamelles, est l'unique cause de ce retrait anti-physiologique des talons. Nous partageons l'opinion de Vatel, qui croyait que ce phénomène était produit, non pas par un appui trop fort, mais bien par le défaut d'appui.

Si Perrier a été de bonne foi en faisant l'histoire de son élasticité, il a été trompé par les résultats mêmes que sa ferrure déterminait. Mais, si c'est par esprit de système qu'il pare la pince et les mamelles de préférence, qu'il place des éponges nourries, il est évident qu'il détermine sciemment des effets qui pourraient faire croire à une force contentive. Mais l'observateur sérieux dévoile facilement cette fraude, en tenant compte de l'assiette artificielle qu'il procure au pied. Le pied de l'homme lui-même, renfermé dans des bottes à talons hauts, ira exercer une pression si forte vers la pointe, que le cou-de-pied et les orteils en seront douloureusement froissés; l'aplomb du pied sera complétement dérangé, et la marche sera difficile et pénible... La ferrure Perrier, en déterminant cette attitude impulsive, modifie l'élasticité d'une manière fâcheuse, change les aplombs et empêche la sécrétion cornée en pince et en mamelles. Est-ce à dire, parce que la saignée combat victorieusement les congestions actives, pour qu'on emploie ce moyen sur l'animal parfaitement portant? Perrier ferait donc une espèce de ferrure de précaution?

Lorsqu'on veut obtenir un résultat momentané, dans un but curatif, nous admettons parfaitement cette ferrure, même exagérée, et, Dieu merci! elle n'est pas nouvelle; par exemple, dans les cas d'effort du boulet, de distension, de tiraillement des tendons fléchisseurs, etc., etc.; car, de la sorte, on modère l'allongement, on diminue la douleur, en reportant le fardeau en avant et augmentant la force des bras de levier de la résistance. C'est une application pure et

simple de la théorie de Bourgelat, qui sera toujours
notre maître sur cette matière.

Du reste, à l'aide de sa ferrure spéculative, Perrier
obtient un autre résultat. qu'il n'a pu expliquer avec
la seule théorie de Bourgelat, sur la *sécrétion
cornée* (1) : c'est-à-dire la diminution de la sécrétion
kératogène en pince et en mamelles, là où les pressions sont plus fortes, et par contre, l'augmentation
de cette sécrétion en talons, par suite de pressions et
d'un appui moindres. C'est qu'en effet, comme le dit
M. H. Bouley, la sécrétion peut ne pas s'effectuer avec
une parfaite égalité sur toute la circonférence de la
couronne cutidurale; elle peut être accélérée ou ralentie dans une étendue plus ou moins considérable,
proportionnellement à l'intensité des résistances opposées sur les surfaces sécrétoires à l'échappement de la
corne qui tend incessamment à se former...

Dans l'action de parer la pince et les mamelles à la
rosée, Perrier obtient un résultat auquel il aurait dû
s'attendre, c'est-à-dire le retrait en contre-haut de la
sole, et son éloignement de la face supérieure du fer ;
ce dont il est facile de se convaincre, comme l'a répété
M. Barthélemy jeune, en faisant porter, le plus immédiatement possible, un fer sur le bord plantaire de la
paroi, et en laissant le cheval sur la litière pendant
deux jours, le pied étant déferré. Au bout de ce temps,
en présentant ce même fer sur la paroi, on s'aperçoit
qu'il ne porte pas également partout, et que la sole
s'est retirée de telle façon qu'elle ne touche plus à la
face supérieure de la lame métallique.

N'est-ce pas ce qui aurait porté Perrier à croire,
comme il le disait à B. Clark, que la sole ne s'affaissait
pas pendant l'appui ? Ne serait-ce pas aussi ce qui lui
aurait fait proclamer l'inutilité de l'ajusture ? Ou bien

---

(1) Voici à quoi Perrier attribue la formation des cercles (p. 59 de
son livre) :

« C'est à la persistance de l'action contentive de la paroi qu'il faut
« attribuer la compression du bourrelet par le bord supérieur du
« biseau. »

encore Perrier ignorait-il les résultats fâcheux de sa manière de parer?

En résumé, cette attitude impulsive doit être très-souvent le résultat de sa ferrure; c'en est presque une nécessité. Sous son influence, le pied prend la forme d'un tuyau de poêle, l'animal devient droit sur ses membres, arqué; il butte, il a les réactions d'une dureté insupportable, et enfin les allures raccourcies. Pour un cheval de trait, les inconvénients seraient moindres; mais c'est chose intolérable pour le cheval de cavalerie.

D'après Perrier, plus l'effort impulsif est violent et pèse sur les talons, plus la force contentive exerce sa vigilance et resserre ces parties. Il faudrait donc, en suivant ce système, et afin de favoriser l'élasticité telle que le plus grand nombre des praticiens l'admet, employer la ferrure de ce vétérinaire, puisqu'en allégeant les talons, on diminue d'autant la force de rétraction. Comme on peut le voir, c'est un système offert sous forme *dilemmatique*, qu'on nous pardonne ce néologisme!! En effet, si vous admettez l'élasticité latente, pince et mamelles sont raccourcies et talons élevés!

Si vous avez recours à l'élasticité de Clark, même manœuvre sur l'ongle et même fer!...

Passons à un autre ordre de dérangement d'aplomb du pied.

1° Dérangement d'aplomb par rejet de l'appui sur l'un des talons.

Perrier. — «Lorsque le poids est plus spécialement dirigé sur un talon que sur l'autre, il exerce trop fortement la propriété contentive du premier, l'assujettit aux dangereux effets de l'élasticité contre nature et en produit le resserrement. »

Nous dirions que le poids empêche le mouvement d'expansion latéral du talon plus bas, s'oppose à la sécrétion cornée du même côté, et produit le resserrement. Nous ne différons que sous le rapport de l'interprétation. Comme il l'observe judicieusement, c'est surtout et principalement le talon interne qui est sujet à ce retrait anormal de la corne, parce qu'étant plus bas, c'est sur lui que viennent se déverser les plus fortes pressions.

Page 131. « L'action différente que, dans tout pied inégal, le poids imprime à chaque côté du sabot, produit l'irrégulier accroissement de la corne. Le talon le plus resserré, le plus bas, en butte à l'élasticité contre nature, est sans cesse repoussé vers l'os du pied, s'oppose lui-même au facile accès des sucs destinés à sa reproduction, et devient progressivement plus faible ; tandis que le talon plus ouvert, privé du poids capable d'en exercer convenablement l'action contentive, participe *à l'écartement sans frein* dont jouit tout ce côté du sabot, et d'où résulte une végétation hâtée par l'état de liberté des vaisseaux qui y transportent le suc corné. »

Il va de soi que nous écartons toujours l'action de son élasticité latente. Le talon le plus resserré, le plus bas, opprimé qu'il est, ne peut s'élargir, obéit à la contentive pathologique que nous appelons *resserrement*. Le talon le plus ouvert, soumis à une pression moindre, opère son mouvement latéral, fonctionne physiologiquement, et la sécrétion cornée s'y fait d'autant plus librement qu'il ne supporte qu'une moindre pression.

Dans une longue digression, Perrier combat l'opinion d'un de ses compatriotes, qui avançait que l'accroissement rapide du quartier du dehors était dû à l'excès de son travail, et que la lenteur de reproduction du quartier interne venait de son oisiveté ; il en concluait que la corne croissait en raison de la force de sa pression sur le sol.

Il est évident que la conclusion était fausse. Néanmoins, la première proposition pourrait être interprétée d'une autre manière que Perrier ; car, si on avait voulu entendre par travail la liberté du mouvement latéral, certes, on eût été dans la vérité ; mais, à vrai dire, la conclusion nous empêche de ne pas être d'accord avec Perrier. Quant à la deuxième assertion, elle n'est pas dénuée de fondement ; et, par cela même que le côté interne reçoit toute la pression, il n'a qu'un travail passif, un travail de support, il est accablé, son élasticité est amoindrie, anéantie par la suite, et enfin la sécrétion cornée est presque nulle. Perrier y voit toujours l'action de sa *contentive*, et nous, d'y replacer la latéralité...

Page 135. Il cherche à prouver la véritable cause de resserrement et de l'encastelure, à l'aide d'une forte pression du doigt. Plus que jamais, il y retrouve l'action de sa force mystérieuse. En pressant le talon malade, il le voit rentrer, il en conclut aussitôt que tel est le mouvement normal. Tel, voyant un homme en colère une seule fois, serait-il en droit de dire qu'il est très-irascible ? *Una hirundo non facit ver*. Il remarque que le bon talon supporte impunément cette pression, que le mouvement rentrant échappe à la vue. Cependant, s'il doit obéir à son élasticité latente, il devrait le prouver... L'expansion latérale est plus obéissante quand on l'interroge, on n'a qu'à se rappeler notre série expérimentale.

D'après lui, un pied encastelé opère cette concentration à chaque effort de la main. Dans la bronchite aiguë, le cheval a des quintes de toux ; mais ce n'est pas une raison pour que cela ait lieu pendant qu'il est bien portant. Il remarque qu'un sabot de poulain, préparé et séché, rentre par suite de l'élasticité latente. Je croyais à ce proverbe : *Mort l'animal, mort le venin !* Perrier, lui, croit à l'immortalité de sa force contentive. Qu'est-ce donc que cette puissance mystérieuse, occulte, qui résiste même après la mort des tissus ?

On pouvait la supposer, pendant la vie, susceptible d'opérer des miracles, voire même de guérir péripneumonies et tétanos, mais on était loin de supposer qu'elle pût encore exercer son action sur des parties obéissant désormais aux influences physiques et aux affinités chimiques ! ! ! !

Nous aurions désiré arrêter plus tôt notre critique ;

15.

mais, en vérité, nous sommes forcé de lui laisser le champ libre devant de semblables énormités...

Bien convaincu, après cette étude faite sur la matière morte, Perrier compare un pied de poulain, séparé du membre et auquel il a enlevé la fourchette, au sabot encastelé d'un sujet adulte. C'est pour lui le comble de la confirmation.

Si on enlève la clef d'une voûte, ne doit-elle pas s'écrouler? Pourrait-on se servir d'un arc privé de sa corde?

Perrier, apercevant un corps roidi par le froid cadavérique, en conclurait-il que telle est l'image de la vie?

Ne désirant pas plus longtemps donner des proportions inutiles à notre Mémoire, nous arrêtons ici notre analyse bien incomplète; il nous reste, en effet, la partie intéressante et qui offre de nombreuses applications des aplombs à la maréchalerie; ainsi, le dérangement de l'aplomb du pied par rejet de l'appui sur les deux talons et les inconvénients qui en résultent pour sa forme. Puis l'exposé des inconvénients qui résultent du dérangement de l'aplomb du sabot pour les membres, les tendons fléchisseurs du pied et leur gaîne, les ligaments suspenseurs et articulaires.

Ces questions ayant été traitées d'une manière remarquable par un de nos confrères de l'armée, qui a démontré les applications qu'on pourrait faire de ces idées théoriques, en les dépouillant de ce qu'elles offraient d'obscur, en leur restituant une valeur pratique qu'on n'était pas enclin à leur attribuer, comme l'a dit Bouley jeune, nous nous abstiendrons d'en faire l'analyse (1).

Dans notre tableau comparatif des aplombs de Bourgelat et Perrier, nous avons démontré suffisamment que Perrier avait adopté les principes du fondateur des Écoles, qu'il était parti du même principe, mais en

____

(1) D'ailleurs ce serait nous éloigner de notre question, qui ne doit nullement s'occuper de la ferrure orthopédique.

avait fait une application différente. Bourgelat reportait le poids sur les tendons, Perrier le déverse sur les os ; Bourgelat parait les talons et ménageait la pince , Perrier fait tout le contraire ; chacun fausse à sa manière l'aplomb du pied. Il est vrai de dire que ni l'un ni l'autre n'ont parfaitement connu la kératogénèse, ce qui doit leur faire pardonner bien des erreurs.

 Bourgelat, en véritable écuyer de l'époque, en reportant le poids sur les tendons, voulait rendre les mouvements souples, les allures plus vives et les animaux plus agréables à monter. Perrier soulage à tout prix les tendons; il reporte le poids en avant, rend les réactions plus dures, les allures plus raccourcies. Je l'ai déjà dit : *Cupiens vitare Carybdim, incidit in Scyllam!*

Cependant, dans maintes circonstances exceptionnelles, Perrier a fait une heureuse application de son système. Lorsque les talons sont bas, que les animaux sont longs et bas-jointés, alors que le levier phalangien a trop d'obliquité et que le bras de la puissance est trop favorisé, sa ferrure est rationnelle et évite la fatigue des tendons; elle prévient les resserrements; il en est de même dans les efforts de tendons.

Comme bon nombre de praticiens , et comme M. Vatel, en particulier, nous avons remarqué fréquemment une coïncidence entre les resserrements des talons et les maladies des appareils tendineux et ligamenteux.

M. Riquet, au sujet d'une discussion sur les avantages et inconvénients de la ferrure Perrier, proposait de faire des essais, en déterminant des boiteries par l'abaissement des talons, et cherchant à les guérir au moyen de la ferrure en question. Bouley jeune, de lui donner le conseil fort sage de prendre les maladies toutes faites, plutôt que de les produire. M. Riquet répondit qu'il était presque toujours impossible de dire qu'un cheval était boiteux, parce qu'il avait un tiraillement des tendons ou des ligaments (1), tandis

_____

(1) M. Riquet était moins avancé que Perrier, qui ne voyait partout que le tiraillement des parties tendineuses.

que cela devenait très-concluant si on produisait le résultat expérimentalement.

Il est facile de remarquer combien cette argumentation laisse à désirer. En effet, s'il n'existe pour M. Riquet de symptômes bien pathognomoniques pour accuser l'existence des tiraillements tendineux et ligamenteux, comment veut-il donc déterminer par un moyen artificiel des caractères suffisamment accusateurs? Qui lui dit que la boiterie qu'il déterminera sera la conséquence de ces tiraillements, puisque, d'après lui, cela est presque toujours impossible?...

RÉSUMÉ :

En résumé, quoique Perrier ait développé une théorie complétement fausse sur l'élasticité du pied, bien qu'il n'ait pas toujours su apprécier les phénomènes de la kératogénèse, découverts et démontrés par MM. Girard fils, Renault et H. Bouley, il n'en est pas moins vrai qu'il a su faire quelques heureuses applications des aplombs de Bourgelat à la ferrure. Il a pu mettre en usage la théorie du maître. Il manquait à Bourgelat les connaissances pratiques de Perrier, et à ce dernier le génie créateur et l'esprit didactique que possédait à un si haut degré le premier. Bourgelat était la tête, Perrier les bras. L'un était l'architecte, l'autre l'ouvrier intelligent. Si Bourgelat a commis des fautes dans l'application, c'est qu'il ignorait le travail manuel : les erreurs de Perrier sont le reflet de ses principes faux.

Quoi qu'il en soit, Bourgelat a légué à la science vétérinaire sa théorie admirable des aplombs; Perrier a fait ressortir quelques applications utiles, en ce sens, qu'elles ont servi à combattre nombre de vieilles erreurs.

RÉSUMÉ DE LA CINQUIÈME PARTIE.

Après avoir terminé cette analyse, sans doute un peu longue, nous devons avouer que, dans aucun cas, nous n'avons eu l'intention de critiquer tel système plutôt que tel autre, et bien que n'adoptant pas les idées théoriques et pratiques de quelques-uns d'entre eux, non par scepticisme, mais par éclectisme, nous nous plaisons à répéter que les opinions variées des vétérinaires, à propos de cette question, ont produit d'excellents résultats, et ont assurément contribué au progrès de la maréchalerie. Tous ces systèmes différents, ces théories contradictoires, s'ils n'ont pas été exempts de reproches, n'en ont pas moins été la cause déterminante de discussions savantes, d'aperçus lumineux, d'interprétations ingénieuses, de propositions vraies et pratiques, et, il faut bien en convenir, de critiques spirituelles, mais parfois un peu rudes et amères.

Chacun a donc contribué directement ou indirectement à cet assemblage de précieux matériaux qui formeront un jour, il faut l'espérer, la base d'une méthode riche en applications utiles et variées. Pour notre compte, nous offrons notre humble offrande, selon nos faibles moyens.

FERRURES ÉTRANGÈRES.

FERRURE ANGLAISE, — ESPAGNOLE ET ARABE.

Ferrure anglaise.

Nous ne dirons que quelques mots de la ferrure anglaise, qui, de l'avis des meilleurs praticiens, et des Anglais eux-mêmes, est bien inférieure à la nôtre sous plus d'un rapport. Qu'avons-nous besoin d'aller emprunter aux étrangers un système de ferrure, lorsque nous possédons chez nous les meilleurs éléments, les pratiques les plus rationnelles basées sur les connaissances les plus complètes de l'anatomie physiologique? Nous sommes bien de l'avis de M. Barthélemy jeune, lorsqu'il dit : (1) « Nous avons un bon système de ferrure, c'est à nous à le conserver, et à ne pas nous laisser entraîner par l'anglomanie; et comment pourrions-nous être tentés d'abandonner notre méthode de ferrure pour adopter la méthode pratiquée à Londres, lorsque les Anglais eux-mêmes admirent et préconisent la nôtre, lorsque tous les chevaux de la Cour d'Angleterre (1846) sont ferrés à la française et non à l'anglaise; enfin, lorsque Goodwin lui-même dit : « L'avantage de la méthode française est si supérieure à la nôtre, et la forme des fers ajustés si admirable, que je ne puis concevoir, situés comme nous sommes, si près de cette contrée, comment un système si supérieur n'a pas encore été entrepris depuis longtemps parmi nous; car il n'existe pas de ferrure qui possède une supériorité si évidente. »

Cependant, comme la ferrure anglaise est généralement pratiquée à froid, chez nos voisins d'outre-Manche, nous indiquerons très-sommairement ses avantages et ses inconvénients, l'envisageant plutôt comme méthode à froid que comme système raisonné.

Ce serait, d'ailleurs, d'autant plus difficile que, chez eux, il y a une foule de systèmes différents. Goodwin prétend qu'il est inutile de vouloir donner des détails sur les différentes manières de ferrer suivies en Angleterre, puisqu'il n'y a pas deux forges dont les méthodes soient semblables (2).

Nous dirons ce que nous pensons des instruments de ferrure qui sont en usage chez eux, et dont nous avons déjà parlé en faisant l'analyse de la méthode podométrique à froid et à domicile.

D'abord, quelques mots à l'adresse des *outils anglais*.

M. Riquet, tout en blâmant les différents systèmes, peu rationnels, de ferrure (page 21), leur reconnaît,

---

(1) *Recueil de méd. vétér.*, 1846, p. 261.
(2) *Guide du vétérinaire et du maréchal*, Goodwin, 1824.

néanmoins, une bonne habitude, celle de ferrer sans aide, et l'usage du couteau. Il ne pouvait en être autrement, puisqu'il leur a emprunté ce dernier, afin de chercher à le produire chez nous, et donner à sa méthode un double cachet, dont l'un était bien à l'adresse de la nouveauté. Malgré sa ténacité à nous démontrer son utilité, en dépit de tous ses efforts pour remplacer le boutoir par le drawing-knife, il n'a pu réussir, et plus que jamais il est comme : *Vox quæ clamat in deserto!!!* Notre outil national a été conservé dans l'armée comme dans le civil.

Les quelques maréchaux, fort adroits, du reste, qui ferrent *à l'anglaise,* le font uniquement pour satisfaire à la mode, et pour conserver leur clientèle, et rien de plus.

Le drawing-knife, couteau anglais, rainette anglaise, est le boutoir des Anglais. Nous avons déjà dit ce qu'on devait penser de cet instrument dont les vétérinaires peuvent parfois se servir pour opérer certains clous de rue.

Comme instrument de ferrure, il nous paraît inférieur à notre boutoir, en tenant compte, bien entendu, de la manière dont nos maréchaux opèrent, le pied étant levé par un aide. Nous sommes loin de partager la manière de voir de M. Barthélemy aîné, lorsqu'il avance que le pied est plus promptement paré dans la méthode à froid que dans l'autre ; que la râpe et le couteau des Anglais l'emportent de beaucoup sur le rogne-pied et le boutoir. Lorsqu'il y a peu de corne à enlever, et que le cheval est souvent ferré, cela est possible. Mais, s'agit-il d'abattre une épaisseur assez considérable de l'ongle, et de le parer convenablement, nous ne partageons plus son avis. Beaucoup ont dû s'apercevoir que Barthélemy aîné avait mis trop de passion lorsqu'il disait qu'entre des mains habiles, le couteau anglais parera trois pieds, pendant que le boutoir, habilement manié lui-même, ne pourra en achever qu'un, et le travail sera mieux fait. En voyant une telle partialité, une espèce

de parti pris dans le jugement d'un praticien d'une
distinction d'ailleurs rare, on n'était plus surpris
de le voir défendre seul, et avec son éloquence entraînante et persuasive, la podométromanie!!! D'où
cela venait-il? Il ne nous appartient point d'en rechercher la cause. Quoi qu'il en soit, nous avons été
loin d'accepter l'expression de sa mauvaise humeur,
quand il prétendit, en 1846, que si les vétérinaires de
l'armée n'étaient pas partisans de la ferrure à froid,
cela tenait à ce qu'ils avaient de la répugnance à
changer leurs habitudes, leurs routines, et à rede-
venir élèves pour recommencer une éducation qu'ils
croyaient achevée..... Cette idée du savant académi-
cien était d'autant plus préconçue que M. Riquet,
en pleine séance de la Société centrale, était venu leur
assurer que, dans l'armée, quarante-neuf vétérinaires
sur cinquante-cinq étaient partisans de la nouvelle
méthode. Les vétérinaires militaires, dont je n'ai pas
besoin de m'établir le défenseur, avaient donc, contrairement à l'insinuation peu bienveillante de Barthélemy aîné, accepté franchement cette nouveauté,
imitée des siècles passés, laissant à l'expérience à
décider. Ce praticien, sans tenir compte du mémoire
remarquable de M. Reynal, et des observations fort
judicieuses de M. Vatel, peu soucieux de l'analyse
critique de M. Crépin, de quelques observations justes
de MM. Delafond, Bouley jeune, H. Bouley, Barthélemy jeune, ce praticien, dis-je, croit qu'on ne se
trouve pas dans de bonnes conditions pour juger de
la valeur de cette ferrure podométrique. Il ajoutait
que les raisonnements les plus spécieux ne pouvaient
pas faire qu'un fait ne soit pas un fait; et que, d'ailleurs, on n'avait pas expérimenté pour savoir quelle
était la valeur de cette ferrure. M. Reynal avait offert,
dans son mémoire, le fruit de quatre années d'expériences et d'observations; et il semble que M. Barthélemy n'aurait pas dû regarder ce résumé de faits
pratiques comme un argument spécieux.

Pour en revenir à notre drawing-knife, nous remar-

querons que les Anglais, Bracy-Clark le premier, con-
damnent l'usage vicieux des maréchaux, de creuser
le pied avec le couteau rainette. Goodwin attribue un
grand nombre de boiteries à cette même cause, et proclame hautement la supériorité de la ferrure française,
comme nous l'avons déjà dit.

M. Barthélemy jeune, en observant que le drawing-
knife donne au ferreur la facilité de creuser le pied,
pour le rendre plus agréable à l'œil, dit : «Ce ferreur
amincit la sole et la fourchette, de manière à ne laisser
souvent à ces parties que l'épaisseur qui lui est indispensable pour s'opposer à la sortie de la rosée sanguine, et l'ouvrier qui laisse le moins d'épaisseur
possible à la sole est considéré comme le plus habile.» Cette manière vicieuse de parer à fond ces parties est, d'après ce praticien, la cause du desséchement
de la sole, de son atrophie, de la perte de son élasticité, et de la contracture du sabot.

Laissons de côté la description du fer anglais, car
elle n'offre rien qui doive attirer notre attention, malgré la prétentieuse rainure de la face inférieure et
l'absence d'ajusture qu'on y remarque. Souvent la
face supérieure est convexe, et fait qu'il existe une
espèce de glacis, de la rive externe à la rive interne,
disposition qui, d'après Goodwin, fait que toute la
masse est soutenue par les clous et les rivets.

Le fer anglais est toujours étroit et par trop dégagé;
ses éponges sont plus épaisses que la pince. Voilà ce
qu'il y a de plus saillant.

En Angleterre, où toutes les routes sont planes, bien
nivelées et entretenues d'une façon remarquable, l'é-
troitesse du fer et l'absence d'ajusture passent pour
favoriser singulièrement la rapidité des allures. Il est
évident que si on comprend cette ferrure, comme
quelques gens, par l'exagération de leur ajusture en
bateau, certes on la trouvera préférable; mais si, au
contraire, on vient à la comparer à la ferrure française
bien raisonnée et bien confectionnée, elle sera bien
au-dessous. Si cette ferrure favorise la stabilité dans

l'appui, il faut convenir que l'étroitesse du fer est une exagération qui tient du système : chaque pied, nous le répéterons jusqu'à satiété, exige des moyens différents; un fer plus ou moins épais, ajusté de cette façon plutôt que de telle autre, plus ou moins dégagé ou couvert, etc., etc... Qu'on aille faire trotter un cheval, à ferrure ridiculement dégagée, sur le pavé de certaines villes : Perpignan, Lyon, Strasbourg, je suppose, et on verra si on n'est pas obligé d'y renoncer bientôt. A ces défauts, il faut ajouter l'absence habituelle de garniture.

Enfin laissons Goodwin parler : mieux que nous, il saura juger la ferrure de son pays.

« La grossièreté de notre ferrure prouve que le hasard y préside plus que l'attention. Le fer consiste simplement dans une bande de métal, percée par intervalles, assujettie au pied sans ordre et sans méthode. Il existe cependant plusieurs forges à Londres, qui ont un système à elles ; mais dans celles-ci, comme dans toutes celles que j'ai vues, ou dont j'ai entendu parler en Angleterre, on se sert d'un fer tout à fait pernicieux.

« C'est une pièce en fer, plate, forgée à la forme du pied, variant dans sa longueur, tantôt plus longue, tantôt plus courte que les talons ; elle a une rainure tout autour du bord externe de sa face inférieure, où sont percées quatre étampures aussi rapprochées de la rive extérieure que sa construction le permet ; celles-ci sont également compassées entre elles, laissant un espace vide vers les éponges, et une grande distance entre les derniers clous et la terminaison du fer.

« La face inférieure est convexe. Le rivet interne, quand le pied est à terre, est la partie la plus basse, et de celle-ci au rivet extérieur, le fer décrit une surface plane inclinée. Ainsi donc, le poids tombant directement sur la rive interne de la face supérieure, et la paroi ne reposant que sur le rivet extérieur du fer, toute la masse se trouve soutenue par les clous et leurs rivets.

« Quoique les fers anglais soient ordinairement confectionnés d'après cette forme, il est cependant des forges où on en aplatit la face inférieure ; ils sont généralement plus épais aux éponges qu'à la pince, où l'on soude quelquefois un morceau d'acier, et les rivets sont, en grande partie, comme disent les maréchaux, sous-martelées, ce qui rend la face inférieure plus large que le sabot. La face supérieure, au contraire, est d'une dimension exactement conforme au contour du pied ; cette disposition est souvent cause que le cheval se coupe.

« L'ajusture consiste dans un glacis incliné, pratiqué dans les deux tiers antérieurs de la face supérieure du fer, s'étendant de dehors en dedans.

« Pour parer la face plantaire de l'ongle, l'ouvrier tient le pied entre ses genoux ; le boutoir, dans presque toute l'Angleterre, excepté à Londres et dans son voisinage, a une longue lame, un manche crochu en fer, enchâssé dans une poignée en bois, dont la tête est arrondie. Les maréchaux appuient l'aisselle contre cette tête, et saisissant le manche, appliquent le tranchant au pied du cheval, enlevant, à l'aide de l'épaule, toutes les parties de corne susceptibles d'être abattues ; mais ils font souvent dans la corne, ainsi que dans la chair, des entailles profondes, des blessures graves et si difficiles à guérir, qu'ils mettent l'animal hors de service pour longtemps.

« A Londres et aux environs, on a remplacé cet incommode instrument par le couteau (*drawing-knife*), qui sert à fouiller le pied. Il présente une courbure retroussée sur son plat, ainsi que le couteau de pince (*toc-knife*), qui sert à retrancher la paroi. Il arrive souvent que la face plantaire étant parée, on râpe l'ongle de manière à y ajuster le fer, quelle que soit, du reste, sa forme. Si le fer se trouve plus petit que le pied, on abat la corne avec le couteau de pince et avec la râpe, jusqu'à ce que le pied et le fer soient en rapport. »

Nous avons préféré offrir cette description faite d'après nature, et par un savant vétérinaire d'Albion, de la ferrure anglaise, que de répéter tout ce qui est dit dans les ouvrages. Il faut remarquer que cette ferrure, pratiquée dans les ateliers de Paris, est moins défectueuse que dans la plupart des villes d'Angleterre.

Lorsqu'un système de ferrure est basé sur une nécessité absolue, il faut bien s'y conformer et l'adopter quand même; ainsi, la ferrure du cheval de montagne ne saurait être celle des chevaux de plaines; celle du cheval de halage ne peut convenir au cheval de course, pas plus que celle de l'animal destiné au manége ne pourrait s'adapter au limonier, etc., etc.

Mais, lorsque la mode capricieuse ou l'esprit de système veulent et cherchent à faire prévaloir telle ou telle méthode, c'est à la raison et à la science de les pourchasser et de les détruire.

Ferrure espagnole.

Nous la citons comme mémoire. Voici ce que dit M. Barthélemy jeune : « L'Espagne a conservé la mé-
« thode de ferrer à froid avec des fers bordés, sem-
« blables à ceux qu'on employait autrefois en France
« et en Italie. Elle doit, à la grande malléabilité du
« métal qu'elle emploie, de pouvoir *ajuster les fers à*
« *froid*. L'art de ferrer les chevaux n'a fait aucun
« progrès dans cette contrée arriérée de plusieurs
« siècles ; aujourd'hui, comme du temps de Salva-
« dor, un fer, une fois ajusté et bordé, peut être in-
« distinctement appliqué au pied droit comme au pied
« gauche, au pied antérieur comme au pied posté-
« rieur. »

Ferrure arabe.

Que dire de la ferrure arabe? Elle doit se rapprocher beaucoup de la ferrure primitive à clous; elle peut se marier fort agréablement avec la charrue du pays ; ce sont là deux types primitifs qui ont dû être conservés tels; probablement qu'ils y ont été importés, et, ainsi que les autres arts, ils n'ont dû éprouver aucune amélioration, malgré un grand nombre de siècles écoulés (1).

J'ai cependant entendu faire l'apologie de la ferrure arabe ; je crois même avoir lu, je ne sais plus dans quel compte rendu, qu'on reconnaissait plusieurs avantages à cette façon, je ne veux pas profaner le nom de méthode, de planter un morceau de fer très-accidenté de forme, sur le pied de l'animal le plus léger, le plus vigoureux et le plus rustique de la gent chevaline.

J'avoue que, logé pendant mon séjour en Afrique, à côté d'un maréchal arabe, il m'a été permis de l'étudier à sa forge pendant qu'il contournait son fer (2), l'ajustait, préparait ses clous à l'affilure incroyable, ferrait ses chevaux ; j'avoue, dis-je, que je n'ai jamais eu l'idée baroque d'aller chanter cette pratique grossière, ne se basant que sur l'ignorance et la routine.

Et d'abord, ce n'est sans doute pas la forme gracieuse de ce fer tant vanté qui a pu séduire la vue de ceux qui en ont parlé avec avantage; à moins cependant que ce ne soit au point de vue du grosesque !

Le fer arabe (*sfea*), *fig.* A, confec-
tionné avec du métal très-doux et malléable, prend, pour ainsi dire, toutes les formes qu'on veut bien lui donner, même à froid. Ce fer est court, relativement à la longeur et à la largeur du pied ; il a la pince large et carrée ; les éponges

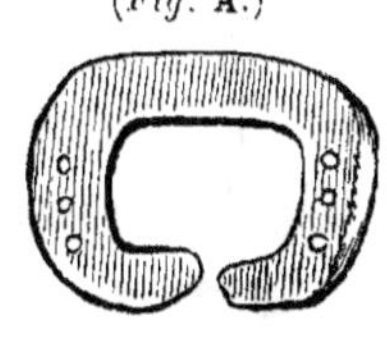

(Fig. A.)

---

(1) Ce sont les Maures qui, à n'en pas douter, ont importé d'Espagne la ferrure à clous en Afrique.

(2) Habituellement, ce n'est pas le forgeron qui est le ferreur ; le premier forge sans étamper ni préparer le fer ; c'est le deuxième qui, dans ses moments de loisirs, pratique des trous arrondis et ajuste à sa façon la lame métallique.

sont contournées comme celles d'un fer à planche
avant que les branches de ce dernier soient réunies et soudées. Les éponges cachent la fourchette
et s'y appuient. Chaque fer a six trous arrondis,
trois sur chaque branche, dont ils occupent à peu près
le milieu. Nos maréchaux diraient que les étampures,
si toutefois on peut leur donner ce nom, *sont grasses*.
La forme de la lame du clou n'est pas en harmonie
avec celle de ces trous (1).

Les fers sont excessivement légers, et beaucoup ne
pèsent pas plus de cent à cent cinquante grammes,
quelquefois moins. A ce propos, il serait permis de
dire que : *Le mieux est souvent l'ennemi du bien!* Ils sont
si peu épais qu'ils peuvent être impunément martelés
à froid. Leur diamètre anté-postérieur est d'un
quart moindre que celui du pied sur lequel on doit
appliquer l'un d'eux ; le diamètre transversal est également moindre que celui de l'ongle. D'après cette
esquisse rapide, il est aisé de voir que ce fer, non-
seulement se recommande peu par sa forme, mais
encore qu'il résume bon nombre d'inconvénients que
nous indiquerons.

Le clou (*smar*), (*fig.* B.), a une lame
épaisse, grossièrement polie, et ayant
néanmoins de la ressemblance avec celle
de nos clous communs. La tête est un
peu celle du clou anglais à peine dé-
grossi, espèce de pyramide déformée et
légèrement aplatie ; et dans le Sahara,
d'après M. le général Daumas, celle d'une
tête de sauterelle, ce qui permet, à ce
qu'il paraît, au clou de s'user jusqu'à la
fin sans se casser. L'affilure est très-
prononcée, afin de donner plus de sortie
au clou et s'opposer à ce qu'il n'aille pénétrer dans les
tissus vivants. Cela se conçoit si on se rappelle que les

----

(1) Il résulte de cette pratique, que les fers tiennent peu, qu'ils bat-
tent sous le pied et sont arrachés facilement. M. H. Bouley faisait, à cet

trous destinés à donner passage aux lames occupant le milieu de la branche, la tête du clou n'entre par conséquent point en partie comme sur nos fers, ce qui fait que la surface d'appui du fer ne peut être représentée que par les six têtes saillantes et que la stabilité est d'autant moins grande. C'est là un des grands inconvénients qui vient s'ajouter à l'étroitesse du fer et qui ne tend à rien moins qu'à diminuer la surface d'appui.

Inutile de dire que les Arabes ferrent à froid. La civilisation n'a pas encore eu le temps de leur démontrer la supériorité de la ferrure à chaud et de la leur faire adopter. Quant aux instruments de ferrure, ils sont en rapport avec leurs connaissances peu étendues en maréchalerie; ils sont grossièrement fabriqués; les tricoises surtout (*el locath*), espèces de vieilles tenailles qu'on a pu voir une fois dans sa vie chez nos ferrailleurs de village, coupent à grand'peine les rivets (*fig*. D).

(Fig. D.)

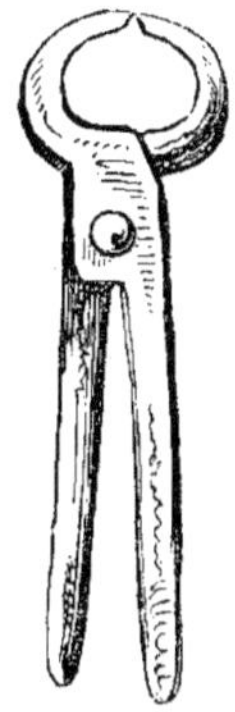

Le fer est forgé à chaud et chauffé avec du charbon de bois. L'ajusture se donne également à chaud; parfois cependant le maréchal, au moyen d'un martelage répété et tenace, fait cette opération à froid en même temps qu'il renverse le bord de la rive externe (1).

En renversant notre ajusture en bateau d'autrefois, on

égard, une observation qui ne manque pas d'une certaine justesse :
« La ferrure arabe, toute imparfaite qu'elle soit au premier aperçu, a
« du moins cet avantage, de ne produire sur le pied aucune contrainte,
« en raison de la longueur des étampures. »
Ce soupçon d'avantage est tellement annulé par tous les autres défauts, qu'il est inutile de s'en occuper.

(1) En Espagne, le fer est tellement malléable, qu'il peut être ajusté à froid. Du reste, pas plus qu'en Afrique, la maréchalerie n'a fait de progrès dans ce pays arriéré, et n'est pas beaucoup plus avancée qu'il y a un siècle. Ce qui nous fait supposer que ce sont les Maures ou les Espagnols qui ont importé la ferrure à clous en Afrique, c'est la manière dont les fers sont bordés à leur face inférieure dans l'un et l'autre pays.

peut avoir l'idée de celle du fer arabe ; de sorte que le
côté convexe, au lieu d'être en contact avec la terre,
prend un appui sur la face inférieure de la sole. Autre
grave inconvénient, auquel plusieurs de nos auteurs
reconnaissent un certain avantage, celui de protéger
la face plantaire contre les chocs et de l'écarter du
sable brûlant !..

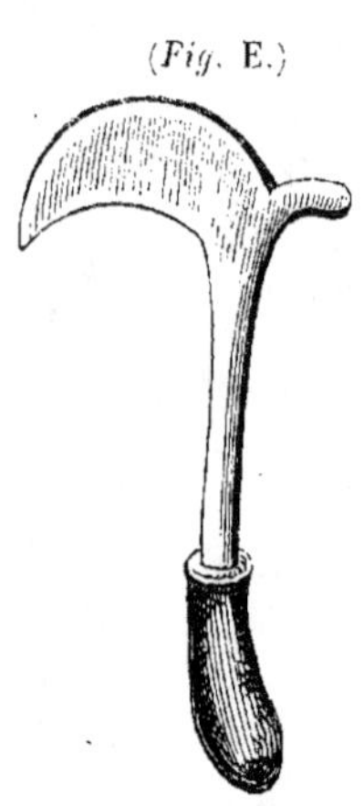

(Fig. E.)

On ne s'éloignerait pas beaucoup
de la vérité en disant que l'ajusture anglaise est un diminutif de
l'ajusture arabe... L'Arabe pare et
abat le pied à l'aide de deux espèces
de boutoir qu'il appelle indistinctement *el mas fare ;* celui qui sert à
parer la face inférieure de l'ongle
est un couteau mince, large, creux
sur la surface supérieure, ayant le
tranchant concave, et formant angle
droit avec son manche (*fig*. E).

M. Riquet (p. 15) observe que ce
couteau a de l'analogie avec le draw-
knife, tant il est vrai que lors-
qu'on a une idée en tête, on la retrouve partout. Cette
analogie, du reste, doit peu surprendre, et étonne
d'autant moins que nous-même avons déjà trouvé
un grand rapprochement dans la manière d'ajuster
chez les deux peuples. Si à cela on ajoute encore que
chez eux on ferre à froid, on verra que tous deux se
rapprochent, quant à la ferrure, de celle surtout qui
fut pratiquée dans l'enfance de l'art.

Le fil du boutoir, destiné à parer la face plantaire,
est aussi mince que celui du boutoir français ; il
attaque tout aussi bien la corne, tout en réclamant au
moins autant d'adresse et de force pour être bien
dirigé. L'Arabe enlève d'un seul coup d'énormes mor-
ceaux de corne.

Dans cette première opération, tous les efforts du
maréchal (*el semmar*) sont dirigés sur la pince, qui
souvent est amincie jusqu'au sang, tandis que les

talons sont religieusement ménagés. Perrier, comme on le devine, n'a rien annoncé de bien nouveau en faisant revivre, sans le savoir, les coutumes arabes : *Abattre la pince et conserver aux talons toute leur force!...* C'est encore ce qui se pratique en Angleterre, et qui vient appuyer ce que nous venons de dire à l'instant.

Nous ne sommes pas le seul à répéter ce que les Arabes eux-mêmes pensent de leur manière de parer le pied; M. le général Daumas (quatrième édition, pag. 164), en parlant des chevaux du Sahara, rapporte : « Que les pinces des pieds de devant sont libres, que jamais on n'y met de clous. Suivant les Arabes, des clous en pince gêneraient l'élasticité du pied et feraient éprouver au cheval, au moment où il poserait sur le sol, absolument la même douleur qu'à l'homme une chaussure trop courte. » Eh! certes, les Arabes du Sahara n'ont jamais ouï parler du système Perrier !

Revenons à notre ferrure arabe. Lorsque le pied est paré au gré du semmar, il présente et applique le fer de telle façon que la corne de pince déborde de deux centimètres environ, parfois davantage, et celle des quartiers de trente ou quarante millimètres.

A voir ce fer bien plus étroit que la face plantaire du pied, en apercevant les étampures placées au milieu des branches, l'observateur se demande comment fera l'ouvrier pour ne pas offenser les parties organisées sous-jacentes. Mais point : le semmar, adroit à sa manière, broche prestement et pique rarement le cheval qu'il ferre, aidé qu'il est par l'affilure très-courbe de sa lame et la manière de brocher obliquement. Les lames sortent très-près du fer et le maintiennent peu solidement; nouvel inconvénient à ajouter à tant d'autres! Les rivets sont toujours très-longs.

Voilà un fer fixé, mais la corne dépasse le fer en pince ; comment fera l'ouvrier? Il saisit le pied, le pose sur un billot, l'aide appuie sur le genou du patient, pour le forcer à poser le pied bien à plat; quant à lui, armé du deuxième boutoir (*fig.* F), qui remplace le rogne-pied, et qu'il tient à deux mains, il fait trembler le spectateur qui n'a pas encore vu l'opération ; il tranche la corne qui dépasse le fer, en deux ou trois coups successifs (1).

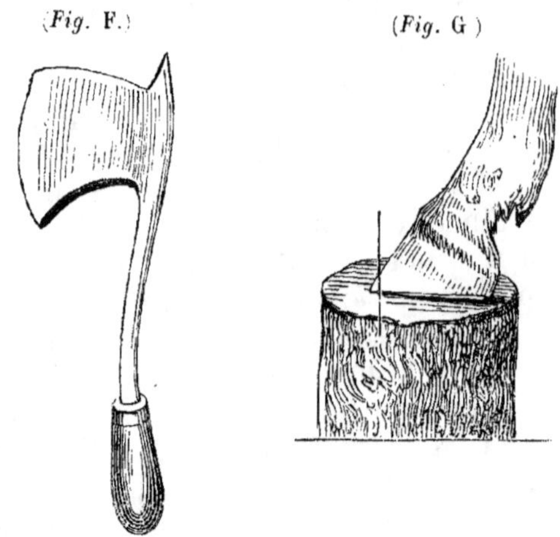

(*Fig.* G). On a répété que les maréchaux arabes étaient adroits et ferraient lestement. Cela se comprend quand on connaît leur manière expéditive et sans gêne de procéder.

On a aussi attribué à la ferrure africaine maints avantages que nous allons envisager sous leur véritable point de vue.

Avant tout, on a reproduit ces phrases banales : que le sol de l'Algérie était très-accidenté, qu'il offrait de nombreuses montagnes, des pentes rapides sillonnées par des sentiers très-étroits pratiqués sur des terrains argilo-calcaires ou glaiseux ; qu'il existait, au milieu des parties rocheuses, des sentiers tortueux semblables aux marches ou degrés d'un escalier détérioré ; et tant d'autres choses pour démontrer l'utilité de la fer-

---

(1) M. Riquet a dû être bien mal renseigné, pour dire que l'ouvrier arabe n'abat presque pas de corne. (*Rec. de méd. vét.*, ann. 1855, p. 391.)

rure arabe et sa supériorité sur la nôtre dans cette circonstance. Rien n'est moins démontré que ce premier avantage ; dans nos expéditions en Kabylie, tous les officiers ont pu constater l'excellence de notre ferrure, même au milieu des obstacles et des chemins les plus scabreux.

Comme premier avantage sérieux, on lui reconnaît *la légèreté de ses fers;* c'est le seul, selon nous, au point de vue arabe, car il ne serait pas possible d'appliquer des fers aussi minces sur les pieds de nos chevaux, ils seraient faussés instantanément, et ne pourraient durer quinze jours. Si cela était reconnu réellement utile, qui nous empêcherait de donner cette légèreté à notre ferrure? M. le général Daumas (4ᵉ édit., p. 167) nous transmet que les Sahariens trouvent notre ferrure trop lourde. « Regardez nos chevaux, disent-ils, comme ils font sauter la terre et le sable derrière eux, comme ils sont légers ! Comme ils lèvent leurs pieds avec aisance ! Comme ils étendent et contractent leurs muscles ! Ils seraient lourds et gênés comme les vôtres, si nous ne leur donnions des fers légers qui ne leur surchargent pas les pieds dont la matière, quand ils s'amincissent, vient se fondre avec la corne et forme un seul corps avec elle. »

Pour répondre à ces Sahariens, je puis dire que souvent j'ai vu les goums nous accompagner dans certaines razzias et expéditions, et que quelquefois j'étais étonné du nombre de traînards arabes qui cherchaient à remettre eux-mêmes ou à faire replacer des fers arrachés ou perdus. Dans les chasseurs d'Afrique ou dans les spahis, rarement un fer était perdu lorsqu'on était dans le Sud et qu'on voyageait sur le sable. Au surplus, les Arabes qui parlent tant de la légèreté et de la vitesse de leurs chevaux ne l'ont pas toujours prouvé sur nos hippodromes, à l'époque des courses. Malgré l'excellence de leur ferrure, la grande mobilité de leurs membres, leur souplesse enfin, les chevaux montés par eux n'ont presque jamais vaincu les nôtres. Pendant trois années de suite, j'ai vu les Européens gagner non-seulement les courses de vitesse, mais encore celle de fond. Je pourrais, s'il le fallait, citer les années et le nom des vainqueurs, qui ne sont certes pas Arabes.

On a été jusqu'à dire que le fer arabe favorisait l'élasticité du pied ! Pour peu qu'on ait eu l'occasion d'examiner un de ces fers et la position des clous, on verra que cette ferrure doit borner au contraire le jeu normal des talons, et que l'ajusture en contre-haut doit inévitablement déterminer une percussion permanente et un contact douloureux sur la sole ; qu'enfin les pieds doivent être serrés et gênés, le fer étant plus petit qu'eux. Les Arabes façonnent, de la manière la plus complète, *le pied pour le fer*.

Est-ce là ce qu'on appelle favoriser l'élasticité ? Il faut le dire, on n'est pas exigeant... Un auteur fort recommandable, M. Rey, suppose que les éponges contournées sur les glômes de la fourchette (page 471) les compriment et concourent à conserver l'élasticité des parties postérieures du pied ! Plus loin, comment M. Rey veut-il qu'en raison de l'ajusture le poids du corps porte sur le bord externe de la paroi et concoure à écarter les quartiers et les talons ? Je serais de son avis si le fer était en cuir ; mais que deviendraient les six clous qui s'opposent à toute espèce de mouvement latéral dans le fer arabe ?

Je ne sais plus qui aurait encore avancé que le raccourcissement de la pince, à l'instar du système Perrier, déterminait le report du poids du corps en avant et était de toute utilité pour les chevaux long-jointés. D'accord, s'il s'agit de ce dernier cas ; mais on a oublié de mentionner qu'il y avait en Afrique un très-grand nombre d'animaux court-jointés, ceux des environs de la Calle, par exemple, ceux qu'on rencontre le long de la frontière tunisienne, et tant d'autres, qui ne sauraient être ferrés de la même manière avec avantage. C'est du reste le reproche qu'on adresse à Perrier, qui, pour soulager les tendons, en diminuant l'étendue du levier phalangien, redresse indistinctement les talons

de tous les chevaux. Voilà où conduit l'esprit systématique !

En résumé, peu partisan de merveilleux mauresque
à l'endroit de la ferrure, nous déclarons formellement
ne reconnaître aucun avantage sérieux à cette opération africaine, à laquelle on ne peut donner le nom
de *méthode*, puisqu'elle ne s'appuie sur aucune connaissance, n'a aucun principe et qu'elle expose les animaux à d'aussi *nombreuses boiteries*.

.M. Flaubert, dans une notice qu'il a adressée, en
1855, à la société centrale vétérinaire, faisait remarquer « que la ferrure arabe ne se propose qu'un seul
« but, celui de préserver, de garantir le sabot de l'u-
« sure. Ni dans la manière de préparer le pied, ni
« dans le mode de confectionner le fer et de le fixer
« sur le pied, on ne trouve aucune règle de nature à
« faire croire que la ferrure puisse être corrective de
« la mauvaise conformation de l'ongle, des aplombs
« défectueux et des altérations diverses des parties
« inférieures des membres. » Hélas ! nous sommes
loin de partager l'opinion de notre confrère; nous adoptons même une manière de voir diamétralement opposée à la sienne. C'est précisément parce que les
Arabes n'écoutent que leurs idées instinctives qu'ils
font souvent moins de mal que les ouvriers qui adoptent des systèmes vicieux, des façons orthopodiques
ridicules, qu'ils obéissent enfin à des théories spécieuses, contradictoires et trop souvent erronées.
Au moins ils n'ont pas à se préoccuper de l'élasticité
podale, cette propriété qui tantôt est nulle, tantôt obéit
à la latéralité, et d'autres fois est obligée de se plier
aux exigences contentives. Les Arabes n'ont pas de
modes à suivre, lorsqu'il s'agit de forme, de couverture, d'ajusture et de garniture de fer. La théorie des
leviers ne les tourmente pas davantage, et ne leur fait
faire aucune fausse application. Perrier (page 200)
rapporte « que les maréchaux des siècles précédents,
qui se contentaient de rogner les cornes et d'attacher
le fer, ne ferraient pas aussi mal qu'on est générale-

ment porté à le croire. » Je suis bien de son avis de ce côté, tout en lui reprochant d'avoir cherché à introduire une fausse théorie sur l'élasticité du pied.

M. Gourdon prétend que la ferrure arabe équivaut à l'absence de ferrure. M. Gourdon est certes le seul de cet avis. Il prétend qu'après trois ou quatre mois, le fer pèse presque autant qu'au moment de son application. Nous avouons que c'est là une mauvaise plaisanterie ; à moins cependant que, pendant ce laps de temps, les pieds n'aient été fourrés dans des espèces de chaussons de Strasbourg ! ! ! ! D'après ce praticien, le fer arabe n'est *qu'un parachaleur*. (Voir le *Recueil méd., vét.* 1855, pag. 391.)

SEPTIÈME ET DERNIÈRE PARTIE.

SYSTÈME QU'IL CONVIENT D'ADOPTER EN VUE DU SERVICE DES CORPS DE TROUPES A CHEVAL.

Il est aussi difficile de donner une définition de la meilleure ferrure que de dire ce que c'est que l'esprit.

Ce qu'on appelle esprit, disait Voltaire, est tantôt une comparaison nouvelle, tantôt une allusion fine ; ici l'abus d'un mot qu'on présente dans un sens et qu'on laisse entendre dans un autre ; là, un rapport délicat entre deux idées peu communes, c'est une métaphore singulière ; c'est une recherche de ce qu'un objet ne présente pas d'abord, mais de ce qui est en effet dans lui ; c'est l'art ou de réunir deux choses éloignées ou de diviser deux choses qui paraissent se joindre. Enfin, je vous parlerais de toutes les différentes façons de montrer de l'esprit si j'en avais davantage !

Une bonne ferrure, la meilleure peut-être, dirait le vétérinaire observateur, c'est le reflet des vérités théoriques et pratiques de tous les systèmes. Tantôt, il faut savoir appliquer le fer à croissant sans suivre aveuglément Lafosse ; tantôt il faut adopter sans réserve la théorie des aplombs de Bourgelat, à la condition de s'en réserver l'application ; dans quelques circonstances particulières il faut suivre, sans crainte, les bons avis de Perrier, et ne pas rejeter le fer à éponges nourries. Il faut redouter, à l'occasion, le calorique dont M. Riquet nous à offert un si terrible tableau, et parfois suivre Clark dans ses ingénieuses conceptions sur l'élasticité, en s'arrêtant toutefois à une ferrure. Il sera fort utile de se rappeler les meilleurs renseignements des Bouley, Barthélemy, Vatel, Crépin, Renault, Delafond, Rey, etc., etc., et dans tous les cas, les leçons de l'expérience ; enfin, ne prêter jamais une oreille attentive aux idées fausses, spécieuses, systématiques, spéculatives ou passionnées.

Tels sont les vrais principes d'une bonne ferrure. C'est en prenant ce qu'il y a de bien, de réellement pratique dans chaque système, qu'on parvient en maréchalerie à former un résumé solide et d'une valeur réelle. On ne saurait ferrer en s'appuyant sur des hypothèses, des suppositions, et adoptant des idées systématiques !... Les hommes spéciaux savent pertinemment qu'on ne peut ferrer avec une même méthode, un seul système.

Avant d'entrer dans les détails de cette importante opération, offrons d'abord un résumé rapide des principes que nous avons développés antérieurement. Dans notre seconde épigraphe, nous avons dit que *les aplombs*, *l'élasticité du pied et la kératogénèse* étaient les meilleurs guides pour l'adoption d'un système de ferrure.

1° De l'aplomb du pied.

On sait, en mécanique animale, que les rouages sont disposés suivant certaines règles qui président invariablement à leur solidité, à leur durée et à la liberté de leur jeu. L'effort impulsif vient, en dernier ressort, se répartir d'une manière régulière sur les quatre pieds. On s'assure de cette régularité de l'appui à l'aide de certaines lignes fictives verticales.

Dans l'aplomb régulier du pied, les rayons du métacarpe ont une direction perpendiculaire au sol, et
doivent se joindre à l'os du paturon, de manière que
ce dernier rencontre la terre sous un angle de 45°
(Voir notre IV⁰ partie du *Mémoire*.)

L'assiette du pied est une véritable balance de l'effort impulsif, c'est un fléau mobile sur le centre des
quartiers, et portant à ses deux extrémités deux pla-
teaux fictifs, dans l'un desquels est la puissance et
dans l'autre la résistance. Si les talons sont trop abattus, la puissance a trop d'action et tiraille les tendons ;
si, au contraire, la pince est diminuée et les talons
élevés, le poids est reporté sur les colonnes osseuses,
et n'est pas en partie éteint, comme cela a lieu sous
une inclinaison de 45° , et il en résulte des inconvénients non moins graves. Dans l'assiette du pied, il
faut donc tenir le plus grand compte de l'équilibre de
ces deux forces placées en avant et en arrière du centre des quartiers ; je l'ai déjà dit, si la pince est allongée, c'est le bras de levier de la puissance qui est favorisé, et si les talons sont trop hauts, c'est la résistance qui prédomine.

Dans un cheval harmoniquement conformé et dont
les rayons phalangiens ont une direction régulière, le
bras de levier des forces peut encore acquérir une
longueur anormale, par suite de l'accroissement exagéré du sabot, ou par suite des modifications que la
forme, l'épaisseur et l'étendue du fer peuvent imprimer à l'assiette du pied sur le sol. Exemples : un fer
est-il trop long, trop épais en pince ; la corne de cette
région est-elle trop longue ; le pied est-il ferré depuis longtemps, etc., etc.? Eh bien! il y a surcharge
pour les tendons. Au contraire, la pince est-elle trop
abattue, les talons sont-ils trop hauts, et les éponges
trop épaisses? La charge est reportée sur les colonnes
osseuses...

En somme, on voit que les aplombs sont de la plus
grande importance dans le choix d'un système de
ferrure.

2° Dans les deuxième et troisième parties, nous avons démontré et prouvé dans quelles limites l'élasticité du pied pouvait être mise en jeu. Pendant l'appui, le pied s'élargit en haut et en bas ; la dilatation supérieure est plus considérable lorsque les phalanges se renversent en arrière ; la dilatation inférieure prédomine quand la deuxième phalange reste en position perpendiculaire sur la troisième. C'est principalement en talons que le mouvement d'expansion inférieure se fait observer dans des limites assez restreintes. Nous n'insisterons pas plus longtemps sur cette propriété à laquelle nous avons déjà consacré de très-longs développements. Protéger cette propriété est aussi le but qu'on doit se proposer dans la ferrure ; c'est à l'aide d'étampures éloignées des talons, d'une ajusture et d'une garniture convenables qu'on arrive à ce but. Le maréchal devra également ménager les barres, les arcs-boutants, les talons et la fourchette, et ne pas les amincir inconsidérément s'il veut favoriser cette propriété de l'ongle.

3° Enfin, l'ouvrier doit encore se rappeler que l'accroissement de l'ongle a lieu d'une manière uniforme sur tous les points du bourrelet ; que dans l'état normal, l'avalure se fait régulièrement. C'est à l'aide d'une ferrure rationnelle qu'il parviendra à entretenir cette pousse régulière du sabot.

Il devra ne pas oublier que la sécrétion cornée peut être *ralentie* ou *activée* sur un ou plusieurs points de l'appareil kératogène, selon la force de résistance des pressions transmises ; que c'est encore à lui de savoir profiter de cette inégalité possible dans l'acte sécrétoire, pour obtenir certains changements favorables à l'appui régulier du pied.

Il se souviendra que les pressions, les chocs modifient l'action sécrétoire et s'y opposent ; il saura donc en profiter tour à tour pour diriger l'accroisse- de la corne où cela est utile, et pour la ralentir sur d'autres points.

Comme toutes ces questions de la kératogénèse ont

été incidemment traitées dans notre mémoire, nous ne faisons ici qu'une énumération très-sommaire. Nous pourrions encore ajouter que, plus la corne est parée souvent, plus elle se régénère rapidement. Ce principe étant bien compris par l'ouvrier, il lui devient facile de se rendre maître, ou à peu près, de la forme des pieds souvent différents; de diriger la pousse dans telle partie plutôt que dans telle autre.

Ces principes étant bien établis et admis, notre système de ferrure sera des plus faciles à exposer. Nous l'avons déjà dit : il est impossible de ferrer d'après un seul de ces systèmes. Donc, en nous emparant de tous les avantages reconnus à chaque ferrure, en faisant ressortir tout ce qu'elles contiennent de réellement praticable, tout en nous aidant de notre expérience, nous arrivons à dire :

1° Que la ferrure à clous et à chaud, telle qu'elle est exécutée dans nos grands ateliers de Paris, et sous la surveillance de nos célébrités hippiques, est, sans contredit, la meilleure, celle qu'il convient enfin de généraliser dans nos régiments de cavalerie et d'artillerie. M. Barthélemy jeune observait fort judicieusement que la ferrure à chaud perfectionnée, comme elle l'est aujourd'hui dans certaines forges, n'avait plus à attendre de grandes modifications, et que c'était une des meilleures, des plus utiles inventions qui soient sorties de l'esprit humain. De son côté, Bouley jeune demandait aux innovateurs ce qu'ils prétendaient améliorer, puisque tout était connu, que les résultats étaient aussi satisfaisants que possible, que l'on ferrait dans ses ateliers, et depuis plus de quinze ans, des pieds modèles encore après ce laps de temps. Nous partageons complétement la manière de voir de ce savant praticien. Que veut-on de plus? Quitter le connu pour s'attacher à l'inconnu..... Que l'on se rappelle bien que c'est là une des grandes causes de la décadence de nos races.

2° Nous avons prouvé que la ferrure à chaud devait être préférée à la ferrure à froid, puisqu'elle permet de

mieux confectionner le fer pour le pied, qu'elle est
d'une exécution plus facile, plus prompte, moins
dispendieuse, qu'elle est plus solide, ne détermine
pas plus d'accidents immédiats, et qu'enfin elle est
à la portée des ouvriers même médiocres;

3° Que la ferrure à froid, devant néanmoins être
mise en usage dans quelques circonstances particulières, il est utile d'habituer les ouvriers à savoir la
pratiquer le plus habilement possible, dans la prévi-
sion de la guerre.

Du fer ordinaire.

1" *Du fer ordinaire à devant.* Ce fer doit à la fois
favoriser l'élasticité si développée dans les pieds antérieurs, conserver les aplombs, entretenir la pousse
régulière de la corne, et empêcher enfin l'usure de
l'ongle.

Dans ce fer, il faut considérer : 1° *sa tournure ;*
2° *sa longueur ;* 3° *son épaisseur ;* 4° *sa couverture ;*
5° *son étampure ;* 6° *sa garniture ;* 7° *son ajusture,* et
8° *la manière dont il est fixé sur le pied.*

Nous allons examiner successivement toutes ces
questions, au point de vue de la ferrure du cheval de
troupe, appelé à exécuter des mouvements en colonnes serrées, dans maintes circonstances.

Le premier principe, de l'aveu de tous les praticiens anciens et modernes, est de forger le fer pour
l'ongle, et non de tailler et ajuster l'ongle pour le fer.
Il est donc très-essentiel que le maréchal s'attache
à bien conserver la forme du pied antérieur, et cela,
à l'aide *d'une tournure* convenable donnée au fer.
Pour arriver plus facilement à son but, il doit se rappeler la forme différente des pieds de devant et des pieds
postérieurs. Les premiers ne sont pas ovales, comme
l'ouvrier le croit trop généralement; ils sont arrondis
en pince, s'élargissent encore jusqu'au centre à peu
près des quartiers, et, *de là,* vont en diminuant jusqu'aux
talons. Les talons sont écartés et assez élevés dans
les pieds bien faits; la sole est moyennement creuse,

la fourchette volumineuse, très-élastique et fortement avancée au centre de la sole; le talon interne est presque toujours plus bas et plus rentré. Ce qu'il y a de plus remarquable dans les pieds antérieurs, c'est le développement des fibro-cartilages latéraux. La forme des sabots postérieurs est moins arrondie, et plus allongée dans le diamètre antéro-postérieur; les talons sont plus hauts, la sole est plus creuse, la fourchette est plus petite et moins souple, et enfin, les cartilages latéraux sont moins développés.

Le fer antérieur devra donc être plus arrondi en pince et en mamelles, offrir la branche interne plus droite, et aura, en un mot, la tournure du sabot antérieur. C'est pour avoir méconnu trop souvent ces principes que les ouvriers ont déterminé des boiteries incurables et hâté la ruine d'excellents chevaux qui auraient encore pu faire un long service.

2° *Longueur du fer*. Lafosse ne veut pas que les éponges dépassent le centre des quartiers. Bourgelat désire que la longueur totale soit quatre fois la longueur de la pince; d'autres, à l'instar du fondateur des Écoles, prétendent que les éponges doivent être plus longues que les talons.

Pour nous, et sans tenir compte de toutes ces idées plus ou moins systématiques, nous dirons que cette longueur doit être telle, qu'elle puisse garantir le bord inférieur de la paroi et les talons. Pour nos chevaux de cavalerie, il ne faut pas que les éponges soient trop longues, et il est bien entendu que nous ne parlons ici que du fer appliqué sur un pied bien fait, à talons solides et assez élevés. L'excès de longueur entraîne fatalement l'arrachement fréquent du fer pendant les manœuvres d'escadrons, et expose l'animal à forger. Trop court, le fer ne garantit pas suffisamment les talons, amoindrit la surface d'appui et peut fausser l'aplomb du pied.

Lafosse ne voulait pas que le fer eût les proportions, pour ainsi dire, géométriques de Bourgelat, et nous sommes bien de son avis.

Les meilleures proportions ne doivent-elles pas être en rapport avec la forme, la direction, le plus ou moins d'élasticité du pied, avec le poids de l'animal, la direction de ses aplombs et ses allures particulières? Chaque pied ne doit-il pas avoir une ferrure appropriée? Disons-le, Bourgelat n'a pas été plus heureux en soumettant à des proportions rigoureuses les pieds et les fers; ce sont là des idées théoriques inapplicables, et qui conduiraient aux plus grandes erreurs pratiques.

3° *Épaisseur du fer*. On ne saurait donner un chiffre exact relativement à cette épaisseur considérée d'une manière générale ; elle doit être relative au genre de service, au poids des animaux, à la grandeur des pieds, et en rapport avec la nature du sol sur lequel les animaux sont appelés à travailler. Quoi qu'il en soit, il faut que cette épaisseur soit telle, qu'elle puisse résister à l'usure pendant au moins cinq semaines, sans que le fer, en s'affaissant, puisse aller comprimer douloureusement la sole. Telle épaisseur jugée convenable pour un gros fer ne peut convenir à un plus petit, ayant une masse moins forte à supporter. L'épaisseur des fers des chevaux du train et de l'artillerie ne pourrait être comparée à celle des animaux de la cavalerie. Nous le répétons : tout doit être relatif. Il est rare que l'ouvrier place un fer trop mince et trop léger : presque toujours son intérêt le pousse à forger et à mettre des fers trop épais sur le pied. Inutile de dire que ces fers lourds s'arrachent facilement pendant les promenades et les manœuvres, détériorent la paroi, la font éclater, rendent les pieds dérobés, faussent les aplombs, et rendent les animaux indisponibles pour un temps plus ou moins long. C'est donc encore là un défaut qu'on doit corriger impitoyablement; notamment, lorsqu'il s'agit des chevaux de cavalerie légère et de ligne. Lafosse voulait le fer le plus léger possible ; à l'aide de son fer à croissant, il lui était très-facile d'atteindre ce but. Bourgelat donnait le quart de la longueur de la pince, comme mesure *de l'épaisseur du fer, qui devait être égale partout*. Malgré les avantages qui se rattachent à cet excellent principe, il est loin d'être observé aussi généralement qu'on pourrait le supposer; ainsi, la plupart des ouvriers donnent plus d'épaisseur à la pince qu'aux éponges, à la branche externe qu'à celle du dedans; un professeur même de maréchalerie, M. Rey, professe dans son cours que l'extrémité des éponges doit être moitié moindre..... La majeure partie des vétérinaires admet le principe de Bourgelat. Perrier et quelques autres prétendent que les éponges doivent être plus épaisses, même dans la ferrure ordinaire, et pourtant ils parlent d'aplombs et d'assiette du pied !!!

Nous avons déjà démontré pourquoi ces hommes égarés faisaient fausse route ; armés de leur force dilatante et contentive, ils poursuivent sans relâche les ennemis, les agents redoutables du bras de levier inférieur, qui tiraillent, fatiguent, tracassent, énervent les tendons fléchisseurs et les ligaments suspenseurs.

Nous ne prenons pas au sérieux l'énumération des avantages de la ferrure arabe, au nombre desquels se trouve placée la légèreté incroyable de la lame métallique. De bonne foi, pourrait-on placer sous les pieds des plus petits chevaux de cavalerie légère des fers pesant de cent à cent vingt grammes?

Quant à nous, nous estimons *que l'épaisseur partout égale du fer* est ce qu'il y a de plus parfait pour la ferrure ordinaire, soit pour conserver l'appui régulier, les aplombs, soit pour favoriser l'élasticité podale, l'uniformité et la régularité de la sécrétion kératogène. Nous supposons toujours un pied bien fait, ne réclamant rien de l'*orthopodie* (1). En traitant de l'ajusture,

---

(1) *Orthopodiques*, de ορθος, droit, ποδος, pied. Cette dénomination nous paraît préférable à celle adoptée par plusieurs vétérinaires. En effet, le mot d'*orthopédique*, qu'ils emploient à propos de la ferrure, est un non-sens : ορθος, droit, παις, παιδος, enfant. Dans la médecine humaine, c'est l'art de prévenir ou corriger les vices de conformation

nous développerons plus complétement notre manière de voir à cet égard. Si le pied est abattu et paré de façon à bien conserver l'assiette naturelle qui lui est nécessaire, il n'est pas admissible qu'on veuille donner *trop ou pas assez d'épaisseur*, non-seulement parce qu'on fausserait l'appui, mais encore parce que l'on modifierait la kératogénèse, soit en diminuant ou augmentant la somme des pressions sur les organes sécréteurs.

4° *Couverture du fer*. Lafosse donne peu de couverture au fer. Bourgelat exige que la largeur du fer, d'une rive à l'autre, soit trois fois et demie la longueur existant entre les deux premières étampures des talons. Les éponges, à leur extrémité, auront la moitié de la longueur de la pince, etc.... Inutile de dire que toutes ces proportions sont arbitraires. Dans un grand nombre d'ateliers, le fer est couvert en pince et en mamelles ; il l'est moins en branches et successivement va en décroissant jusqu'aux talons (éponges).

Perrier nous offre son fer dégagé en pince et en mamelles et nourri en éponges, autant pour favoriser ses forces chimériques que pour soulager des talons et tendons qui ne réclament aucun secours ! C'est là une espèce de ferrure-amulette !..

A notre point de vue, nous admettons encore *une couverture relative et complétement relative* au service, au poids du cheval, à la largeur du pied, à la conformation de la sole, etc.... Il est évident que les chevaux d'artillerie et du train auront des fers autrement couverts que ceux qu'on destine aux animaux de cavalerie légère ou de ligne. Tel cheval à pied plat aura un fer bien plus couvert que tel autre destiné à un pied bien fait. La couverture du fer qu'on place

---

des enfants. Du reste, cette dénomination a paru elle-même impropre, et les médecins disent aujourd'hui *orthosômatique*, de ορθος, droit, et σωμα, le corps.

Pourquoi donc les vétérinaires ne diraient-ils pas *orthopodique ?* Dans tous les cas, et si l'on ne voulait adopter la dénomination que nous proposons, il n'y aurait plus de choix à faire, et il faudrait dire : *orthosômatique* ou ferrure orthosômatique !!! Pour notre compte, il nous paraît préférable de dire ferrure orthopodique !

sur un pied creux et encastelé ne saurait convenir au fer destiné au pied plat ou comble. Rien n'est donc plus difficile que d'assigner le degré exact de couverture auquel il convient de s'arrêter. Cependant, lorsque le pied est bien conformé, lorsque la sole est assez concave, quand la fourchette est belle et résistante, les talons hauts et ouverts, nous repoussons ces couvertures exagérées qui exercent une influence pernicieuse sur l'élasticité et la forme du pied, tiraillent les rivets et font souvent éclater la paroi. Pour peu que le trop de couverture s'adjoigne à une ajusture en bateau, on a dans ce cas les deux plus grands inconvénients réunis. La couverture du fer doit protéger le bord inférieur de la paroi et sa jonction avec la circonférence de la sole, dans une étendue moins grande dans les pieds creux et petits que dans les pieds plats et larges. La couverture Perrier, en pince, est aussi ridicule dans les pieds plats que l'excès de couverture dans les pieds creux. Lorsque la fourchette est volumineuse, il est parfois utile de restreindre la couverture du fer du côté de la rive interne des éponges, afin d'éviter des compressions douloureuses. Nous admettons qu'on puisse ménager, *selon les circonstances*, la couverture plus grande, soit en pince, soit du côté interne, soit enfin en talons (1).

5° *Étampure du fer antérieur*. Dans le fer antérieur, les étampures doivent être éloignées le plus possible des talons, afin de favoriser leur mouvement d'expansion latérale pendant l'appui. Néanmoins on devra se maintenir dans de justes limites, soit pour assurer la solidité du fer sur le sabot, soit pour éviter les inconvénients qui résulteraient infailliblement du trop

---

(1) La branche interne du fer antérieur doit être un peu plus couverte que l'externe, soit pour protéger ce quartier, plus faible et plus rentré, soit pour répartir plus régulièrement le poids du corps qui a une tendance à se jeter de ce côté. Les anciens maréchaux avaient la mauvaise habitude de donner plus d'épaisseur et de couverture à la branche externe, tout en plaçant de ce côté le crampon le plus élevé; aujourd'hui, cela ne se pratique plus dans les bons ateliers.

grand rapprochement des lames des clous dans l'épaisseur de la muraille, tels que l'éclat de la corne, par exemple, le serrement du pied par les clous, et, par suite, les kérapilocèles. Du reste, il y a peu d'inconvénient à brocher le plus près de la pince, puisque c'est dans cette région que l'ongle offre le plus d'épaisseur.

Dans la ferrure Lafosse, les étampures sont disposées de la façon la plus convenable à l'élasticité ; et, comme le fer à croissant est très-léger, il est facile de le maintenir avec six clous seulement.

Bourgelat, tout en observant que les étampures doivent livrer passage aux clous, de manière à en noyer en partie la tête, voudrait que la moitié de la longueur de la pince, plus l'épaisseur du fer, fût la juste mesure du centre d'une étampure au centre d'une autre, etc., etc... En analysant son système, nous avons exprimé notre opinion à l'égard de toutes ces proportions trop rigoureuses et impossibles. Bourgelat, d'ailleurs, n'ayant pas connu l'élasticité du pied, avait placé ses étampures beaucoup trop près des talons.

Perrier place les étampures en pince et en mamelles.... Ce n'est sans doute pas pour favoriser sa force dilatante, qui ne s'étend pas au delà du centre des quartiers !... comme, d'autre part, il n'admet pas la descente de la sole pendant l'appui (1). On est à se demander comment sa dilatante opère au milieu de cette prison *latérale* et *inférieure*.

Les étampures du fer, tel que nous le voulons, doivent être disposées, comme nous l'avons dit tout d'abord, le plus près possible de la pince, de manière à ne pas nuire à la solidité du fer et à favoriser le mouvement de latéralité. Lorsque le fer est léger, on pourrait même ne placer que sept clous et supprimer celui du côté interne, de préférence, ce qui faciliterait d'au-

---

(1) En effet, d'après Perrier, l'épaisseur homœopathique d'un cheveu, entre la sole et la face supérieure du fer, est suffisante pour constituer l'ajusture (p. 54 de son ouvrage).

tant le mouvement de cette partie du quartier. Ces étampures seront placées et espacées comme cela se pratique dans les bons ateliers de la capitale et comme sur le modèle que nous adjoignons à notre Mémoire. Je n'ai pas besoin de remarquer que les étampures du dehors seront plus à gras, et cela, afin de ménager une garniture appropriée à chaque pied ; qu'elles seront enfin assez profondes pour loger une partie de la tête du clou. Nous ne voulons pas entrer dans les détails plus minutieux de fabrication et de forme, car ce serait nous éloigner de notre sujet principal... *l'exposition du meilleur système de ferrure.*

Nous passons volontiers sous silence les manières différentes d'étamper en Angleterre, en Espagne, en Afrique, etc., etc....

6° *Garniture du fer.* C'est encore une question sur laquelle on ne peut donner que des règles générales, et toujours pour les raisons que nous avons indiquées en parlant *de la couverture et de l'épaisseur* du fer. La garniture est d'autant plus utile, en talons notamment, que ces derniers sont resserrés et tendent à s'encasteler ; elle est également nécessaire dans les pieds dérobés, dans ceux à paroi oblique et faible, dans les pieds à talons bas ; mais elle est indispensable dans les pieds relativement trop petits. On pourra donner plus de garniture aux fers destinés aux chevaux de trait du train et de l'artillerie ; les chevaux de réserve, aux sabots larges et souvent faibles, se trouveront aussi fort bien de cette pratique ; on sera plus réservé lorsqu'il s'agira des chevaux de ligne, et surtout de ceux de cavalerie légère. Du reste, ce sont là des données générales, et la garniture devant être considérée comme une bonne pratique, on s'attachera à la ménager suivant les circonstances. La divergence d'opinions qui existe à ce sujet est chose regrettable. En effet, les uns, exagérant les heureux résultats de cette pratique, croient bien faire en donnant une garniture incroyable, et qui s'oppose à ce que deux chevaux puissent marcher l'un à côté de l'autre, pendant un quart d'heure, sans se déferrer. Quelques novices partisans du système Perrier, s'attachant à outrer les idées de ce praticien, croient faire pour le mieux en ménageant des garnitures vraiment ridicules ! ! Nous avons été à même de voir des chevaux se déferrer jusqu'à trois et quatre fois, dans l'espace de deux à trois jours, sans que ces accidents aient pu désiller les yeux de ces aveugles théoriciens, qui, loin d'avouer leur erreur, reprochaient encore aux maréchaux leur négligence et leur mauvais vouloir (1). Ces excentricités rappellent un peu cette anecdote d'un malade auquel il avait été recommandé de prendre, chaque matin, un grain d'émétique, *pour une oppression de la poitrine* ; sept paquets lui avaient été donnés à l'avance, après quoi on lui promettait guérison complète. Puisque ce grain améliore comme un, se dit ce malade , si je les prenais tous à la fois, l'effet curatif serait, à coup sûr, plus promptement obtenu ; et d'avaler le tout !.... On devine dans quel état le médecin trouva son malade intelligent ! !

Ce qu'il y a de prodigieux, c'est que plusieurs, s'autorisant de ce que Perrier a pu dire, recommandent la garniture exagérée.

Est-ce pour mieux faire ressortir l'épaisseur des éponges ? Est-ce pour offrir aussitôt le cachet original de leur méthode? A moins, cependant, que ce ne soit pour permettre aux talons de mieux rentrer..... de mieux obéir à la contentive ! ! ! ! C'est à ne pas croire à de semblables énormités !....

Quelques praticiens, fuyant ces erreurs, en adoptent d'autres non moins pernicieuses pour les pieds ; ils n'admettent point que la garniture soit une bonne pratique ; ils prétendent que les animaux se déferrent plus

---

(1) Nous avons déjà dit tout le mal que faisaient ces faux connaisseurs , ces gens systématiques, qui tracassent les ouvriers et leur font adopter, quand même, des idées fausses et ridicules ; ne sachant même pas donner un coup de marteau, *et, comme la mouche du coche,* ils semblent vouloir faire la besogne de l'ouvrier en l'obsédant de conseils impossibles à suivre.

souvent, se coupent, s'entre-taillent et se donnent des atteintes, etc... M. Miles, ce gentilhomme anglais dont nous avons déjà parlé, dit que c'est un préjugé de croire que l'écartement des branches du fer en talons favorise l'élasticité du pied. D'après lui, la forme du fer n'influe en rien sur la forme du pied, car le sabot, étant élastique, s'épanouit sous l'effort de la pression, précisément au même degré qu'il repose sur le fer le plus écarté possible, ou le plus resserré.

Puisque M. Miles admet la dilatation de la paroi en talons, nous ne comprenons point qu'il n'accepte pas la nécessité de la garniture. Pour éviter les redites, nous renvoyons à la page 190, où nous avons réfuté cette opinion erronée.

De notre côté, après avoir exposé les travers systématiques de quelques praticiens, nous avons peu de chose à ajouter à ce que nous avons avancé au commencement de cet article, si ce n'est que nous adoptons une garniture relative qui, tout en augmentant la surface d'appui sur le sol, en élargissant la base de sustentation, favorise l'élasticité du sabot, la conservation des aplombs, facilite l'application du fer, et prévient enfin les piqûres ainsi que le serrement du sabot par les clous. Cette garniture sera légère du côté interne ; plus étendue en dehors, elle ressortira ordinairement à partir de la première étampure des talons. Du côté interne, cette garniture partira à peu près du milieu de l'éponge.

De l'ajusture.

L'ajusture est cette opération très-importante qui consiste à donner au fer la disposition la plus convenable pour son application sur le pied. C'est une espèce de moulage, si on peut dire, qui, non-seulement a pour but de favoriser l'adaptation exacte du fer sur les formes souvent si opposées de la surface plantaire, mais encore qui doit protéger cette même surface, sauvegarder ses propriétés, conserver enfin ses aplombs et favoriser ses allures.

L'ajusture ne comprend pas seulement la préparation de la face supérieure du fer, mais aussi la direction qu'on doit lui donner depuis la pince jusqu'à l'extrémité des talons (éponges). A l'aide de l'ajusture, on doit conserver au pied son assiette normale, afin de ne rien changer à l'appui et à la direction naturelle des aplombs. L'ajusture des fers antérieurs diffère de celle qu'on ménage sur les postérieurs, ce qui tient à la différence dans les fonctions locomotrices et aux propriétés inhérentes à chacun d'eux. Nous avons dit ailleurs que l'appui ne se faisait pas de la même manière en avant et en arrière ; que le pied antérieur posait depuis les mamelles jusqu'aux talons, que l'assiette des pieds postérieurs commençait au contraire depuis la pince. Cela se conçoit, lorsqu'on se rappelle que les membres postérieurs sont chargés de propulser la masse en avant ; que les antérieurs doivent la recevoir, et, par leur disposition, amoindrir et éteindre l'effort impulsif. Depuis la rive interne de la pince jusqu'à l'extrémité des éponges, la face inférieure *du fer à devant* sera plane. La pince, depuis cette même rive interne, sera relevée d'une épaisseur de fer environ. La face supérieure aura une ajusture variée suivant une foule de circonstances ; elle pourra être nulle, peu prononcée, et parfois plus ou moins développée. On ne saurait admettre de règles bien déterminées à cet égard, quoi qu'en disent les arpenteurs systématiques de l'ongle, qui ne voient que poids et mesures, afin de donner un vernis d'opportunité à leur prétendue science exacte. Quelques auteurs veulent une ajusture démesurée ; plusieurs autres n'en admettent pas du tout. Inutile de dire tout ce qu'il y a d'irrationnel, de vicieux dans ces aberrations systématiques qui feraient bientôt de la maréchalerie un véritable chaos.

Lafosse défendait de parer la sole et la fourchette ; cette dernière surtout devait être religieusement conservée, afin d'arriver au niveau des éponges de son fer à croissant ; il ne voulait pas que la face supérieure du fer fût ajustée, et cela se conçoit, puisqu'il n'avait

jamais cherché à remarquer le léger affaissement de la
sole pendant que l'élasticité de l'ongle était mise en
jeu. Néanmoins il avait judicieusement observé que
l'appui devait se faire depuis les mamelles jusqu'aux
dernières limites des talons : aussi n'était-il pas partisan de l'ajusture en bateau.

Bourgelat, pour donner son ajusture vicieuse et
irrationnelle, recommandait de frapper du ferretier à
plat entre les deux rives, à commencer de la pince jusqu'à l'éponge, et ainsi successivement d'une branche
à l'autre. Plus la main de la tenaille, disait-il, élève
les éponges, plus le fer acquiert de concavité, etc., etc...
Voici les proportions de Bourgelat à cet égard : « La
pince doit se relever en bateau dès les secondes étampures en talons, de deux fois l'épaisseur du fer, à
compter du sol à sa rive supérieure en cet endroit ; il
faut donc que, dès ce même lieu, les éponges perdent
terre, du côté des talons, de la moitié de son épaisseur réelle, et dès lors la convexité de la partie inférieure du fer sera d'une fois et demie son épaisseur.
Par malheur, cette ajusture est encore adoptée aujour-
d'hui dans quelques ateliers peu avancés et dans bon
nombre de régiments. Non-seulement la forme en bateau, de la pince aux éponges, est vicieuse parce qu'elle
fausse complétement les aplombs, rend l'équilibre instable, la marche et l'appui douloureux, mais encore
parce que la face supérieure du fer présente une concavité qui se traduit inférieurement par une forme
convexe qui, elle aussi, amoindrit la surface de l'assiette de l'ongle et diminue la base de sustentation.
Dans cette ajusture en bateau, le centre inférieur supporte seul le fardeau qu'il déverse en avant ou en arrière, tantôt sur les colonnes osseuses des membres,
tantôt sur les tendons et ligaments qu'il tiraille péniblement. Avec une semblable ajusture, on fixe l'appui
et les pressions sur les talons, on détermine l'obliquité
de la paroi, on place forcément le levier phalangien
dans la position du cheval long et bas-jointé, on augmente d'autant le bras de levier de la puissance, et on

ruine enfin les tendons fléchisseurs. Tels sont, sommairement, les inconvénients de cette ajusture vicieuse d'autrefois. Chose singulière ! c'est que Bourgelat recommandait de n'abattre du pied que l'excédant, qu'une usure naturelle aurait fait disparaître... Il voulait en même temps que le pied fût paré bien à plat partout, excepté en pince ; recommandation illusoire, comme on le devine, car, dans l'action de faire porter le fer ajusté en bateau, on donnait fatalement à la face plantaire la forme de cette ajusture. Bourgelat est toujours le théoricien habile, mais un praticien incomplet... Il est certain que les inconvénients qui se rattachent à ce mode d'ajuster sont un peu atténués, modifiés sur une ferrure récemment appliquée, par l'élévation de la tête des clous et la hauteur des crampons, quand ces derniers sont mis en usage ; il en résulte que la surface bombée de la face inférieure du fer produit des effets moins pernicieux, masquée qu'elle est par les clous et les crampons. Il n'en est pas moins avéré que la surface d'appui est moins large, moins régulière, et qu'en l'absence des crampons, tout l'effort impulsif est projeté sur les talons.

Lorsque la tête des clous est usée, ainsi qu'une partie de la voussure inférieure, les inconvénients diminuent progressivement, et à tel point, qu'au moment du renouvellement de l'opération la surface du fer est à peu près nivelée. Il est bien entendu que les défauts d'une semblable ajusture doivent être plus grands lorsque l'épaisseur du fer n'est pas égale partout, que les branches externes sont plus épaisses que les internes, sont plus couvertes, tout en garnissant davantage, et qu'enfin le crampon du dehors est plus élevé et plus épais que celui du dedans; tout le poids du corps est inévitablement rejeté sur les quartiers et les talons internes, déjà plus bas et plus faibles. Il en résulte la perte des aplombs, l'usure des articulations, la fatigue des tendons et une modification de la kératogénèse par suite des pressions anormales.

Gobier voulait que le fer fût relevé dès les deuxièmes

étampures en pince d'une fois son épaisseur, et aux éponges de la moitié de cette mesure. C'est là une demi-ajusture en bateau, moitié moins dangereuse que la première.

En Angleterre, on donne assez généralement une ajusture plate et parfois en contre-haut. Nous ne reviendrons pas sur ce que nous avons dit de cette coutume. Ce qu'il y a de particulier, c'est que la plupart des ouvriers, tout en adoptant les idées exagérées de B. Clark, à l'endroit de la descente de la sole, conservent leur ajusture si opposée aux principes qu'ils prétendent mettre en pratique.

Perrier, qui a cherché à bien étudier l'ajusture, et qui, dans maintes circonstances, émet quelques réflexions fort justes, admet cette préparation particulière du fer, mais avec des restrictions conformes à ses idées spéculatives. Il assure que la sole ne s'affaisse point, ou si faiblement, que l'épaisseur d'un cheveu est suffisante pour prévenir tout contact du fer sur la sole. Et cependant, Perrier a créé une force dilatante, depuis la pince jusqu'au centre des quartiers!! Une dilatation de la paroi, sans affaissement sensible de la voûte plantaire... c'est miraculeux !

Certes, si Perrier, au lieu de dégager, d'étrangler son fer en pince et en mamelle, avait adopté une couverture moins excentrique, il eût probablement reconnu la nécessité de donner une certaine ajusture à ces parties de la lame métallique destinée surtout aux pieds plats.

Il ne veut pas d'ajusture; mais à supposer qu'il veuille en donner, sur quelle partie pourrait-il la placer? La couverture de son fer rabougri, si j'osais dire, n'est-elle pas entièrement occupée par les étampures?

Sur quelques autres points, nous adoptons sa manière de voir, et, par exemple, quand il dit que les branches et les éponges ne doivent pas être ajustées à leur face supérieure; lorsqu'il recommande de donner à la face inférieure une direction horizontale, excepté en pince. Comme lui, nous repoussons l'ajusture en

bateau qui rend la marche glissante, l'appui vacillant
et incertain. Nous éloignons également l'ajusture entre deux rives lorsqu'elle rend la face inférieure du
fer convexe. Nous n'admettons pas pour cela l'idée
fausse de quelques partisans de ce praticien, qui
croient qu'il est impossible de donner en pince et en
mamelles une très-légère ajusture, voire même une ajusture moyenne, sans compromettre la rectitude du plan
horizontal de la face inférieure. C'est cependant ce
qui se pratique depuis bien des années, et à leur
insu, sans qu'ils se soient donné la peine de vérifier
le fait en question.

M. H. Bouley, en 1837 (*Maison rustique du* XIXe *siècle*, tome 2, page 351), en reproduisant les no-
tes recueillies au cours de M. Renault, écrivait : « On
« permettra les mouvements d'affaissement de la voûte
« élastique que représente la sole en imprimant *à la*
« FACE SUPÉRIEURE *du fer* UNE LÉGÈRE INCURVATION qui
« laisse à la sole la liberté de s'affaisser sous le poids
« sans qu'elle se trouve en contact avec le fer. Mais
« cette incurvation ne doit être *creusée que* DANS L'É-
« PAISSEUR MÊME *du fer*, et sans *qu'il en résulte de mo-
« difications pour sa face inférieure.* » Il est bien entendu que ces notes avaient *été recueillies* avant la publication de l'ouvrage de Perrier, qui ne parut qu'en
1835. Ce doute, émis par quelques exclusifs, ne prouve
qu'une chose... leur ignorance de la maréchalerie
pratique ! C'est bien le cas de répéter qu'on ne ferre
pas avec des hypothèses et des idées erronées (1).

L'ajusture du fer est l'opération la plus importante,
celle à laquelle il faut attacher tous ses soins en maréchalerie. Il ne suffit pas, en effet, d'abattre et de parer le pied convenablement pour conserver les aplombs,
il faut encore, et surtout, que l'ajusture soit bien raisonnée, afin de ménager à l'ongle son assiette natu-

---

(1) M. Rodet dit que l'ajusture trop faible a l'inconvénient de faire
porter le fer sur la sole et sur la paroi... Sur quelle base veut-il donc
appuyer son fer ?

relle. A quoi bon parer le pied bien également, si une ajusture défectueuse vient modifier votre première opération ?

Ce que nous disons ici de l'ajusture est applicable à l'épaisseur du fer. Si, pour conserver la rectitude de vos aplombs, vous admettiez qu'il fallût parer les pieds de telle façon que le frottement du sol n'eût pas mieux fait, pourquoi ne pas conserver l'égale épaisseur du fer? Pourquoi Perrier, qui s'est posé en réformateur, fait-il placer ses éponges épaisses? Pourquoi d'autres les mettent-ils trop minces?

Puisqu'il est reconnu que l'appui d'un pied antérieur se fait depuis les mamelles jusqu'à l'extrémité des talons, n'est-il pas logique d'accepter cette direction plantaire dans l'ajusture? La face inférieure du fer, sur un pied bien fait, sera donc horizontale, depuis le niveau du bord interne de la pince jusqu'au bout des éponges; la pince sera enfin relevée d'une épaisseur de fer. Nous n'offrons ici que des règles approximatives pour le degré d'élévation de la pince; elles pourront être modifiées suivant une foule de circonstances relatives au genre de service, au poids des animaux, à leurs allures et à la nature du terrain sur lequel ils doivent progresser, etc., etc.

Il en sera de même de l'ajusture de la surface supérieure du fer, elle devra être en rapport avec la conformation de la sole, le plus ou moins d'élasticité du pied, le poids de l'animal et le genre de service. Sur un pied creux, par exemple, la face supérieure pourra n'avoir pas d'ajusture en pince et en mamelles, sans qu'il en résulte le moindre inconvénient; sur un pied à sole plate, on ménagera une légère concavité dans l'épaisseur même du fer, sans que la face plantaire soit dérangée du plan horizontal; dans le sabot à sole bombée, on ne sera pas assez ridicule pour adopter l'ajusture et la couverture systématiques de Perrier. De même encore, on n'ira pas donner de l'ajusture exagérée pour un pied creux. Dans tous les cas, l'ajusture entre deux rives et celle en bateau seront sévèrement bannies, lorsqu'il s'agira de ferrer un beau et bon pied. L'ajusture entôlée ne sera jamais employée que provisoirement, afin de permettre à des quartiers détériorés et dérobés de se refaire.

A l'aide de cette ajusture raisonnée, on éloignera tous les reproches adressés aux ajustures entre deux rives entôlées, en bateau, etc., etc... On évitera aussi les compressions de la sole, les soles foulées, battues, la fourbure, l'étonnement du sabot...

Il va sans dire *que la partie de la face supérieure du fer*, qui doit s'adapter sur la portion plantaire de la paroi, y compris sa réunion avec la sole, doit être *tout à fait plane*. Ce sera donc la moitié interne environ qui offrira une très-légère excavation dans la substance même du métal.

Quant au fer ordinaire à derrière, il aura une tout autre tournure ; il sera moins arrondi en pince et en mamelles ; ses branches auront moins de tournure, l'interne surtout. L'épaisseur de la pince sera plus forte qu'en quartiers et en talons, notamment quand le fer portera des crampons ; les branches seront plus épaisses que celles du fer à devant. Ce fer sera suffisamment long pour protéger les talons du cheval de cavalerie, mais rien de plus. La garniture sera moyenne et jamais trop prononcée, d'abord parce que les pieds postérieurs jouissent de peu d'élasticité, et qu'ensuite les fers pourraient s'arracher trop facilement pendant les manœuvres d'escadron. La couverture n'aura pas besoin d'être trop forte, attendu que les pieds sont généralement creux. Les étampures pourront être distribuées plus près des talons ; la pince sera toujours libre.

Il faut rarement donner de l'ajusture à la face supérieure du fer, à moins d'une conformation particulière de la sole. La face inférieure doit être plate depuis la pince jusqu'aux éponges. Nous avons dit pourquoi.

Nous insistons peu sur toutes ces règles qui ont été développées incidemment dans les questions précédentes.

Avant de quitter le fer tout ajusté, et au moment de l'appliquer sur l'ongle, accordons quelques lignes *aux crampons.*

Ces appendices ne devraient jamais être placés sur les fers antérieurs et exceptionnellement sur les postérieurs; les quelques avantages qu'ils offrent ne compensent que faiblement les maux qu'ils engendrent. Quelle que soit la forme adoptée, ils devront constamment présenter une hauteur égale en dedans et en dehors, et cela, afin de ne pas mettre les pieds de travers, de ne pas fausser les aplombs, tirailler douloureusement les tendons et les ligaments.

Dans l'action de ferrer, nous ne voulons étudier que les questions qui se rattachent à la manière d'*abattre, de parer le pied* et *de faire porter le fer.* Ce n'est pas une théorie nouvelle que nous nous proposons de présenter, mais bien des principes généraux du meilleur système de ferrure qu'il nous a été permis de coordonner. Et d'abord, que pourrions-nous dire de nouveau, au sujet des précautions à prendre pour déferrer un pied, pour affiler, brocher et river un clou? Nous laissons donc de côté tout le manuel opératoire, qui n'a qu'une valeur bien secondaire, et qui, d'ailleurs, ne doit pas nous préoccuper.

Dans l'action d'abattre et de parer le pied, le seul but qu'on se propose est d'enlever l'excédant de corne, qu'un frottement naturel aurait fait disparaître sur un pied vierge de ferrure. Cette opération a de l'importance, non-seulement au point de vue de la conservation des aplombs, mais encore parce qu'elle se rattache à l'élasticité et à la kératogénèse. Il nous semble superflu de répéter tout ce que nous avons dit à cet égard aux pages 238, 239 et 240 de notre Mémoire.

« Le but du ferrage, écrivait Lafosse, n'a pu être envisagé par celui qui, le premier, l'a mis en usage, que comme un préservatif et une défense, tant pour la muraille que pour la sole. Or, il n'a pu y mettre la condition de parer ni l'une ni l'autre, je ne dis pas à notre excès, mais en aucune façon, puisque c'eût été agir contre son principe et détruire son ouvrage. Cette précaution, ajoute-t-il, n'a pu être recommandée que dans le cas où la corne serait raboteuse et que le fer ne porterait pas partout également, ce qui lui ôterait sa solidité. Dans ce cas, c'est raison, mais autrement c'eût été contradiction et absurdité. »

Ces quelques lignes de Lafosse prouvent jusqu'à quel point il méconnaissait les aplombs et la sécrétion kératogène.

Plus tard, Bourgelat observait que tout l'effet des retranchements à faire avec le boutoir devait se borner à diminuer le volume et l'étendue du pied, sans rien changer à sa configuration et en le laissant subsister absolument dans le même état. Il recommandait d'enlever le superflu de l'ongle, selon l'accroissement qu'il avait pris, en observant d'y laisser de quoi brocher ; puis il ajoutait qu'il fallait parer uniment et également, ayant néanmoins attention à ce que les talons et la pince pussent répondre à l'ajusture. Bourgelat émet constamment d'excellents principes ; par malheur, les applications sont trop souvent fausses. A quoi bon parer uniment et également, puisque son ajusture en bateau vient tout détruire et mettre l'appui sur une véritable balançoire ! !...

M. Barthélemy jeune rappelait en 1846 que tous les auteurs italiens, anglais et français, qui avaient écrit sur l'art de ferrer les chevaux, depuis César Fiaschi jusqu'à nos jours, étaient d'accord sur ce principe, qui est fondé sur la connaissance de l'organisme du pied, et qui est confirmé par l'expérience de plusieurs siècles, à savoir : qu'il ne faut retrancher du pied du cheval que le superflu de la corne, mais qu'il faut bien se garder d'amincir la sole et de creuser le pied, parce que l'encastelure s'ensuivrait.

Abattre le pied, observe Perrier, c'est enlever le superflu de la corne ; parer est le mode d'approprier le dessous du pied. Ce praticien blâme avec raison la manière vicieuse de trop abattre la paroi et de trop creuser les talons, mais surtout les bouts de la sole ; il

se récrie justement contre l'usage abusif du boutoir
sur la fourchette.

Quant à lui, pour soulager les parties postérieures
de l'ongle et les tendons, il accable la pince et les
mamelles. C'est sur ces régions que son boutoir fonctionne systématiquement et comme à plaisir. Si à
cette fausse manœuvre on ajoute l'épaisseur de ses
éponges, on le trouve encore une fois en flagrant délit
de contradiction avec ses principes. Comme preuve,
voyons ce qu'il a écrit à la page 77 de son livre : «L'appui n'est jamais plus profitable aux pieds de devant
que lorsqu'il s'opère sur le centre des quartiers ; c'est
là seulement qu'il a assez d'empire pour décider un
mouvement excentrique que rien ne contrarie. *S'il
n'avait lieu qu'en mamelles et en pince, la résistance des
feuillets de ces parties ne lui permettrait pas de produire
le complet écartement de l'ongle ;* et, s'il était déversé
sur les bouts des talons, il contiendrait cet écartement
au lieu de le favoriser. Donc, de l'avis de Perrier lui-
même, ses éponges nourries et sa manie de parer
mamelles et pince doivent s'opposer radicalement aux
vues physiologiques de sa force dilatante...

Et plus loin, il reconnaît que c'est à l'inégale distribution de l'appui sur les pieds antérieurs et postérieurs qu'on doit attribuer la différence de leur évasement naturel et celle de leur plus ou moins de facilité
à la perdre. Ce qui revient à dire, ce nous semble, que
plus l'appui des pieds antérieurs ressemble à celui des
postérieurs, plus les talons seront serrés... Pourquoi
donc Perrier, pour guérir l'encastelure, met-il les pieds
antérieurs *dans l'attitude impulsive*, à l'aide de ses éponges, et en abaissant pince et mamelles?

« L'art du maréchal, dit M. H. Bouley, doit se proposer pour but à atteindre, de conserver au sabot l'intégrité de sa forme si essentiellement liée à celle de sa
fonction. Ce résultat, on l'obtiendra en laissant toute
leur force de résistance aux barres et aux arcs-boutants, et non pas en réduisant leur épaisseur par des
amincissements inconsidérés, pour tâcher d'augmen-

ter, dans la boîte cornée, les conditions de sa souplesse et de sa flexibilité ; propriétés qui ne lui sont
inhérentes à des degrés extrêmes de développement
que dans les rêves des physiologistes, mais qui, en
réalité, n'existent que dans une très-petite mesure. »

Nous croyons qu'il est assez difficile de déterminer
la quantité exacte de corne que le maréchal doit enlever ; néanmoins il doit toujours avoir présent à l'esprit le volume relatif du pied, sa forme, ses aplombs ;
il doit tenir compte de l'assiette différente des pieds
antérieurs et postérieurs ; enfin, avoir égard à la nature de la corne, à la pesanteur du cheval, à son service particulier et à ses allures.

Pour arriver à une plus grande précision, lorsqu'il
s'agira de diminuer l'ongle, l'ouvrier devrait connaître le passage de Bourgelat relatif aux divisions fictives
de la surface plantaire (page 205 de son *Essai*).

« On peut considérer dans l'ovale que présente le
« dessous du pied : 1° le grand axe, partant du milieu
« de l'intervalle qui sépare les talons, aboutissant à la
« pince et divisant l'ovale en deux parties égales et
« semblables ; 2° le petit axe, coupant le premier à
« angles droits et par son milieu ; 3° la diagonale du
« talon externe, partant de ce talon, passant par la
« commune section des deux axes, et se rendant à la
« mamelle interne ; 4° la diagonale du talon interne,
« partant de ce talon et aboutissant à la mamelle ex-
« terne. Si donc l'artiste envisage cet ovale, ce plan
« inflexible en lui-même, comme porté par l'un de
« ces quatre axes, par le grand, par exemple, que nous
« supposons de niveau, il lui est aisé de se représen-
« ter ce plan balançant sur cet axe et ensuite fixé à
« un certain degré d'obliquité, le côté interne étant
« ou plus haut ou plus bas que l'externe, comme de
« le considérer balançant sur le petit axe et fixé en-
« core à tel degré d'obliquité, la pince étant plus éle-
« vée que le talon, ou le talon que la pince ; il le
« verra avec la même facilité balançant sur la diago-
« nale du talon externe, le côté de dedans étant plus

18

« bas que celui du dehors, c'est-à-dire, l'éponge in-
« terne étant le point le plus exhaussé du côté opposé,
« et ainsi du quatrième axe ou de la seconde diago-
« nale ; or, en raisonnant son opération, et en s'atta-
« chant, selon le défaut et selon les vues que nous lui
« avons suggérées, à donner tels ou tels biais à la
« coupe, il est incontestable qu'il pourra rétablir in-
« sensiblement l'articulation dévoyée, etc. »

Pour mieux se rendre compte de la direction naturelle de la surface plantaire, il faudrait que l'ouvrier
eût observé l'ongle vierge de ferrure, après quelques
jours de marche ; là, seulement, il puiserait les principes à leur source véritable. Sans cette connaissance
première, il n'arrive à bien parer le pied qu'après une
très-longue pratique de cette opération.

Dans nos régiments, les ouvriers médiocres laissent
plutôt trop de longueur au sabot, dans la crainte
qu'ils ont d'offenser le vif ou de brûler la sole. Il résulte de cette pratique une fatigue permanente pour
les tendons, et nombre de tares souvent assez graves
pour déterminer la réforme. Lorsque la paroi et la
sole sont abattues démesurément, d'autres accidents
non moins graves en sont une conséquence fâcheuse.
Les soles foulées, battues, brûlées, l'étonnement du
sabot, la fourbure, le resserrement des talons, les
bleimes, les clous de rue, les cercles, les seimes, etc.,
sont parfois le résultat de cette pratique vicieuse. Il
faudra donc que le maréchal agisse avec la plus grande
réserve dans l'action d'abattre et de parer la sole : il
ne devra enlever ni trop, ni trop peu ; il ménagera la
sole et la fourchette, mais surtout les barres et les
arcs-boutants.

Le rogne-pied ne servira, sur les pieds trop longs,
qu'à abattre les parties trop dures et difficilement atta-
quables par le boutoir.

En parant le pied antérieur, l'ouvrier fera agir son
boutoir de telle façon que la surface plantaire soit
plane, et qu'une fois abandonnée sur le sol, elle ne
soit tangente à un plan horizontal que depuis les ma-

melles jusqu'aux talons. Il fera en sorte que la pince soit relevée d'une épaisseur de fer environ, et puisse s'adapter à l'ajusture de la face supérieure du fer dans cette même région.

Dans les pieds postérieurs, le boutoir devra mettre au même niveau, pince, mamelles et talons ; le maréchal aura grand soin que le quartier externe du pied gauche et que le quartier interne du pied droit soient à la même hauteur que les quartiers opposés, afin d'éviter de mettre les pieds de travers.

Nous avons prouvé que la ferrure à chaud était préférable, sous tous les rapports, à la ferrure à froid, et que l'action du calorique n'était pas aussi redoutable qu'on s'était plu à le répéter. Cependant il faut avouer qu'il se présente dans la pratique des cas où la ferrure à froid doit être préférée, afin d'éviter des accidents.

Ayant traité longuement cette question, en analysant la méthode podométrique, nous devons nous borner aux considérations que nous avons émises à cet égard, et cela, pour ne pas surcharger notre travail d'inutiles redites.

Lorsque l'ouvrier fait porter son fer chaud, pour s'assurer s'il pose uniformément sur le bord plantaire, et s'il a bien la tournure voulue, il faut que ce fer soit plutôt chauffé au rouge cerise qu'au rouge noir. Les expériences de MM. Delafond et Raynal ont prouvé que le calorique avait une action moins fâcheuse dans le premier cas (Voir les pages 109 et 118 de notre *Mémoire*).

Le fer chaud doit rester le moins longtemps possible sur le pied, et chaque fois, il faut enlever soigneusement la portion de corne carbonisée, appelée vulgairement *la chaleur*. M. Delafond croit que cette manière d'agir ne procure qu'un avantage imaginaire, et que l'enlèvement de la couche carbonisée ne facilite que fort peu l'émission du calorique. Comme M. Bouley jeune, nous croyons que l'opinion de M. Delafond n'est pas plus juste en théorie qu'en pratique. Rien

n'est plus clair qu'en enlevant une partie de corne
imprégnée de calorique on évite la brûlure !

RÉSUMÉ SOMMAIRE DE LA SEPTIÈME PARTIE.

En résumé, en empruntant à tous les systèmes ce
qu'ils ont de bon, et l'expérience aidant, on arrive à
dire que la ferrure à clous et à chaud est celle qu'il
convient d'adopter dans nos régiments de cavalerie ;
qu'elle doit avoir pour but de conserver les aplombs,
de favoriser l'élasticité et la sécrétion kératogène.

Dans le fer, il faut considérer la tournure, la
longueur, l'épaisseur, la couverture, l'étampure, la
garniture, l'ajusture et la manière dont il doit être
fixé sur le pied.

Le fer doit bien prendre *la tournure* de l'ongle. Le
pied antérieur est plus rond en pince et en mamelles
que le pied postérieur ; il a les talons plus écartés, la
fourchette plus développée, plus élastique et plus
avancée au milieu de la sole. La sole est moins
creuse ; les cartilages latéraux sont plus volumineux.
L'élasticité est plus développée dans le pied antérieur ; l'appui s'y fait depuis les mamelles jusqu'aux
talons.

Le pied postérieur est ovale, plus allongé d'avant
en arrière ; la sole est plus creuse, la fourchette est
plus petite et moins souple ; les fibro-cartilages latéraux ont moins de développement, les talons sont plus
hauts ; l'appui s'y fait depuis la pince jusqu'aux talons,
et enfin l'élasticité y est peu prononcée.

Le fer à devant sera plus arrondi en pince et en mamelles, la branche interne sera plus droite ; *sa lon-*
gueur ne dépassera pas celle des talons pour nos chevaux de cavalerie, et elle ne sera moindre que dans
quelques cas exceptionnels. *L'épaisseur* de la lame
métallique sera relative au poids de l'animal, au genre
de service, à la grandeur du pied, à la nature de la
corne, aux allures particulières et à la consistance du
sol. Il ne doit être ni trop mince ni trop épais. Dans
tous les cas, l'épaisseur sera égale partout. Les épon-

ges ne seront ni plus minces ni plus fortes que le reste du fer sur un pied bon et bien fait.

La *couverture* sera également relative : elle sera plus faible sur un pied creux et plus prononcée sur un pied plat ou comble; la branche interne sera plus couverte. Du reste, on pourra modifier la couverture suivant une foule de circonstances particulières.

Les *étampures* seront le plus éloignées possible des talons, sans que le rapprochement des clous détermine de la gêne ou ne nuise à la solidité. Dans les fers légers, on peut placer sept étampures seulement, ayant soin de supprimer celle des talons du côté interne. Les étampures du dehors sont plus à gras, afin de favoriser la garniture.

La *garniture* sera d'autant plus grande que les talons seront plus serrés; elle sera très-utile dans les pieds dérobés, ceux à paroi faible, oblique et à talons bas; elle sera de toute utilité sur les pieds relativement trop petits... Dans la cavalerie, il ne faut ni trop ni trop peu de garniture; elle sera plus prononcée en dehors, et partira un peu en avant de la dernière étampure.

L'*ajusture* du fer ne doit pas être la même dans les fers antérieurs et postérieurs. Dans le fer à devant, la face inférieure, à partir de la rive interne de la pince jusqu'à l'extrémité des éponges, doit être horizontale. La pince sera relevée d'une épaisseur de fer, à peu près, à partir de la rive interne. La face supérieure du fer offrira une ajusture variée, suivant le cas : elle pourra être nulle ou plus ou moins prononcée. L'ajusture sera nulle sur un pied creux, plus ou moins développée sur une sole plate ou bombée. L'ajusture de la pince et des mamelles sera prise aux dépens de l'épaisseur du métal, et sans rien changer au plan horizontal inférieur; elle occupera le milieu interne d'une rive à l'autre, tandis que le milieu externe sera plat et reposera sur le bord inférieur de la paroi et de sa jonction avec la circonférence de la sole. L'ajusture entre deux rives et l'ajusture contrôlée ne seront jamais tolérées sur les bons pieds. Il en sera de même de l'ajusture en bateau, qui fausse les aplombs, tiraille douloureusement les tendons, rend l'équilibre instable et la marche difficile.

Le fer ordinaire à derrière sera plus ovale, aura les branches plus droites et la pince moins arrondie. L'épaisseur de la pince pourra être plus grande, surtout lorsqu'il y aura des crampons. Les fers ne seront ni trop longs ni trop courts, auront peu de couverture, et offriront une garniture moyenne. Les étampures pourront être plus rapprochées des talons. L'ajusture supérieure sera presque nulle, les pieds postérieurs étant presque toujours creux. La face inférieure sera horizontale depuis la pince jusqu'à l'extrémité des éponges. Les crampons ne devraient jamais faire partie du fer antérieur sur les fers postérieurs, ils devront être d'égale hauteur, et mis en usage seulement dans la mauvaise saison.

Dans l'action d'abattre et de parer le pied, il faut n'enlever que l'excédant de corne, que l'usure naturelle aurait fait disparaître sur un pied non ferré. Dans cette opération, il faut tenir compte du volume du pied, de sa longueur, de la nature de la corne, des aplombs et enfin de l'assiette différente des pieds antérieurs et postérieurs. Il faut s'arrêter à une juste limite; car, si on laisse le pied trop long, on fausse les aplombs et on tiraille les tendons fléchisseurs; si, au contraire, on abat trop, on détermine d'autres accidents. L'ouvrier devra parer, avec le plus grand ménagement, la sole, la fourchette, les barres et les arcs-boutants; enfin, il s'attachera à bien parer également les quartiers internes et externes, afin d'éviter de mettre le pied de travers. En faisant porter à terre le pied abattu et paré, il lui sera très-facile de voir si l'opération est bien faite. Pour le pied antérieur, la pince sera légèrement relevée; depuis les mamelles jusqu'aux talons, l'appui devra se faire sur un plan horizontal. Dans le pied postérieur, la coupe de la face plantaire sera horizontale depuis la pince. Lorsque le maréchal fera porter son fer chaud, il devra rester le moins longtemps possible, et devra enlever aussitôt la corne carbonisée. Son fer sera chauffé de préférence au rouge cerise et non au rouge obscur.

Au moment de quitter notre travail, nous devons dire que notre seule intention a été de fournir à la Commission d'hygiène hippique notre part de matériaux sur cette question, qui intéresse à un si haut degré la prospérité de notre cavalerie. Nos critiques ne doivent être considérées que comme la rectification d'idées spécieuses ou fausses, et n'ont d'autre motif que la découverte de la vérité.

Puisse le fruit de notre labeur être agréé comme le témoignage d'un travail sérieux et hardi, et nous ne regretterons pas les peines qu'il nous a coûté!!

Paris. — Imp. de COSSE et J. DUMAINE, r. Christine, 2.

PARIS.—IMPRIMERIE DE COSSE ET J. DUMAINE,
Rue Christine, 2.